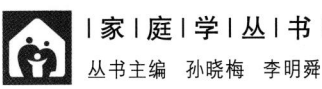

丛书主编 孙晓梅 李明舜

家庭与法律

张荣丽 刘永廷 等 著

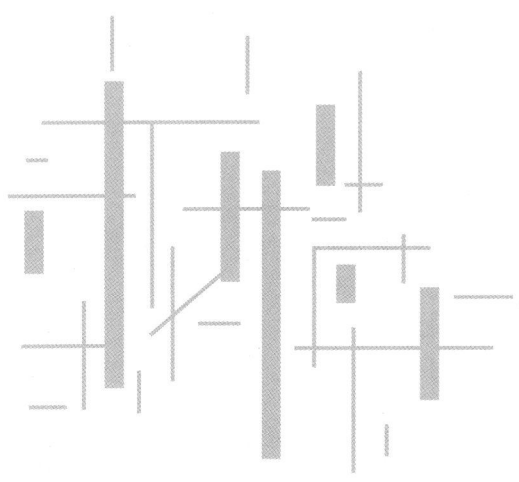

Family Studies

武汉大学出版社

图书在版编目(CIP)数据

家庭与法律/张荣丽等著.—武汉：武汉大学出版社,2021.8
家庭学丛书/孙晓梅,李明舜主编
ISBN 978-7-307-22322-6

Ⅰ.家… Ⅱ.张… Ⅲ.法律—基本知识—中国 Ⅳ.D920.4

中国版本图书馆 CIP 数据核字(2021)第 089754 号

责任编辑：田红恩　　责任校对：李孟潇　　版式设计：马　佳

出版发行：**武汉大学出版社**　（430072　武昌　珞珈山）
（电子邮箱：cbs22@whu.edu.cn　网址：www.wdp.com.cn）
印刷：武汉图物印刷有限公司
开本：720×1000　1/16　印张：16.25　字数：283 千字　插页：1
版次：2021 年 8 月第 1 版　　2021 年 8 月第 1 次印刷
ISBN 978-7-307-22322-6　　定价：49.00 元

版权所有，不得翻印；凡购我社的图书，如有质量问题，请与当地图书销售部门联系调换。

序

家庭学科是研究以家庭为中心的生活方式及其表现形式的交叉学科，融合了家庭育儿、衣食住行、家庭关系和生活技术在内的综合知识，目的是提高国民的家庭生活质量，为家庭全体成员提供科学的生活指引。

家庭学科的教学已有四百多年的历史了。近代家政学起源于美国，在美国城市化、工业化以及大量移民涌入的背景下，受过高等教育的专家开始将目光转向家庭生活领域。"二战"后日本在大学设立家政学或生活科学系，规定从小学到大学的男女生都必须学习家庭学科。开设家庭管理、房屋布置、家庭关系、婚姻教育、家庭卫生、婴儿教育、食物营养、园艺、家庭工艺、饲养等课程。1923年燕京大学设立了家政系，强调家事教育是高等教育的一部分。1940年金陵女子大学家政教育专业成立，注重家庭管理与家庭经济，注重食物营养与卫生。1949年以后中国的家政学消失，改革开放后才开始恢复。目前我国有关家庭学科研究的成果主要体现在家庭教育和家庭服务领域。

家庭学科的特点：典型的交叉学科，围绕着家庭生活质量的提高，将多种学科知识聚焦于家庭这个领域，跨学科的视角有助于带动新知识的发现和推广应用。从多个相关学科汲取知识，如教育学、心理学、社会学、营养学、经济学、医学、金融学、工学、艺术、文学等，分析夫妻的生活与健康、老年人的身心发展特点、儿童的保育方法与安全事项、家庭的权利与福利保护；探讨当前家庭面临的问题，如推迟结婚、生育率下降、离婚率提高、儿童受虐待、独生子女、留守儿童、妇幼保健、失独家庭和家庭暴力等，形成以家庭为中心的多学科交叉知识体系。这种知识建构方式带来的是原有知识融合和新知识生成，而非简单的知识罗列，这也是家庭学科存在的独特价值。建设我国的家庭学科，提高家庭学科的社会认知程度。

相对于许多西方国家，我国家庭学科教育起步晚，出版《家庭学丛书》可建立一个比较完整的家庭学科体系，弥补我国在家庭生活理念、思维方式与科学知识传递的缺位状态。为了中国家庭学科的建设与发展，2013年中华女子学院成立了"中国高校家庭学科的建立与发展研究"重点课题组,以家庭学科课程建设研究为重点,探索各种课程体系。2014年组建了全校范围内跨学科的科研团队,老师的学术背景涵盖女性学、学前教育、金融、法律、社会工作、音乐、服装、传播学、艺术、体育和建筑等领域,全校各教学领域的老师以性别发展模块博雅课程的方式向学生们讲授家庭学科的知识。2015年成立中华女子学院家庭学科研究中心,围绕"中国家庭学科的建立与发展"课题,举办了首届中国家庭学科研讨会;撰写中国家庭教育专业简明教程、大纲和教案、课程进度表等。2017年召开了第二届家庭学科研讨会,联合全国各大学研究家庭学科的专家和教师,对家庭学科的主要内容进行了科学分析,开始准备出版《家庭学丛书》。2017年中华女子学院家庭学科研究中心启动北京市社会科学基金的"基于国民家庭生活指导的家庭学科建设研究"项目(编号:17JYB010)。2018年开始论证家庭学专业在中华女子学院建立的必要性,建立家庭学科网络体系,召开第三届中国家庭学科研讨会。2019年1月成立中华女子学院家庭建设研究院,12月召开首届新时代家庭建设论坛暨第四届中国家庭学科研讨会。对家庭文明、家庭教育、家庭服务、家庭研究等与家庭相关的重点社会议题进行深入探讨。2020年3月家庭建设研究院针对新冠疫情,进行"从SARS到COVID-19,家庭建设的对策研究",涉及家庭伦理、家庭教育、家庭卫生、家庭健康、家庭消费、家庭养老、家庭营养和食育、家庭工作等诸多领域。

目前参与《家庭学丛书》编写的有三十多名学者和专家,计划出版家庭学科专著25部,这些书籍将以崭新的思维构想向读者展现。《家庭学丛书》的内容包括:婚姻的基础、家庭关系、家庭伦理道德、家庭中的儿童成长、家庭中的性教育、家庭与法律、家庭的礼仪、家庭的健康管理、家庭居住与环境、家庭服饰文化、家庭食品营养、家庭理财与消费、家庭中的老年人照顾、家庭中的男性角色等。

《家庭学丛书》是促进家庭和睦构建和谐社会的需要。人的一生有三分之二的时间是在家里度过,家庭是生活幸福的关键,人们掌握了家庭学科的知识,会促进社会有序和谐地发展。从家庭科学兴起和发展的历史来看,男女两性掌握家庭学科的知识,男女平等基本国策方能落实到实处。丛书为家庭工作理论收集了丰富的资料。

《家庭学丛书》将深刻的道德教育寓于熟悉的现实生活,以最具体的方式教学做人,学做事。一个人一辈子离不开家庭,家庭知识伴随人们的一生。进行各个家庭发展阶段的教育指导，使人民树立正确的家庭责任观，培养家庭成员良好的生活习惯，指导儿童合理规划生活和学习，使家庭生活健康发展。丛书为社区家长学校提供良好的教材。

《家庭学丛书》有利于完善中华优秀传统文化。研究家庭美德：尊老爱幼、男女平等，夫妻和睦、勤俭持家、邻里团结；研究家庭文明：建设良好的家教、家风、家训。家庭知识贯穿每个人的一生，家庭是育人的起点，是德育教育的第一课堂，家庭学科的传播是最重要的教育之一，也是立德树人的标志。家庭和睦则社会安定，家庭幸福则社会祥和，家庭文明则社会文明。丛书为创建中国家庭学科专业奠定了坚实的基础。

孙晓梅

2020 年 4 月 16 日

目 录

第一章　家庭与法律概述 ·· 1
　　第一节　法律视野下的家庭 ·· 2
　　第二节　我国法律对家庭的保护与支持 ································ 11
　　第三节　域外家庭支持政策及法律简介 ································ 14

第二章　家庭与法律的历史回顾和发展趋势 ···································· 22
　　第一节　历史上家庭制度的产生和类型 ································ 22
　　第二节　家庭在法律中的定位和演变 ···································· 26
　　第三节　未来家庭法律的发展趋势 ·· 34

第三章　家庭与婚姻法律制度 ·· 39
　　第一节　婚姻家庭法概述 ·· 39
　　第二节　婚姻家庭法的基本原则 ·· 41
　　第三节　结婚 ·· 44
　　第四节　离婚 ·· 49
　　第五节　收养 ·· 56

第四章　家庭与财产法律制度 ·· 65
　　第一节　家庭财产法律制度概述 ·· 65
　　第二节　家庭财产的来源与构成 ·· 69
　　第三节　农村家庭农地财产法律问题 ···································· 73
　　第四节　家庭投资及理财法律问题 ·· 75
　　第五节　侵害家庭成员财产权益的常见情形及处理 ············ 78

第五章　家庭与住房法律制度 ·· 83
　　第一节　我国住房法律制度概述 ·· 83

第二节　保障性住房制度 …………………………………………… 84
　　第三节　家庭购房中的法律问题 ……………………………………… 87
　　第四节　二手房转让、公房租赁及居住权法律问题 ………………… 95
　　第五节　农村宅基地相关法律问题 …………………………………… 100

第六章　家庭与继承法律制度 …………………………………………… 104
　　第一节　继承法概述 …………………………………………………… 104
　　第二节　继承法律关系 ………………………………………………… 106
　　第三节　法定继承 ……………………………………………………… 108
　　第四节　遗嘱继承、遗赠和遗赠扶养协议 …………………………… 114
　　第五节　遗产的处理 …………………………………………………… 121

第七章　法律对家庭中未成年人的保护 ………………………………… 127
　　第一节　未成年人保护法律概述 ……………………………………… 128
　　第二节　未成年人家庭保护的主要内容 ……………………………… 134
　　第三节　家庭中侵害未成年人权益常见问题及处理 ………………… 138

第八章　法律对家庭中女性权益的保障 ………………………………… 145
　　第一节　我国妇女发展状况概述 ……………………………………… 145
　　第二节　法律对妇女权益的特殊保障 ………………………………… 148
　　第三节　家庭成员侵害妇女权益常见法律问题 ……………………… 153
　　第四节　家庭成员侵害妇女权益的法律责任 ………………………… 155

第九章　法律对家庭中老年人权益的保障 ……………………………… 160
　　第一节　我国老年人及社会老龄化概述 ……………………………… 160
　　第二节　老年人的各项合法权益 ……………………………………… 163
　　第三节　家庭成员侵害老年人权益的常见问题及处理 ……………… 172

第十章　法律对家庭中残疾人权益的保障 ……………………………… 178
　　第一节　我国残疾人状况概述 ………………………………………… 178
　　第二节　残疾人在家庭中的各项合法权益 …………………………… 182
　　第三节　救助措施和法律责任 ………………………………………… 187

第十一章　国家对困难家庭的救助……192
　第一节　社会救助概述……192
　第二节　城乡困难家庭最低生活保障……195
　第三节　对困难家庭的专项社会救助……199
　第四节　对我国社会救助法律的完善建议……202

第十二章　家庭暴力的预防和惩戒……207
　第一节　《反家庭暴力法》的立法背景及主要内容……207
　第二节　家庭暴力的界定……209
　第三节　家庭暴力的预防……211
　第四节　对受害人的保护与救助……214
　第五节　对加害人的惩戒措施……223

第十三章　家事纠纷的解决途径……228
　第一节　自力救济……229
　第二节　社会救济……231
　第三节　公力救济……234

后记……251

第一章　家庭与法律概述

对人类来说，家庭（Family）的重要性毋庸置疑。"从一般意义上说，家庭为我们每个人提供的福利、友谊、自我价值、保险和爱多于任何一个其他方面的来源。"[①] 人们常把家庭比喻成社会的细胞，强调家庭对社会稳定和发展的重要性；人们也常把家庭比喻成温馨的港湾、成长的摇篮，强调家庭对个体成长的重要性。"无论时代如何变化，无论经济社会如何发展，对一个社会来说，家庭的生活依托都不可替代，家庭的社会功能都不可替代，家庭的文明作用都不可替代。"[②]

中国是世界上人口最多的国家，也是家庭最多的国家：第七次全国人口普查数据显示：全国共有家庭户 4.9 亿多户[③]。"中国是世界上人口最多的国家，同时也是家庭数量最多的国家，家庭规模、结构、类型等特征随着外部环境的变化呈现多样性和复杂性。"[④] 中国历来是一个重视家庭的国家，有着良好的家风家教文化传承，家庭成员之间的关系密切。在中国传统文化中，家庭属于私人领域，家庭内部讲究"父子有亲，夫妇有别，长幼有序"，[⑤] "亲亲相隐"。[⑥] "中国自古有"法不入家门"的观念，国家权力直接介入家庭关系之

[①] ［美］罗斯·埃什尔曼著：《家庭导论》，潘允康等译，中国社会科学出版社1991年版，第77页。

[②] 引自中国国家主席习近平2016年12月12日在第一届全国文明家庭表彰大会上的讲话，载新华网：http://www.xinhuanet.com/politics/2016-12/15/c_1120127183.htm，最后访问时间：2020年8月28日。

[③] 引自第七次全国人口普查主要数据情况：http://www.gov.cn/xinwen/2021-05/11/content_5605760.htm?jump=false。最后访问时间：2021年6月28日。

[④] 国家卫生计生委家庭司编著：《中国家庭发展报告2015》，中国人口出版社2015年版，"前言"部分第1页。

[⑤] 引自《孟子·滕文公上》："人之有道也：饱食暖衣、逸居而无教，则近于禽兽。圣人有忧之，使契为司徒，教以人伦——父子有亲，君臣有义，夫妇有别，长幼有序，朋友有信。"

[⑥] "亲亲相隐"制度又称亲属容隐、亲属相隐。该制度详细内容参见本书第二章"家庭与法律的历史回顾和发展趋势"。

中的事情比较少，而是委诸家长对家庭内部事务进行管理。"① 家庭的维系和管理由男性家长参照统治阶级治国理政"家天下"的模式进行。国论"君君，臣臣"，家论"父父，子子"，形成家国一体、互为支撑的稳定社会结构。如同封建国家的封闭性，家庭对外也是封闭的，有损家庭名誉的行为或者事件要尽力封闭在家庭内部，谓之"家丑不外扬"。因此，民众普遍认同这样的观点：家事复杂，清官难断。时代发展到今天，虽然社会制度发生了根本性变化，但是婚姻家庭领域仍然面临许多复杂棘手的问题：新旧婚姻家庭观念不断冲突产生大量家庭矛盾，社会变迁产生大量留守家庭、失独家庭、贫困家庭，离婚率的不断攀升导致单亲家庭增多，老龄化社会给家庭带来沉重的养老负担，超高房价使得年轻人婚育意愿降低，凡此种种，都使得婚姻家庭成为矛盾纠纷和侵权行为的多发领域。面对这些问题，"法不入家门"的传统观念需要摒弃，法律对家庭事务适度的介入和干预成为问题治理的一种必然选择。

第一节　法律视野下的家庭

家庭的存在对于国家有十分重要的意义，因此在人类漫长的历史中，统治阶层重视家庭的完整和家庭利益的保护，家庭是封建法律中的重要主体。但是，随着封建制度的消亡和近现代个人主义思潮的兴起，家庭在法律中的主体地位逐渐为个人所取代，法律基本上实现了去家庭化。个人的权利摆脱了家庭的束缚，个人的利益也不再被家庭的整理利益所掩盖，这当然是一种进步，因为建立在保障个体权利基础上的法律制度，使得每一个人更加独立和完整，更有利于个体自由、充分和全面地发展。

一、法学意义上家庭的含义及特点

如同很多社会现象一样，家庭的含义及形式也随着时代的变迁而有所变化。因此，家庭的含义要放在一定历史时期加以界定。有学者将法学意义上的家庭界定为建立在血缘、婚姻或法律拟制的基础之上，由一定范围内的亲属组

---

① 马忆南：《婚姻家庭法领域的个人自由与国家干预》，载《文化纵横》2011 年第 1 期。

成的共同生活单位。① 根据上述家庭概念，我们可以归纳出家庭区别于其他社会组织的一些特点：

第一，家庭建立在血缘、婚姻基础之上。家庭的这一特点几乎也是各历史阶段家庭共同的特点。一般来说，家庭成员之间的亲密关系远胜于其他人际关系，有血缘和婚姻关系的人之间有着牢固的情感纽带，并且这种亲密关系代代相传，为家庭的稳定和家庭功能正常发挥奠定了坚实的基础。如果没有血缘或者婚姻关系，即使长期在家庭中共同生活，也不能称其为家庭成员，例如长期寄居家中的朋友、在家庭中寄养的儿童、家庭雇用的家政服务人员等。

第二，家庭由一定范围的亲属组成。亲属是具有血缘、婚姻或者收养关系的社会成员。2020年颁布的《民法典》对我国的亲属范围做出了明确规定，《民法典》第1045条规定，亲属包括配偶、血亲和姻亲。其中，配偶、父母、子女、兄弟姐妹、祖父母、外祖父母、孙子女、外孙子女为近亲属。配偶、父母、子女和其他共同生活的近亲属为家庭成员。由法律规定可知，家庭成员都来自于家庭中的近亲属范围。

第三，家庭是社会最基本的生活和经济单位。历史上，由于生产力发展水平低下，国家向国民提供的社会保障几近空白，因此家庭曾经是人们生存和发展最为依靠的社会组织。我国是传统的农业大国，家庭是最小的耕耘劳作单位，少量非农业人口中也有不少人以经营家庭手工作坊为生，因此，家庭成为社会中最基本的生活和经济单位。我国改革开放后，尽管经历了巨大的社会变迁，但是在法律保障下，农村土地以户为单位的承包责任制长期确立，城镇个体工商户大量注册，家族工商企业蓬勃发展，这些都证明家庭作为一个基本的经济单位在我国仍在发挥着经济功能。

第四，家庭成员之间具有法定的权利义务关系。"父亲、子女、兄弟、姊妹等称谓，并不是简单的荣誉称号，而是一种富有完全确定的、异常郑重的相互义务的称呼，这些义务的总和便构成这些民族的社会制度的实质部分。"② 父母子女之间、同胞手足之间除了基于血缘的精神层面的亲情，还有物质层面的相互照料、相互扶持、利益共享、困难共担。家庭成员之间亲密的关系经过法律固定下来，就形成了相互之间的权利义务关系。

---

① 陈苇：《婚姻家庭继承法学》，高等教育出版社2014年版，第3页。
② 恩格斯：《家庭、私有制和国家的起源》，载《马克思恩格斯选集》第4卷，人民出版社1972年版，第24页。

二、家庭与户、家族等相邻概念的联系与区别

在研究家庭问题时，经常会涉及与之关系密切的一些概念，例如户、家族、宗族等，厘清这些概念之间的区别有助于理解家庭概念的含义及其边界，了解家庭的发展历史，认识家庭的独特价值。

（一）家庭与"户"的区别

《辞海》解释"户"主要有两个含义：一是指单扇的门，第二个含义为人家。现在前一个含义已不太常见，后一个含义依旧留存下来，一户就是一家，住户及户内人口合称户口。《户口登记条例》第5条规定：户口登记以户为单位。同主管人共同居住一处的立为一户，以主管人为户主。单身居住的自立一户，以本人为户主。居住在机关、团体、学校、企业、事业等单位内部和公共宿舍的户口共立一户或者分别立户。国家收集户的信息并登记造册进行管理的制度就是户籍制度。

自秦代起，中国就有了户籍制度，一直延续至今，按户登记家庭人口情况及其他相关信息。虽然不同朝代登记内容有所不同，但其主要的功能不变，户籍信息是国家管理人口这一重要资源的可靠依据。目前"户"仍然是国家统计部门进行人口统计的抽样单位。随着社会的发展，"户"的形式还在不断发生着变化，现在"户"包括家庭户、集体户、个人户、农户、个体户等多种形式。"户（household）是户调查（household survey）的抽样单位。户与家庭的区别在于户侧重于地理空间上的聚集，作为一户的首要条件是共同居住生活。户人口包括调查时共同居住生活的家庭成员。"[①] 家庭与户两者间主要区别如下：

1. 家庭与户的概念分属不同的学科领域。家庭是社会学着重研究的概念，"家庭社会学"（sociology of family）是社会学的分支之一，"家庭社会学的任务是考察社会中天然的婚姻和家庭团体，解释各种建立人与人，团体与团体之间规则的婚姻和家庭组织典型"。[②] "户"则属于国家行政管理领域使用的概念，是国家行政部门调查统计和行政管理的对象。

2. 家庭不完全等同于户。一般来说，就父母与未婚子女组成的核心家庭

[①] 见国家卫生计生委家庭司编著，前引书，第3页。
[②] ［美］罗斯．埃什尔曼著：《家庭导论》，潘允康等译，中国社会科学出版社1991版，第76页。

(Nuclear family)① 而言，一家就是一户，一户就是一家，家与户的概念是重合的。但也有一家多户的情形，例如子女高考入学后，户口迁至学校，这样就和父母分户了，一个家庭的成员分属两户；成年子女把年迈的父母接到家中照顾，共同生活在一起，人口统计调查时属于一户，但父母和子女都分别有自己独立的家庭，这样一户里就包含了两个家庭。还有的户可以称其为"一户"，但是难以称其为"一家"。例如在农村，根据《户口登记条例》的规定，一个单身成年男子可以自立成一户，其本人为户主，那意味着他可以分到一块宅基地和责任田。但即使他有田、有房，有独立户籍，在中国传统习惯中，也不会将其视为一个家庭。与男性相比，农村成年单身女性在村里成为独立户的可能性微乎其微，这反映出在女性"从夫居"的传统婚俗下农村资源分配中的性别不平等。

3. 家庭已不是法律主体，但"户"在少数法律中仍是"形式主体"。《民法典》第54条规定："自然人从事工商业经营，经依法登记，为个体工商户。个体工商户可以起字号。""个体工商户的债务，个人经营的，以个人财产承担；家庭经营的，以家庭财产承担；无法区分的，以家庭财产承担。"第55条规定："农村集体经济组织的成员，依法取得农村土地承包经营权，从事家庭承包经营的，为农村承包经营户。""农村承包经营户的债务，以从事农村土地承包经营的农户财产承担；事实上由农户部分成员经营的，以该部分成员的财产承担。"《土地管理法》第62条规定："农村村民一户只能拥有一处宅基地。"《草原法》第13条规定："集体所有的草原或者依法确定给集体经济组织使用的国家所有的草原，可以由本集体经济组织内的家庭或者联户承包经营。"从上述法律规定看，户仍旧是一些法律中权利和义务形式上的责任主体。

4. 家庭成员之间关系密切，而"户"人口中关系亲疏不一。家庭成员是配偶或者父母子女，他们之间在法律上关系密切；而户成员更强调地理空间上的共同居住，一起生活，以我国的"集体户"为例，"集体户"由多个公民组成，他们相互之间不存在家庭关系，居住在机关、团体、企（事）业、寺院

---

① 见国家卫生计生委家庭司编著，前引书，第7页。"核心家庭：由已婚夫妇及其未婚子女组成的家庭。包括：①标准核心家庭，即一对夫妇与其未婚子女组成的家庭；②夫妇核心家庭，即只有夫妻二人组成的家庭；③缺损核心家庭，或称单亲家庭，指因离异、丧偶或未婚的单亲母亲或父亲及其子女组成的家庭。"

等单位集体宿舍，公安机关为管理方便，按集体户口进行登记管理，共立为一户或多户，一般由所属单位确定专人、专门机构进行管理。一个公立大学的学生"集体户"，在户人数可能多达数千乃至数万人。

（二）家庭与家族的区别

《辞海》中将"家族"解释为"以婚姻和血缘关系结成的社会单位"。也就是说，构成一个家族的条件是家族成员之间需要有血缘或者婚姻关系作为彼此连接的纽带，同时，家族是一个社会单位，承载一定的社会职能。"中国封建社会不同于中世纪欧洲社会，它不仅存在着作为个体生活基本组织的家庭，而且还有凌驾于家庭之上的，有同姓同宗的多个家庭集合而成的家族。"① 费孝通先生在《乡土中国》中对家族的构成与功能有着清晰的描述：家族在结构上包括家庭，最小的家族也可以等于家庭……家族是从家庭基础上推出来的。一方面我们可以说在中国乡土社会中，不论政治、经济、宗教等功能都可以利用家族来担负，另一方面也可以说，为了要经营这许多事业，家的结构不能限于亲子的小组合，必须加以扩大。而且凡是政治、经济、宗教等事物都需要长期延续性的，这个基本社群绝不能像西洋家庭一般是临时的。家必须是延续的，不因个人的长成而分裂，不因个人的死亡而结束，于是家的性质变成了族②。可见，家族是在家庭基础上产生的，并且是以父系家庭为基础产生的家庭集合体。自宋代以来，宗族制得到封建统治阶级的支持，族权成为统治家庭的独立的权力体系，是国家政权的得力辅助。族权与政权相辅相成，是中国封建社会得以长期延续，不因朝代更迭、天灾人祸而导致失序和崩溃的重要原因之一。

一般来说，家族内部的家庭之间较它们与家族之外的家庭之间关系更加亲近，家族内部成员之间更有凝聚力，相互之间能更多地分担痛苦，提供彼此需要的帮助、保护和支持。在小农经济社会，家族抵抗天灾人祸的能力显然要强于一家一户的小家庭，家庭依附于家族，更有安全感。家庭和家族的区别主要体现在以下几个方面：

1. 规模不同。一般来说，家庭规模小，即使较大规模的家庭，也不过四世同堂而已；家族规模相对于家庭就比较大，由多个家庭组成。由于我国民间

---

① 邵伏先：《中国的婚姻和家庭》，人民出版社1989年版，第76页。
② 费孝通：《乡土中国》，北京大学出版社2012年版，第65页。

有以"五服"为界论亲疏的习俗,因此家族规模应是指"五服"以内的亲属。①

2. 内部人员关系不同。家庭成员之间存在婚姻或者血缘关系,同居共财,关系极为密切。而家族通常不会同居共财,而是许多血缘关系接近的"家庭"集合体。

3. 掌握最高权力的人不同。在传统社会,家庭中拥有最高权力的是男性家长,例如父亲、祖父等;而家族中拥有最高权力的人被称为"族长"。族长,亦称"宗子",由家族内部德高望重的男姓长辈担任。族长在封建社会历史上具有很大的权力,家族内部小如婚丧嫁娶,大如家族祭祀,还有日常家庭纠纷等事务都要由族长出面主持和调解。家族成员如果违背族规,族长也可以代表整个家族对其进行处罚。中华人民共和国成立后,宗族势力被瓦解,族长这类社会角色业已不复存在。家长的称呼在中国现代生活中仍有保留,例如家长会、家长学校、家长委员会等,但基本局限于教育领域,父母、祖父母、外祖父母及其他监护人均可被称为儿童的"家长",家长的主要职责是配合幼儿园或者学校做好未成年人的教育和保护工作。

4. 遵循的规矩不同。要求家庭成员共同遵守的规矩叫家规,又叫家训;要求族人共同遵守的规矩叫族规。家规和族规是一个家庭或家族世代传承的道德准则和处事哲学,良好的家规族规是中华民族传统家庭文化的重要组成部分。从各地发掘的家规和族规内容来看,家规家训内容较详细和复杂,有些家训甚至事无巨细,对家庭成员提出更高的道德要求,引导整个家庭向好向善发展,期望家庭能兴旺发达。至于族规,由于族内家庭情况各不相同,人数众多,因此相对于家规,族规一般更加简洁明了,便于理解和记忆,内容多是要求族人为人处世要遵守的基本道德规范。②

三、家庭功能及法律保护

家庭是社会中最小最基本的社群组织,是构成庞大和复杂社会有机体的基本单位,家庭能够在历史上长期存在,是因为家庭在社会发展和个人成长中有着不可替代的重要功能和作用,因此有家庭是社会的"细胞"的说法。在法学领域,家庭的下列功能仍然受到法律的保护。

---

① 韩海浪:《家族研究中的几个概念问题》,载《学海》2001年第3期。
② 胡剑:《清代民间的家规与族规》,载《光明日报》2017年3月21日,第12版。

(一) 经济功能

家庭是社会中最基本的经济单位，其经济功能表现为生产、分配、交换和消费，满足家庭成员的基本生活需求和发展需求。家庭的经济活动是国家经济活动的重要组成部分，国家在法律中对家庭承载的经济功能予以确认和保护。例如，《民法典》第 55 条规定："农村集体经济组织的成员，依法取得农村土地承包经营权，从事家庭承包经营的，为农村承包经营户。"《个体工商户条例》第 2 条规定："个体工商户可以个人经营，也可以家庭经营。个体工商户的合法权益受法律保护，任何单位和个人不得侵害。"《农村土地承包法》第 3 条规定："国家实行农村土地承包经营制度。农村土地承包采取农村集体经济组织内部的家庭承包方式。"第 8 条规定："国家保护集体土地所有者的合法权益，保护承包方的土地承包经营权，任何组织和个人不得侵犯。"中国是以农业人口为主的发展中国家，在土地、草原由家庭承包的情况下，即使有现代化农业机械的辅助，一家人还是要齐心协力、春播秋收，通过农副业、外出打工赚取劳动收入，满足一家人的生活、教育、医疗及再生产的开支，因此，家庭的经济功能十分重要。法律保障家庭的整体经济利益，一方面能最大程度减轻国家对于个人社会保障的负担，另一方面有助于家庭逐步积累财富，为其他功能的发挥奠定物质基础。

(二) 性爱及繁衍后代功能

古人云：食色性也。性爱是人类的基本生理需求之一，时至今日，缔结婚姻、成立家庭仍是男女双方满足性需求的主要途径。由于人们成立家庭后重要的目的之一是孕育后代，因此家庭还是人类繁衍最重要的单位。虽然人类发展历史上也曾尝试过不同的儿童养育模式，但事实证明最爱孩子的人是父母，最适合儿童成长的环境是家庭，因此，家庭目前仍是人类繁衍后代最适宜的场所。我国《宪法》规定："婚姻、家庭、母亲和儿童受国家的保护。"《母婴保健法》第 2 条规定：国家发展母婴保健事业，提供必要条件和物质帮助、使母亲和婴儿获得医疗保健服务。法律还规定了医疗保健机构对公民提供的婚前卫生指导、卫生咨询、医学检查等保健服务，以及对育龄妇女和孕产妇提供的母婴保健指导、孕妇、产妇保健、胎儿保健、新生儿保健等孕产期保健服务。此外，劳动法、妇女权益保障法、反家庭暴力法、诉讼法中也有保护孕产妇的具体规定。宪法及相关法律的规定，体现出国家对家庭承载的人类繁衍天职的重视。

(三) 养老育幼功能

儿童和老年人由于年龄和生理状况等原因，他们需要家庭和社会的照料。历史上，无论中西，家庭都是养老育幼社会责任的主要承担者。现在，很多发达国家建立了较完善的社会保障制度，通过社会化途径，养老问题已经基本得到妥善解决。中国是处于社会主义初级阶段的人口第一多的发展中国家，养老育幼不可能完全依靠国家，家庭仍要承担养老育幼重任。例如，《老年人权益保障法》第二章设专章规定对老年人的"家庭赡养与扶养"，第13条明确规定："老年人养老以居家为基础，家庭成员应当尊重、关心和照料老年人"；《未成年人保护法》第二章是"家庭保护"，法律规定父母或者其他监护人应当依法履行对未成年人的监护职责和抚养义务。

(四) 道德教化功能

家庭对家庭成员的道德教化功能，在中国，人们习惯称之为"家风"。家风又称为"门风"，是一个家庭或者一个家族的成员及其后代共同崇尚和坚守的精神内核，例如流传后世的颜氏家训、朱子家训等。人们在颂扬一些名流望族时，往往会将他们的成功归因于这个家庭或家族代代相传的优良家风熏陶；反之，对家庭成员违法乱纪或者子孙后代劣迹斑斑的，也往往将他们的堕落归咎于家风不正。良好的家风建设和传承对现代中国仍具有十分重要的意义：法安天下，德润人心，建设法治社会离不开道德支撑。2016年12月中国召开了第一届全国文明家庭表彰大会，国家领导人在会议讲话中提出要注重"家庭、家教、家风"建设，为新时期的家庭建设指明了方向。2020年颁布的《民法典》婚姻家庭编中也规定："家庭应当树立优良家风，弘扬家庭美德，重视家庭文明建设。"家庭教育法也在制定过程中。未来，家庭所承载的道德教化功能将进一步加强："通过家庭文明建设，努力使千千万万个家庭成为国家发展、民族进步、社会和谐的重要基点，成为人们梦想启航的地方。"[①]

(五) 教育功能

教育功能是家庭的重要功能之一，家庭教育和学校教育、社会教育一起构成了现代人实现受教育权的基本路径，其中家庭教育是其他教育的基础。家庭是人生的第一个课堂，父母是孩子的第一任老师，通过父母的观察、引导及时

---

① 引自中国国家主席习近平2016年12月12日在第一届全国文明家庭表彰大会上的讲话。载新华网：http://www.xinhuanet.com/politics/2016-12/15/c_1120127183.htm，最后访问时间：2020年8月28日。

间、物质的投入，儿童的潜能可以得到充分发展。家庭在儿童早期教育、儿童特殊才能的发掘和培养、儿童健全体魄养成、儿童接受完整教育等方面的作用是其他社会组织无法替代的。2021 年 1 月，中国的家庭教育法草案已经提交全国人大常委会会议审议。草案提出，未成年人的父母或者其他监护人是实施家庭教育的责任主体。政府、学校、社会为家庭教育提供支持，促进家庭教育。必要时，国家对家庭教育进行干预。相信未来随着家庭教育法的公布实施，中国家庭的教育功能将得到极大的提升和改善。

（六）其他功能

随着社会化服务的日益精细和广泛，人们对家庭的依赖逐步减弱，家庭的经济、教育、养老育幼等"硬实力"功能趋于弱化，而情感交流、休闲娱乐、健康养生等精神层面的"软实力"功能逐渐加强。家庭是家人感情密切交流的场所，情感密切程度关系到家庭成员的幸福感和安全感，互联网的兴起为处于不同空间位置的家庭成员随时交流沟通创造了条件；随着人们经济收入的提升和节假日的增加，家庭用于闲暇娱乐的时间也大为增加，在家人共享天伦过程中，彼此之间的感情也进一步加深；随着生活质量的提升，人们对健康的重视也日益加深。这些功能的发挥有利于增强家庭的凝聚力，提升家庭成员的幸福感。

家庭能够正常发挥上述功能非常重要，可以从物质上和精神上支撑着家庭成员应对复杂多变的生活，稳定的家庭是人们敢于在学业上、事业上放手一搏的重要条件。受制于发展的不平衡不充分，一部分困境家庭在功能发挥上受到限制，需要国家给予更多的倾斜照顾，开展多方面的扶持和救助，使这些家庭的功能不至于彻底丧失。因此，中国应制定长期稳健的家庭政策，满足新时期家庭建设和发展的需要。

四、家庭在法律上的地位

家庭在法律上的地位也有一个变化过程。以中国为例，在封建历史上，家庭作为一个社会基本单位，在法律上有其独立的主体地位。其独立性表现在两个方面：从微观角度看，家庭有独立的财产，家庭财产由家庭成员共同积累，共同所有，同居共财；家庭内部事务，诸如生产、消费、分配、奖惩、婚配均由男性家长定夺，家庭成员要服从于家长的管理；从宏观角度看，产生于西汉、至隋唐时期趋于完备的封建统治权力架构"三省六部制"，六部之一的"户部"管理全国的疆土、田地、户籍、赋税、徭役及一切财政事宜，征赋税、派徭役要落实到家庭这个基本单位。家庭作为法律主体在中国封建法律中存在了上千年，国家以法律形式确认和保护家庭的整体利益，直至清末法律改革，家庭作为法律主体的地位才由个人所取代。

进入近现代社会后，由于个人主义的兴起，个体取代了家庭在法律上的主体地位，家庭作为权利主体在法律中已不复存在，但是，与家庭高度重合的"户"在现行法律中仍有些许保留①。现在实际生活中，住房贷款、灾后救助、征地拆迁补偿、社会福利发放等，仍旧以"户"为单位核算②。法律规定表明家庭在社会生活的某些领域仍被当做一个整体看待，仍旧需要发挥一些重要的作用，起到社会稳定和发展"压舱石"的作用。

但是，家庭毕竟已经不再是法律上的权利主体了，那么相应的，原来由家庭承担的义务和发挥的功能也应当由国家、社会或者个人逐步承接过来，不应当要求在家庭在没有权利、缺乏有效支持的情况下单纯履行义务和承担过重的负担。如果国家和社会在现阶段仍需要家庭继续发挥养老育幼、道德教化等各项功能，甚至需要履行一定的社会义务，从公平角度出发，就需要国家从财政上对孤寡、残疾、单亲、贫困等特殊家庭有所倾斜，让特殊家庭在遭遇困境时得到帮扶，以便发挥家庭的基本功能。实行普惠制的家庭福利政策，让普通家庭在改革开放中享受到一定的发展"红利"。同时，国家还要重视发展家庭的"软实力"，促进优秀传统家庭文化与现代家庭观念的有机融合，倡导在家庭中形成一种相互尊重、平等和睦、安全友好的现代文明家庭氛围，巩固家庭在社会生活中的存在感。简而言之，就是国家要向家庭输入资源、提供保障、倡导新风，使家庭在新时期继续助力国家的全面发展。

第二节 我国法律对家庭的保护与支持

中华人民共和国成立后颁布的第一部法律就是 1950 年的《中华人民共和

---

① 参见《民法典》总则部分第二章"自然人"中的"个体工商户和农村承包经营户"；《土地管理法》第 62 条及《草原法》第 13 条规定内容。

② 沈奕斐：《社会政策中的"家庭"概念——以上海市世博会大礼包政策为例》，载《社会科学》2010 年第 12 期。"近期，有关房贷政策、裸官界定、家庭养老以及世博会大礼包等公共政策的制定都出现了以家庭为单位的取向，尤其是世博会大礼包更是明文指出以'户'为单位。"

国婚姻法》，由此可见国家对婚姻家庭问题的重视。家庭是国家发展、民族进步、社会和谐的重要基石，家庭的稳定有利于其承载的各项功能充分地发挥出来。当前，中国的改革开放进入了"新时代"，不管是血缘关系还是婚姻关系，都在社会高速发展的冲击下而变得有些不稳定。和睦和稳定的家庭既是国民的福祉，也符合国家的根本利益。法律作为上层建筑的重要组成部分，在维护家庭的和睦稳定，保护家庭成员的合法权益上具有重要作用。

一、《宪法》对家庭的保护

宪法是国家的根本大法，规定着国家的根本政治制度和经济制度，也是各部门法的立法依据，如果宪法中有保护家庭的规定，其他法律中就会有具体的落实和细化规定。中华人民共和国成立后颁布的四部宪法中都规定"婚姻、家庭、母亲和儿童受国家的保护"，以根本大法的形式强调国家对家庭给予保护，彰显了国家对家庭独特价值的重视。《宪法》的规定为各部门法制定与婚姻、家庭、妇女、儿童有关的法律确定了"保护"的总体基调。

二、部门法对家庭的保护

《宪法》之下的各部门法，例如《民法典》、《刑法》、《妇女权益保障法》、《未成年人保护法》、《老年人权益保障法》、《残疾人保障法》、《反家庭暴力法》等法律中，都包含着对婚姻、家庭以及妇女、儿童、残疾人、老年人权益的保护规定。这些规定是宪法中"婚姻、家庭、母亲和儿童受国家的保护"规定在部门法中的落实。概括起来说，部门法对家庭的保护主要体现在以下几个方面：

（一）维护家庭的稳定和完整

缔结婚姻是家庭形成的重要原因，因此，法律对婚姻的保护就是对家庭的保护。《民法典》在婚姻家庭编中规定：禁止包办、买卖婚姻和其他干涉婚姻自由的行为。禁止借婚姻索取财物。这些规定使得婚姻在缔结之前就排除一些导致家庭不稳定不和谐的因素，从而避免"问题婚姻"的产生。《民法典》中还规定"禁止重婚。禁止有配偶者与他人同居。禁止家庭暴力。禁止家庭成员间的虐待和遗弃"。这些规定将婚姻缔结后对家庭稳定和完整有最大破坏作用的家庭暴力、重婚和婚外同居行为归于违法。对于暴力干涉婚姻自由、重婚、破坏军婚、虐待、遗弃、家庭暴力等破坏家庭完整或侵害家庭成员人身权利构成违法犯罪的，《治安管理处罚法》及《刑法》中规定了较为严厉的处罚措施。

(二) 维护平等和睦文明的家庭关系

《民法典》在婚姻家庭编"家庭关系"一章中规定了我国家庭成员之间的法律关系:"夫妻应当互相忠实,互相尊重,互相关爱;家庭成员应当敬老爱幼,互相帮助,维护平等、和睦、文明的婚姻家庭关系。"作为家庭成员中的核心成员,夫妻在家庭中地位平等,相互忠实、尊重、关爱是法律对现代良性夫妻关系高度凝练的概括。法律对家庭成员间关系的概括则是平等、和睦、文明。可见,无论是夫妻还是其他家庭成员,建立在平等、尊重基础上的相互关爱、相互扶持是法律所大力倡导的现代家庭关系。

(三) 保障家庭成员的人身、财产等合法权益

我国与婚姻家庭有关的部门法律在维护平等和睦和文明家庭关系的同时,亦注重保护家庭成员个人的人身、财产权益及其他合法权益。

1. 法律对家庭成员人身权利的保护。家庭是绝大多数社会成员生老病死度过一生的地方,理想的家庭是一个充满天伦之乐的场所。但是也必须承认,家庭成员之间因各种原因引发的矛盾和冲突也屡见不鲜。家庭矛盾产生后如果不能及时有效化解,就可能产生家庭成员人身权利受侵害的结果,如夫妻矛盾演变成家庭暴力,子女教育演变成虐待儿童。为保护家庭成员及妇女、老人、儿童、残疾人等弱者的人身权利,我国《妇女权益保障法》、《残疾人保障法》、《未成年人保护法》、《老年人权益保障法》、《治安管理处罚法》、《刑法》、《反家庭暴力法》等法律中均有保护家庭成员人身权利,禁止虐待遗弃、禁止家庭暴力、禁止暴力干涉婚姻自由的规定。这些法律规定能够促使家庭成员在履行监护、抚养或者赡养义务时约束自己的行为,在法律框架内依法行事。

2. 法律对家庭成员财产权利的保护。为适应社会主义市场经济的发展,满足公民个人对财产权益保护的需要,《宪法》第 13 条规定:公民的合法的私有财产不受侵犯。《民法典》婚姻家庭编中规定:夫妻有相互继承遗产的权利,父母和子女有相互继承遗产的权利;《老年人权益保障法》第 22 条规定:老年人对个人的财产,依法享有占有、使用、收益和处分的权利,子女或者其他亲属不得干涉,不得以窃取、骗取、强行索取等方式侵犯老年人的财产权益;《妇女权益保障法》以专章形式规定了妇女的"财产权益",规定"国家保障妇女享有与男子平等的财产权利。在婚姻、家庭共有财产关系中,不得侵害妇女依法享有的权益。"2018 年末修正后的《土地承包法》

中，在土地按户承包原有法律规定基础上，增加了"农户内家庭成员依法平等享有承包土地的各项权益"的规定。法律对公民个人财产权利的保护，能激发个体以合法方式获取财富的积极性，也为解决财产纠纷提供了明确的法律依据。

（四）对家庭中的弱者给予特殊保护

受制于个体无法克服的一些社会文化和生理障碍，妇女、未成年人、残疾人、老年人在社会上被归于弱势群体。所谓社会弱势群体（social vulnerable groups），又称社会脆弱群体或社会弱者群体，是指在社会经济利益和社会权力分配体系中处于边缘化地位的底层群体的总称①。作为弱势群体，妇女、未成年人、残疾人、老年人权益在家庭中也容易遭受侵害，例如父母虐待子女、遗弃残疾儿童，子女不履行赡养老人的义务，妇女遭受丈夫家庭暴力等，因此，弱势群体权益保障法律中均有在婚姻家庭领域对弱者提供特殊保护的规定。例如，《未成年人保护法》设专章规定对未成年人的"家庭保护"；《妇女权益保障法》也设有专章规定妇女的"婚姻家庭权益"；《老年人权益保障法》有"家庭赡养与扶养"一章；《残疾人保障法》总则部分的第9条中规定了残疾人的扶养人、监护人对残疾人应尽的法定义务；《反家庭暴力法》在总则第5条中规定：未成年人、老年人、残疾人、孕期和哺乳期的妇女、重病患者遭受家庭暴力的，应当给予特殊保护。对家庭中的弱者给予特殊的法律保护，是社会文明发展的要求，上述法律规定有助于改善和提升他们在家庭中的地位，保障他们的合法权益不受侵犯。

第三节 域外家庭支持政策及法律简介

"二战"之后，全球经济得到迅速的恢复并借助高科技力量得到飞速发展，人类进入一个物质空前繁荣的崭新时代。家庭延续着传统的社会分工，像"孵化器"一样不断为社会产出人力资源，为国家对个人照顾能力不足的部分"拾遗补缺"。但在人口老龄化、社会保障不充分、家庭支持政策不够的情况下，家庭在养老育幼、应对重大疾病、残疾人照料方面已不堪重负。各国

---

① 董建辉、徐雅芬：《底层民众与政治权利——西方政治人类学视野中的弱势群体研究述评》，载《国外社会科学》2011年第6期。

（地区）政府在发展过程中逐渐意识到家庭的重要性，纷纷制定有针对性的政策和法律，向家庭输入资源，提供具体的帮助和支持。

一、日本制定家庭支持政策和法律应对少子化问题

人口老龄化、出生率降低是很多国家在发展中遇到的问题。早在 20 世纪 80 年代后期开始，日本就进入了老龄化社会，婴儿出生数量急剧减少，日本社会称这种社会现象为"少子化"①。20 世纪 90 年代中期日本政府就开始制定应对少子化问题的对策，主要内容包括充实育儿长期休假制度，增加保育园、加强对婴儿和孕妇的保健服务等方面。为了使这些干预政策落到实处，日本政府采取了设立专门负责的行政机构、制定政府工作规划、制定专项立法等方式改善社会育儿环境，减轻家庭育儿负担，促进生育率上升。日本在政府层面成立儿童家庭局，负责落实国家法律和政策。2003 年制定了《少子化社会对策基本法》《培育下一代支援对策促进法》，明确规定政府对育儿、就业、家庭提供援助；2010 年开始对儿童津贴发放实行普惠制，取消了 20 上世纪 70 年开始发放儿童津贴时"家庭低收入"的要求，并且逐步提高儿童津贴数额；2015 年日本政府出台了《少子化社会对策大纲》，提出解决低生育水平的具体措施。②

从日本对少子化的国家干预措施看，有几个方面值得借鉴：

一是国家责任。日本政府认识到提高生育率的责任在于国家，而非寄希望于家庭，因此在提高生育率问题上积极主动作为，出人出力出政策；

二是干预措施与儿童和家庭的保护立法相互衔接，彼此支持。日本的《儿童福利法》根据社会发展和政府各项干预措施的实施不断完善，儿童福利法律的不断完善又促进了国家更多干预政策和专项法律的出台；

三是干预措施具有综合性，形成"组合拳"。例如，为达到提高生育率的目的，政府的干预措施分别有孕妇专项育儿补助，增加托幼园所数量，提高儿童津贴，提高对特殊家庭的帮助力度，延长育儿假，支付教育费减免税，丈夫陪产假等。

四是政策法律坚持长期性。治理社会问题，政策法律长期坚持才可能见到

---

① 少子化一词来源于日语，意思是指新一代人口增加的速度低于上一代人口死亡的速度，导致人口总体规模缩小。

② 汤兆云、邓红霞：《日本、韩国和新加坡家庭支持政策的经验及其启示》，载《国外社会科学》2018 年第 2 期。

成效。从 20 世纪 90 年代中期到现在，日本根据社会情况不断出台和调整应对少子化的政策法律。

日本对少子化的综合干预措施实施后，2015 年日本综合生育率小幅上升，育龄女性各年龄段的生育率都有上升迹象。①

二、欧盟国家制定家庭福利政策应对老龄化问题

欧盟是世界上最早进入老龄化社会的地区②，其中法国是世界上最早的老年型国家。早在 1851 年，法国 60 岁及以上老年人口就占总人口的 10.1%。1890 年，挪威、瑞典步入老年型国家行列，英国和德国于 20 世纪 20 年代后期成为老年型国家，英国 65 岁及以上老年人口在 1925—1930 年超过 7%，进入老年型社会，到 2000 年已经升至 15.8%。老龄化社会给国家、社会和家庭带来一系列深远的影响，养老金支付、健康照料、医疗费用支出对国家财政支付能力和社会管理能力都是巨大挑战③。"19 世纪末 20 世纪初，工业化和城市化的迅速发展使得由国家出面建立面向大众的家庭政策体系日益成为欧洲国家的共识。到 20 世纪 50 年代欧洲一体化启动时，欧共体成员国已确立了自由主义模式、保守主义模式和社团民主主义模式的家庭政策。"④ 从欧盟应对老龄化社会的总体政策上看，老年看护制度、养老金制度、医疗保障制度构成了老年人保障体系的三大支柱，解决了老年人最为关心的物质生活、日常照料和医疗保健问题。欧盟国家的做法是：

第一，制定专门针对老年群体的福利政策。国家是老年人福利的主要提供方，政府将大量财政收入投入养老领域。老年人除了领取养老金外，还可以享受一些专门针对老年人的社会福利，例如 80 岁以上老年人的高龄补贴，对 60 岁以上低收入老年人的补充养老金，老年人住房补贴，残疾、寡居老年妇女的福利补贴政策等。

---

① 见汤兆云，邓红霞：《日本、韩国和新加坡家庭支持政策的经验及其启示》，载《国外社会科学》2018 年第 2 期。

② "老龄化社会"指老年人口占总人口达到或超过一定的比例的人口结构模型。按照联合国的传统标准是一个地区 60 岁以上老人达到总人口的 10%，新标准是 65 岁以上老人占总人口的 7%，该地区即被视为进入老龄化社会。

③ 李辉、刘春燕：《中国与欧盟人口老龄化问题比较研究》，载《市场与人口分析》2007 年第 3 期。

④ 吕亚军：《欧盟层面家庭政策研究》，经济科学出版社 2009 年版，第 1 页。

第二，整合资源，完善老年看护服务。老年人日常看护和照料事关老年人生活质量，是养老政策的核心议题，完全靠国家解决不现实，必须要引入社会力量参与，满足不同阶层老年人的需求。以法国为例，有三种养老机构可供老年人选择：公立养老院、政府补贴的私人养老院、商业性养老机构。欧盟国家的政府和社会还面向老年人提供各种老年服务，例如家政服务、家庭看护、代烹食品、医疗保健等。[①] 德国在长期看护和家庭养老方面发展出富有特色的"储蓄时间"计划：德国凡是在年满18周岁的人都可以通过培训，申请对老年人提供无偿的照料服务。年轻人照料老人的时间积累由社区及相关机构进行记录，将来可以用于个人年老时申请他人的照料服务。这项计划在德国广受欢迎，大量义工的加入缓解了老年人陪护人员短缺的状况。

第三，满足老年人基本医疗保健需求。欧盟现行的医疗保障制度大致包括三种模式：以英国为代表的国家福利型医保模式；以德国、法国为代表的社会保险型医保模式；以波兰为代表混合型医保模式。世界卫生组织曾经在2000年首次将191个会员国的医疗体系作了排名，法国名列第一。法国的医疗保险的收入有三项主要的来源：工薪、综合收入及税收。以税收为例，在法国，医药产品的增值税、烟草增值税和消费税、印花税、资本利得税等税收都全数放入医疗保险体系中。这种国家税收和强制缴费的筹资模式，保证了医疗保险体系中有充裕的资金可以支付，并且由于有来自社会福利（如退休金、失业救济金等）、博彩等方面的综合收入及消费税、印花税等税收支撑，即使老龄化社会导致就业人数下降，来自雇员雇主缴纳的工薪部分数额降低，也不至于对整个医疗保险体系造成大的冲击[②]。国家建立牢固的医疗保障体系为老年人"老有所医"提供了可靠依托。

欧盟国家进入老龄化社会后，庞大的老年人口带来的巨额社会福利开支也给国家发展造成很大影响，因此，各国也在结合本国情况进行必要的改革，用延长退休时间、增加税种、缩减行政开支和削减部分福利开支等方式筹集经费，保障支出，减轻国家负担。欧盟家庭支持政策的启示在于，国家必须在应对老龄化社会方面有所作为，政策法律上要尽早谋划，通过政府干预、市场化

---

① 穆光宗、常青松：《欧洲家庭发展和家庭政策的变迁及启示》，载《中国浦东干部学院学报》2016年第6期。

② 王俊、陈莹、阎川：《中法医疗保险筹资模式比较研究——应对人口老龄化视角》，载《中国梦·深化改革与转型发展——第七届北京市中青年社科理论人才"百人工程"学者论坛文集》，对外经济贸易大学出版社2014年版。

路径和社会力量参与，满足老龄化社会在照料、医疗方面的巨大需求。另外，欧盟国家学者研究家庭政策的多元化理论视角①也值得决策机构和国内学者重视，多视角考察问题，制定出的政策法律能更加符合社会各阶层利益，政策法律的生命力更加持久。

三、我国台湾地区制定"家庭教育法"应对教育功能弱化问题

教育功能是家庭的重要功能之一，教育功能弱化是导致未成年人犯罪、夫妻失和、离婚率攀升等家庭问题的重要原因。我国台湾地区以制定"家庭教育法"来明确家庭教育内涵，推进家庭教育发展，提升家庭功能的做法或许有一定借鉴意义。

2003 年，我国台湾地区立法机关颁布了"家庭教育法"，规定了家庭教育的立法目的、家庭教育的含义、内容、服务对象，家庭教育主管机构的职责，家庭教育的推广机构、推广方式和推广人员培训，家庭教育的教材研发、经费保障等内容。

（一）立法目的

我国台湾地区的"家庭教育法"第 1 条将立法目的概括为：增进国民家庭生活知能，健全国民身心发展，营造幸福家庭，以建立祥和社会。这一立法目与中国传统文化中倡导的"修身、齐家"路径相契合，也与现代人追求小家庭幸福生活的目标相一致。

（二）家庭教育的含义及主要内容

我国台湾地区的"家庭教育法"第 2 条将"家庭教育"界定为："本法所称家庭教育，系指具有增进家人关系与家庭功能之各种教育活动。"根据"家庭教育法"及"家庭教育法实施细则"中的规定，这些教育活动的内容包括：①亲职教育。指增进父母职能之教育活动；②子职教育；指增进子女本分之教育活动；③性别教育；指增进性别知能之教育活动；④婚姻教育；指增进夫妻关系之教育活动；⑤失亲教育；指增进因故未能接受父母一方或双方教养之未成年子女家庭生活知能之教育活动；⑥伦理教育；指增进家族成员相互尊重及

---

① 见吕亚军，《欧盟层面家庭政策研究》，经济科学出版社 2009 年版，第 10~14 页。欧盟家庭政策的研究视角包括工业主义逻辑视角、权力资源视角、国家中心视角、性别理论视角。

关怀之教育活动；⑦多元文化教育；⑧家庭资源与管理教育；指增进家庭各类资源运用及管理之教育活动；⑨其他家庭教育事项。

（三）家庭教育的主管机构及职责

根据"家庭教育法"规定，台湾地区的家庭教育工作主管机构在教育主管部门。高级教育主管机关在家庭教育方面负责家庭教育法规及政策之研订事项、推展家庭教育工作之研究及发展事项、推展全区域性家庭教育工作之策划、委办及督导事项、家庭教育专业人员之职前及在职训练事项等工作。次一级的教育主管机关在家庭教育方面负责推展地方性家庭教育之策划、办理及督导事项、所属学校、机构等办理家庭教育工作之奖助及评鉴事项、家庭教育志愿工作人员之在职训练事项等工作。

（四）家庭教育的推展

根据我国台湾地区相关规定，所谓家庭教育的推展，是以多元、弹性、符合终身学习为原则，推展家庭教育的机构、团体，依教育对象及其需求，调整课程内容及实施方式；对个人家庭教育知能之增进，依其人生全程发展阶段的不同，提供其所需知能。

1. 明确推展机构及人员

根据我国台湾地区"家庭教育法"第 8 条的规定，负责推展家庭教育的机构、团体包括：（1）家庭教育中心。（2）各级社会教育机构。（3）各级学校。（4）各类型大众传播机构。（5）其他与家庭教育有关之公私立机构或团体。"家庭教育中心"是我国台湾地区政府设立的家庭教育的服务和管理机构，是家庭教育工作的核心力量。

2. 灵活的推展原则及方式

台湾地区"家庭教育法"规定，家庭教育之推展，以多元、弹性、符合终身学习为原则，依其对象及实际需要，采用演讲、座谈、远距教学、个案辅导、自学、参加成长团体及其他方式进行。

3. 多元化的推展途径

我国台湾地区家庭教育活动主要通过以下途径推展：

（1）各类教育机构活动。台湾地区的家庭教育中心、各级社会教育机构、各类型大众传播机构、与家庭教育有关的科研、学术机构或团体围绕家庭教育主题开展研究，同时举办各类型活动以推展家庭教育。

(2)学校教育。高级中等以下学校每学年应在正式课程外实施 4 小时以上家庭教育课程及活动,并应会同家长会办理亲职教育。

(3)婚前课程。直辖市、县(市)主管教育行政机关应针对适婚男女及未成年之怀孕妇女,提供 4 小时以上家庭教育课程,以培养正确之婚姻观念,促进家庭美满。课程包括:①婚姻意义、愿景及承诺。②解决婚姻及家庭问题之能力。③经营婚姻及家庭生活相关资源之取得。④孕妇及胎儿健康之维护。⑤子女教养及家庭经营。⑥其他家庭教育相关课程,包括情感教育、亲密关系、家庭压力处理等。

我国台湾地区"家庭教育法"虽然只有短短 20 条,但是立法目的明确、措施得当,经费有保障,因此,该法的实施使我国台湾地区家庭教育工作实现了有法可依,对我国台湾地区的家庭教育发展起到重要的促进作用。徒法不足以自行,在制定家庭教育立法的同时,我国台湾地区政府将家庭教育工作纳入行政管理系统,聘请专业人员以家庭教育中心为主要平台进行推广,家庭教育活动能够通过专业人员顺利到达社区和家庭,使得家庭教育法能够落地。我国台湾地区通过制定家庭教育法来促进家庭健康发展的做法值得借鉴。

综上所述,总结域外国家(地区)家庭支持的政策法律,最大的共同点就是政府重视,长期坚持执行已经出台的政策法律,并不断在家庭领域进行财政投入,支持家庭稳健发挥各项功能,以稳定家庭来促社会的稳定,这点值得我国在制定家庭政策法律时加以借鉴。域外国家(地区)建立在高度福利基础上的家庭政策是这些国家(地区)根据历史传统和经济发展的状况确定的,很多具体做法具有启发性。但是,我国作为人口最多的发展中国家,在制定家庭政策时还是要结合本国国情。首先,我国已经整体脱贫,温饱问题已基本解决,这时应当更加注重家庭的精神文明建设,以良好的家风建设促家庭和谐,增加家庭的凝聚力,把家庭打造成为个体可靠的生存依托和心灵归宿;其次,随着国力不断增强,国家要从支持和扶助的角度制定长期稳健的家庭福利政策,逐步减轻家庭在养老育幼、康复医疗、住房、教育等方面的负担,如在民政机关里设立专门机构,负责"一老一小"及困境家庭的帮扶工作(2019 年,中央已批准民政部门单独设立"养老服务司""儿童福利司");巩固已有的脱贫成果,建立防止返贫监测和帮扶机制,向贫困、残疾、单亲家庭提供更多的专项补助,向残疾人照料人和长者赡养人发放照护津贴并设立护理假;给隔代抚养的祖父母、外祖父母发放委托照护补贴;给养老机构发放政府补贴并实行减免税政策,对育龄夫妇发放育儿津贴、购房优惠贷款;培养专业的家庭社工、家事调解员;在司法系统内设置家事法庭,建立专门的家事纠纷解决机制,加快制定家庭教育立法,等等。总之,要以家庭的稳定与和谐促社会的稳定与和谐,以家庭的文明和进步促整个社会的文明和进步,以更加积极友好的家庭政策,满足新时期家庭发展的需求。

第二章 家庭与法律的历史回顾和发展趋势

第一节 历史上家庭制度的产生和类型

家庭是社会的细胞,是建立在婚姻关系、血缘关系或收养关系而产生的存在于亲属之间的一种社会组织,它具备一定的社会功能,受某些规范的调整。婚姻是一定时期内社会制度所认可的,以永久生活为目的的两性结合,是人类社会中最为基本的人际关系。家庭与婚姻有密切联系,婚姻是产生家庭的前提,家庭是缔结婚姻的结果。

一、家庭制度的产生

作为一种特殊的社会生活组织,家庭在人类历史上已经存在了几十万年,但家庭并不是与人类社会的形成相伴随的,家庭是人类社会发展到一定阶段才出现的社会形式。在远古时期,原始人为了防御敌害和生存需要结成群体,在原始群体之内,基于双方自愿发生的性关系均被许可,人类如同动物一样,过着原始杂乱、毫无限制的性生活,这种状态存续了一百余万年。由于群体之内并没有可以用以限制和约束两性关系的任何规范,即使是父母子女祖孙等直系亲属之间发生的性关系也不被视为乱伦,原始人不知婚姻为何物,不知家庭为何物,任何意义上的婚姻家庭制度都不存在。

随着社会的缓慢发展,人类慢慢地从混乱杂交的状态中走出,探寻有所限制、有所规范的婚姻家庭制度,并形成了以群婚制、对偶婚制婚姻关系为基础的家庭,成为家庭的早期形式。其中,以群婚制为基础的家庭,又可以进一步分为血族群婚制基础上的血缘家庭,和亚血族群婚制基础上的亚血族群婚制家庭(也被称为普那路亚家庭)。对偶婚制是群婚制之后产生的一种婚姻制度,在对偶婚制中,配偶成对地生活,相对稳定,但此时婚姻关系的解除并没有什么限制，仍然比较松散，夫妻双方都不能长久地独占对方。

原始社会末期，生产力的不断发展为人类摆脱氏族公社的集体劳动提供了条件，原始社会公有制经济逐步瓦解，财产私有制开始形成，同时，男子开始替代女子在生产和氏族公社中的中心地位，人类从母系氏族社会先后进入到父系氏族社会，以男子为支配者的父权制家庭得以形成。私有财产的积累促使父亲要求由确定的亲生子女继承财产，这对夫妻之间独占的同居提出了现实需要，一夫一妻制为特征的个体婚制最终形成，严格意义上的个体家庭最终出现，这种个体家庭形态产生之后，一直延续到了现代，也称为现代家庭，也就是我们今天通常意义上谈论的家庭。

二、家庭制度的类型

恩格斯根据美国民族学家摩尔根在《古代社会》一书的研究，将人类脱离原始混乱杂交之后的家庭形态分为顺序相承的四个形态：血缘家庭、亚血缘家庭（普那路亚家庭）、对偶家庭、一夫一妻制家庭，这四种婚姻家庭形态与所处的社会发展状况是一致的。我国古先民和世界其他民族一样，经历了从群婚到个体婚的发展，经历了从只知其母发展到有了确保父亲一脉血统的家的过程。

（一）血缘家庭

人类在经历了一百余万年的混乱杂交之后，原始群体里发生了年龄的分工，按照年龄和辈分划分的生产组合形成，并随之形成了族内同一班辈间的两性交配关系，人类历史的第一个婚姻形态产生，即血族群婚，与之对应的家庭形态被称为血缘家庭。血族群婚是同一血缘内的行辈群婚，排除了父母、子女、祖孙之间的性关系。在同一辈的兄弟姐妹之间互为夫妻，实行群婚，祖辈与祖辈、父辈与父辈、子辈与子辈、孙辈与孙辈之间各自互为夫妻。血缘家庭是群体家庭中的一种，其内部至少包含三个家庭，即祖辈的家庭、父辈的家庭、子辈的家庭，血缘家庭的内部结构和规范禁忌与现代家庭有显著区别。

通过我国古籍中所记载下来的神话传说，可以看到在我国远古时代，古先民也曾经历过血族群婚阶段，出现过血缘家庭这一家庭形态。例如在我国有关人类始祖伏羲、女娲的传说中，因为洪水泛滥，人都淹死了，只有伏羲和女娲两兄妹得以存活下来，他们结为夫妇，繁衍后代，是人类的始祖。在东晋干宝《搜神记》中还有盘瓠子女自相配偶的记载，黄帝后人喾的小女儿嫁给了五色神犬盘瓠，生下三男三女，盘瓠死后，他的儿女"自相配偶，因为夫妇"，

"其后子孙昌盛,号为犬戎之国"。伏羲女娲以及盘瓠子女自相配偶的传说可以验证,在我国远古时代,出现过兄妹相互婚配的血族群婚形态。

除了血族群婚以外,血缘家庭的另一个特点,是后代只知其母不知其父,这在那些"圣人无父,感天而生"的传说里可以得到验证。例如在古代传说中,五帝中的黄帝,便是其母附宝在野外采摘果实时,遇上北斗星被炽烈的闪电光围住,身有触动,随后便生下了黄帝轩辕氏。而五帝中的炎帝,则是其母女登,在华阳山上游玩时,遇见一条金光闪闪的神龙并被神龙缠住,之后她就怀孕了,生下了炎帝神农氏。炎帝和黄帝在出身上的传说,实际上表明,他们与母亲的丈夫之间并不一定存在血缘关系,这正是因为在血族群婚制下,女子可以与多个男子保持性关系,因此难以确定女子生下的孩子和哪位男子具有血缘关系。

(二) 亚血缘家庭

随着社会生产力的发展,人类社会组织逐步扩大化,若干有比较固定的血缘关系的集团取代游散不定的原始群在某一个地方固定居住下来,一个血缘集团和另一个血缘集团之间的相互群婚有了可能。原始群的两性关系便逐渐由近血缘扩大到远血缘,又由同一血缘集团逐渐扩大到不同血缘集团,并最终变成排除内部性关系的集团,人类的社会组织从原始群转变为氏族公社。氏族的任何成员不得在氏族内通婚,只能是甲氏族的成年男子与乙氏族的成年女子通婚,乙氏族的成年男子与甲氏族的成年女子通婚。据摩尔根的研究发现,这种实行外婚制的两合氏族,是人类历史上第一次出现的正面调节两性关系的社会组织形式。① 据考古发现,中国的亚血缘群婚形态,大约在山顶洞人时期萌芽,到中原和长江流域的仰韶文化时期发展到兴盛时期。

建立在亚血族群婚基础上的家庭被称为亚血缘家庭,仍然属于群体家庭中的一种,两个氏族不同性别的祖辈同祖辈为一家庭,父辈同父辈为一家庭,子辈同子辈为一家庭。与血族群婚不同,亚血族群婚实行族外群婚,这种婚姻形态进一步排除了兄弟姐妹之间的性关系,氏族内的任何男女都不得婚配,通婚只能是在两个不同的原始群间发生,而且限于相当的辈分。在亚血缘群婚制中,夫妻双方来自于不同的氏族,白天各自在自己的氏族从事生产活动,夜晚丈夫到妻子的氏族过夫妻生活,次日早晨又返回到自己的氏族中,夫妻双方没有共同经济生活。夫妻关系也不是唯一、固定的,双方都可以同时拥有数个伴

---

① 张敏杰:《中国的婚姻与家庭》,东方出版中心2017年版,第4页。

侣，其后代仍然是知母而不知父。

（三）对偶家庭

在母系氏族阶段后期，亚血缘群婚进一步发展为对偶婚。对偶婚是群婚到个体婚姻的过渡阶段，仍然属于群婚，同亚血缘群婚一样，甲氏族的一群女子以乙氏族的一群男子为夫，乙氏族的一群男子以甲氏族的一群女子为妻。但不同的是，为了使后代的供养能获得更多的物质保障，女性从自己的诸多配偶中选一个作为主要配偶，入赘到女方氏族中生产生活，建立双方共同的经济生活。虽然女子仍然有一群丈夫，但其中一人成为主夫，而男子也拥有一人作为主妻，相对固定，不再是频繁更换。由主妻和主夫较长时间地组织的相对固定的家庭，被称为对偶家庭。此时的婚姻关系仍然比较松散，夫妻双方都不能长久独占对方，其后代仍然是知其母不知其父。

中国的对偶家庭大致产生于母系氏族公社后期，包括仰韶文化后期到马山文化、马家窑文化、屈家岭文化早期。这时人类已经过着定居的生活，主要居住在半穴居式建筑和地面屋宇内，并多在河谷台地上形成村落。部落是由若干个氏族组成的，氏族又是由若干个亚血缘家庭共同组成，这些亚血缘家庭都是同一祖母繁衍下来的。仰韶文化的遗址，大致分为居住区、陶场和墓地三个部分。以山西姜寨遗址为例，居住区内部被划分为几个部分，每一部分有一大房子和若干小房子，其中大房子是母系氏族老人、孩子的住处，也是共同消费的场所，附近的小房子是供配偶双方居住的，考古挖掘时发现小房子里有生活用具，也有生产工具，显然小房子里所居住的是小家庭。①

（四）一夫一妻制家庭

在母系氏族发展到一定程度之后，生产力大幅提高，男子在生产中的地位日益突出，开始取代女子在氏族中的中心地位，并形成了以男子为支配者的父权制家庭。母系氏族向父系氏族转变，虽然氏族内部仍然是财产共有，集体劳动，平均分配，但世系按父系计算，财产按父系继承。在父系氏族公社时期，生产力的发展解决了生活资料匮乏的问题，还带来了可供分配给个人的剩余产品。随着私有财产的积累，男子要求由确定的亲生子女来继承财产，因而配偶之间必须建立长久独占的同居关系。自此，对偶婚制逐步让位于以一夫一妻制为特征的个体婚制，丈夫处于家庭的统治地位，妻子处于家庭的从属地位，由男子娶妻，女子婚后脱离自己的氏族，去男方氏族居住生活。一夫一妻制的产

---

① 见张敏杰，《中国的婚姻与家庭》，东方出版中心2017年版，第5~6页。

生,与父权制和私有制的产生紧密相关。

对偶婚向一夫一妻制婚姻转变,经历了漫长的过渡阶段。最初的一夫一妻制家庭还保有对偶家庭的痕迹。男女婚后先从妻居,生子长大之后再归其夫家居住,便是这种过渡性的变现。据《北史·列传第八十七·突厥·铁勒》对其婚俗的记载,"丈夫婚毕,便就妻家,待产乳男女,然后归舍"。丈夫婚后先迁到妻子的氏族中共同生活,但等到妻子在母家生子长大之后,丈夫便把妻子和孩子带回自己的氏族生活。此外,父权制家庭与母系家庭甚至双系家庭可能同时存在。可能是一代娶妻,一代不娶,又或者几代人连续娶妻,但之后又倒退到男方去女方家走婚偶居,父系家庭与母系家庭并存。或者是在同一个家庭内部,既有女子不出嫁但却生子的,也有男子娶妻生子的,形成双系家庭,双系家庭既可能向完全的父系家庭转变,也可能倒退回母系家庭。

一夫一妻制的确立,使得以个体婚姻为纽带的个体家庭自此出现。这种个体家庭形态产生之后,一直延续到了现代,也称为现代家庭,也就是我们今天通常意义上谈论的家庭。而个体家庭出现之前的家庭形式,被称为群体家庭,是原始社会中以群婚为纽带结合而成的家庭形式,是同当时的原始人群和氏族结合在一起的,也被称为原始家庭。一夫一妻制家庭,或者说个体家庭产生的经济基础在于个体生产,生产力的发展带来了生产工具的革新,使得人们可以摆脱集体劳动,以个体家庭为单位从事生产,获得物质生活资料。个体家庭从此成为独立的经济生活单位,但是,个体家庭出现之后,并非天生便获得独立的经济生活地位。至少在中国,个体家庭还在很长一段时间内受到父系家族制度的约束,聚集而居,以血缘关系为纽带,土地由父家长分配,财产还并未全部独立,受到大家庭中父家长的约束。

第二节 家庭在法律中的定位和演变

家庭曾在法律中担任着重要的主体角色。在我国清末法制改革之前,不论是奴隶制社会还是封建制社会,家庭作为独立的经济生产和生活消费单位,在法律中居于重要的主体地位。在家国合一的政治框架下,统治者以家庭为直接控制对象,家庭构成国家的基本单位,是同居共财的生活单位,是受到容隐、复仇、连坐等制度规制的基本单位,是承担赋税、徭役义务的基本单位。清末法制改革动摇了家庭的法律主体地位,家庭中的个人主体意识觉醒,独立享受权利承担义务,个人开始取代家庭成为法律中最重要的法律主体,家庭的主体地位逐渐式微,并最终退出法律主体的历史舞台。

一、家庭主体地位的确定

家庭并非天生就获得主体地位。在中国古代家庭的四个不同发展阶段中,血缘家庭、亚血缘家庭、对偶家庭都依附于氏族之中,一夫一妻制家庭起初则被裹挟于宗法制度中,直到宗法制度瓦解,以一夫一妻制为基础的个体家庭才获得独立的法律主体地位。进而言之,法律与国家相伴而生,有了国家才有了狭义的"法"的存在。在原始社会,虽然有用以规范人们行为的各种各样的规则、习俗、禁忌、道德,但都不是有意识的,原始社会没有法律,因此群体家庭也就谈不上获得法律主体地位。随着生产力的发展,人们逐渐被分化,阶级出现,私有制形成。为了维护这种私有制以及利益既得者们的利益,国家出现,法律作为国家实现统治职能的手段产生,此时个体家庭开始具备成为法律主体的可能性。

在我国的父系氏族阶段,便已经形成了以血缘关系为纽带聚集而居的父权制家族。这种家族形式在奴隶制国家建立之后得以进一步发展。至西周形成宗法制度,它既是家族组织形式,又是政权组织形式,是血缘和政治的结合,分别嫡庶、尊卑统系之制。[①] 宗法制度与宗族制度相关,但并不完全等同。宗族制度是中国特有的历史存在,"宗"是同族之主,是同姓之内的祖先的代表,因其有功或有德于同姓,后代的人就尊其为"祖"或"宗"。"族"是总称凡与血统有关的人,其中所强调的是亲疏关系,所谓宗族就是共同祖先界定出来的父系群体,其中"宗"是同族中尊一人为主,其余的人则服从他。[②] 宗族统理宗内事物,掌握财产、婚丧方面的重大事务,教导族人,小宗要服从大宗,宗内大事都需向宗子,也就是族长报告。总之,在宗法制度之下,个体家庭并未成为独立的法律主体,而是被宗法组织所裹挟。

至春秋中、后期,严格意义上的宗法制度已开始瓦解。其一,在卿大夫家族内部,一些庶孽小宗力图摆脱宗法等级制度的桎梏、开始与其大宗对抗,并

[①] 郑定、马建兴:《论宗族制度与中国传统法律文化》,载《法学家》2002年第2期。

[②] 姚伟钧:《宗法制度的兴旺及其对中国社会的影响》,载《华中师范大学学报(人文社会科学版)》2003年第3期。

争夺权益。① 因为宗法制度已经成为家族内中下层贵族争取更高的政治地位与更多的经济利益的障碍，于是他们为实现自己的愿望而与旧的氏族势力展开争斗。② 其二，在国家层面，诸侯国势力日益强大，周天子式微，僭越礼制的行为不断发生，周天子作为大宗的权威消失殆尽。其三，各国的改革变法活动对宗法制度的根基造成了彻底破坏，世禄世卿制度和分封制被废除，官僚制度和郡县制度得以形成。其四，宗法制度的核心内容"嫡长子继承制"，也在王位争夺的过程中难以被严格执行。最终，宗法制政治在秦汉之际不得不让位于官僚制政治统治，身兼政治关系与家族关系二职的宗法组织解体，国家政权从宗法制度中独立出来，变为中央集权的官僚政治，而宗法制度则演变为宗族制度，宗法组织为宗族组织所代替，宗法观念为宗族观念所取代。③

二、以家庭为主体的法律制度

宗法制度的瓦解，使得人们从宗法组织中分离出来，形成了一个个摆脱了宗法组织的束缚而直接隶属于国家的数口之家的个体小家庭。这些个体小家庭都是独立的生产和消费单位，是封建国家的赋税和兵役、徭役来源，因而构成封建统治的经济基础。独立的个体家庭成了当时占绝对统治地位的家庭形态。④ 在封建制社会时期，与这些独立个体家庭共存的，还有秦唐间的士族宗族、宋元间大官僚宗族、明清绅衿富人宗族，这些宗族以同宗血缘关系为维系纽带，以父权、族权为权力核心，以封建礼制、家法族规来维护族内统治。家庭与宗族之间的关系表现为：在日常生活中，宗族内部的各家庭之间通过内集（宗族内部定期或不定期的集会）加强联系；在社会动荡时期，宗族内部的核心家庭组织领导同一宗族的所有家庭组成一个利益共同体去对抗困难；在经济生活中，宗族内的富裕家庭对其他贫困家庭要赈恤。可见处于宗族之内的家庭在财产基础和日常事务上是独立于宗族的。⑤ 在家庭成为独立的法律主体之

---

① 马卫东：《春秋时期宗法制度的延续及其瓦解》，载《鲁东大学学报（哲学社会科学版）》2008年4期。
② 朱凤瀚：《商周家族形态》，天津古籍出版社2004年版，第482页。
③ 见郑定、马建兴：《论宗族制度与中国传统法律文化》，载《法学家》2002年第2期。
④ 徐扬杰：《中国家族制度史》，武汉大学出版社2012年版，第140页。
⑤ 王仁磊：《魏晋南北朝家庭与家族、宗族关系初探》，载《北方论丛》2011年第6期。

后，国家便对其财产权、犯罪及惩罚、赋税徭役等方面加以规制，而以家庭为主体的法律制度，突出表现在以下几个制度。

（一）同居共财

在古代中国，使家成其为家的本质性的要素还是"同居共财"这样的生活方式。同居共财或者仅称同居的用语，是个显著的法律概念，而绝不是指在同一个家屋中居住这样的事实。同居共财的基本内容包括，第一，每个人的劳动所得全部放进为了全部成员利益的共同的会计即家计中的形态，构成同居共财这样的概念的核心。第二，同居的每个人的生活中必要的消费全面性地由共同的会计来供给。谁能挣钱多少不视为问题，消费就是消费，饮食方面的公平特别重要，共同做饭构成家族生活的核心性要素，财产分割之际，唯有灶必定另外起造。第三，以上那样的涉及生产消费各个方面的共同会计所产生的剩余，被当作为了全体成员的共同资产即家产加以蓄积。作为最安全和最喜欢选择的财富蓄积方法是保有土地。①

就法律的层面来讲，有关家产管理、支配、处分的权利统于家长，他人无权干涉，但这并不意味着家长独享家产的所有权。因为所有权的另一内容——权益制约着对权利归属的认定。② 恰恰在权益上（指为所有人独享所有物的一般价值与使用价值的利益）古代家长不可能独享，他必须让家人共享财产的利益。③ 别籍异财，是对同居共财模式的突破，因为其不仅关系到家庭共有财产分配、家庭生活维持等方面，更为重要的是关系到封建国家的户籍管理和徭役征收，同时对"家国一体"的政治架构和儒家"亲亲"思想构成威胁。自秦以来，为了维护家庭同居共财制度，历代律法都十分重视处理别籍异财的行为，《唐律疏议》更是直接将"子孙别籍异财"作为犯罪来处理，《唐律》中《名例律》将别籍异财明确规定为"十恶"中"不孝"的行为方式之一。到宋元明清时期，才在法律上对别籍异财罪做了灵活变通的规定，部分肯定子孙财产权，减轻刑罚处罚，逐步放松管制。

（二）容隐

容隐，又称为"亲亲相隐"或者"亲亲得相首匿"，指的是一定范围内的

---

① ［日］滋贺秀三：《中国家族法原理》，张建国、李力译，商务印书馆 2013 年版，第 77~83 页。

② 金眉：《唐代婚姻家庭继承法研究——兼与西方法比较》，中国政法大学出版社 2009 年版，第 217 页。

③ 金眉：《婚姻家庭立法的同一性原理——以婚姻家庭理念、形态与财产法律结构为中心》，载《法学研究》2017 年第 4 期。

亲属之间相互隐匿犯罪，减轻或者免除刑罚。容隐制度在中国封建社会律例中居于非常重要的位置，起源于春秋时期以孔子为代表的儒家思想。孔子在《论语·子路》中提出"子为父隐，父为子隐，直在其中矣"，这一经典论断成为容隐制度的理论渊源。容隐制度充分体现了中国古代对礼治的重视，对家庭伦常的维护。受法律儒家化的影响，自汉代以后，历代律法都吸收了儒家所提倡的"父为子隐，子为父隐"思想。汉律规定亲亲得相首匿，"自今首匿父母，妻匿夫，孙匿大父母，皆勿坐；其父母匿子，夫匿妻，大父母匿孙，罪殊死，皆上请，廷尉以闻"。唐代以后，容隐的范围进一步扩大，只要是同居的亲属，甚至不同居但是属于一定亲等之内的亲属，都可以援用"同居相隐"的规定。而明清两代更是把容隐的范围进一步扩展到妻亲，连岳父母与女婿也一起列入。

因为亲属间允许容隐，那么如果子孙不为尊亲属匿罪，反而告发的，便与礼治原则相违背，所以历代的法律都规定告发尊亲属的行为，是属于"不孝"罪之一，应当严厉惩治。与之相对应，除了祖父母、父母告发子孙、外孙及子孙之妻妾无罪以外，其余的尊长告发卑幼的行为也不被许可，唐宋两代告发属实也应获罪，而明清两代仅诬告才获罪。值得注意的是，第一，容隐制度并不适用于谋反、谋大逆、谋叛等危及政治统治秩序的犯罪，这说明国家利益与家庭利益相互冲突，难以两全的时候，国为重，君为重。第二，容隐制度可以推及家主与奴仆之间，为主隐者勿论，主人以外，主人的亲属也属于不许告发的范围。之所以在法律上设立容隐制度，是因为"不许容隐则伤骨肉之恩"，害怕亲属之间相互告发会损害到亲戚和家庭和睦。推行容隐制度，有利于维护中国古代"家国一体"的政治框架。

（三）复仇

复仇是人们基于天性和自然防卫的本能，为受到外来伤害的本人或亲属、同一氏族等进行的私力救济，寻求"以牙还牙，以眼还眼"的原始正义。① 在原始社会，血亲复仇是解决氏族或部落间伤害纠纷十分自然而合理的手段，进入阶级社会后，各种形式的复仇逐渐受到法律的约束。② 最初对复仇作出规定的是《周礼》，报仇有法定的手续，也有专管报仇事务的官吏，只要在事先到朝士处登记仇人的名字，将仇人杀死便可无罪。又有调人之官，专司避仇和

---

① 李梁：《试析中国古代刑法中的复仇》，载《中共郑州市委党校学报》2013年第4期。

② 曹金华：《轻侮法与东汉的血亲复仇风》，载《扬州师院学报（社会科学版）》1992年第3期。

解的事，并且规定复仇只以一次为限，不许反复寻仇。① 而东汉时期的《轻侮法》则明确规定对血亲复仇者"降宥"处理。但因为出于"孝""义"而复仇的行为不作为犯罪处理，连锁复仇增多，"冤冤相报"，给社会带来了不良后果，《轻侮法》在颁行十八年后被废除。

从东汉开始，除了元代以外，复仇制度被历代所禁止，且法律上还有移乡避仇的方法来防范复仇发生。但因为复仇思想深入人心，难以根绝，私自复仇风气仍盛，而受到儒家传统思想的影响，人们宁愿犯罪受刑也要复仇，不愿因怕死而忘仇不孝。因此，在实践中，复仇往往能够得到以孝治天下的皇帝的赦宥。隋时王子春为兄长忻及嫂所杀，子春有女三人，长女舜长大后，带领妹妹半夜持刀翻墙，杀长忻夫妻以告父墓，隋文帝听说后感叹其孝行，赦免其罪。② 而在元代，子为父亲报仇，不用承担刑事责任，此外，仇家还需要罚付50两银子的丧葬费。由此看来，在中国古代刑法中，复仇并非完全为立法和司法所不容，在特定情况中，甚至还会被嘉许。但是，历史上也有依律论罪处罚的。唐玄宗时期，原巂州都督府都督张审素的两个儿子，年仅13岁的张瑝和11岁的张琇，将朝廷的监察御史杨汪杀死于都城（洛阳）以报父仇。对于如何处理二人，有两种意见，中书令张九龄认为二人"孝烈"，应宽恕。但侍中裴耀卿和李林甫认为"国法不可纵报仇"，否则会破坏国家的法律。唐玄宗支持后者意见，认为"国家设法，事在经久，盖以济人，期于止杀"。③ 张琇兄弟死后，人们感其孝义，集资安葬，还造疑塚数个防范被杨家人复仇掘坟。从法律的立场来看，杀人本应抵命，对复仇宽宥处理，是法外施仁，但因为受到儒家孝义思想的影响，人们却以复仇这一例外为正，足见情与法的相互冲突。

（四）连坐

连坐，指的是一人犯罪，全家、邻里和其他有关的人连同受罚。按适用范围划分，连坐可以进一步区分为亲属连坐、什伍连坐、士卒连坐（军队中）、官吏连坐四种，根据对秦代《云梦秦简》所作考究，有关什伍连坐的律文是最多的。连坐责任是从原始社会部落战争中胜利一方屠杀战败一方全体族类的

---

① 瞿同祖：《中国法律与中国社会》，商务印书馆2010年版，第82~83页。
② 《隋书·列女传·孝女王舜》。
③ 《旧唐书·孝友传·张琇传》。

习惯发展而来的。① 阶级国家形成后，法律机器逐渐健全，连坐成为了用以惩罚那些犯有严重罪行的人的一项法律制度，又因为连坐制度起源于血族之间大规模互杀，所以亲属连坐是最初和最基本的连坐形式，即基于犯罪人的犯罪行为而处罚其一定范围内的亲属。

早在夏商周三代，连坐制度就已经存在于战争场合。战国时期，商鞅将其明确制度化、法律化，并在总结族刑、夷三族基础上，结合"户籍相伍"制度，将连坐制度进一步扩充到亲属连坐、什伍连坐、官吏连坐三种。秦朝建立之后，连坐制度保留下来，所适用的罪名和人员范围均较为广泛。秦《法律答问》记载有"盗及者（诸）他罪，同居所当坐"。而同居具体指的是同为一户籍之下，成员人数或有多或少。连坐制度是法家重刑思想的产物，与在中国古代居于正统地位的儒家思想并不相符，但因为连坐制度利用了社会成员之间天然所在的亲密关系和共同情感，可以有效俭省国家管理成本，强化国家对家族的控制，所以秦代以后，连坐制度仍然长期存在。

（五）赋税徭役制度

赋税徭役制度是指统治者为巩固国家政权而向人们征收财务、调用劳力的制度。其中，赋原指军事上车马军需的征调，后指对土地的课税，即田赋；税则包括人头税和资产税；徭役又称为役，是指人们在统治者强迫下无偿提供劳动力，主要包括力役、杂役和军役。对于国家而言，赋税徭役制度是维系国家兴衰的重要制度。赋税徭役的征收并不以个人为单位，而是以家庭为单位，且基于赋税征收和徭役征发的需要，历代国家对家庭实行"编户"管理，并形成一整套完整的而严密的户籍制度。② 此外，统治者还会将一些破坏赋税徭役制度的行为做犯罪化处理，例如《秦律》中便明确规定有"匿田""匿户""乏徭""捕事""失期"等罪名。

三、家庭主体地位的衰落

1840 年鸦片战争爆发之后，西方列强先后入侵中国，社会政治经济结构发生了猛烈的变化，之后的人民革命运动又促进了个人意识的觉醒，以上种种极大地冲击了中国的封建家族制度，并最终导致家庭的法律主体地位发生动摇

---

① 栗劲：《秦律通论》，山东人民出版社 1985 年版，第 17 页。
② 王利华：《中国家庭史·先秦至南北朝时期》，广东人民出版社 2007 年版，第 136 页。

并最终丧失。具体来说，家庭之所以丧失法律主体地位，主要有以下几个原因：首先，从政治因素来说，民主革命的爆发打破了家国合一的政治框架，人们逐渐认识到家族制度是封建父权、夫权、君权等强权所滋生的土壤，并开始批判封建伦理道德和宗法思想。其次，从经济因素来说，外国资本主义的经济侵略严重破坏了男耕女织、自给自足的小农经济模式，农民开始远离故土寻求生计，造成了家庭的离散。最后，从文化因素来看，民主革命促进了个人意识的觉醒，个人逐渐挣脱家庭的束缚，成为了独立且自由的个体，追求个人权利个人主体地位。

从法律层面来看，清末变法修律活动，是个人取代家庭成为现实法律主体的发端。虽然清末变法修律是清政府受内外压力之下被迫推行的法律变革活动，其实质在于以近代法律形式掩盖君主专制统治，但这一变法活动实际推动了法律体系的近代化。其中，《大清民律草案》共有五篇，前三篇分为总则、债权、物权，以日本1896年《民法典》为蓝本，同时借鉴德国和瑞士《民法典》，对中国旧有习惯未加参酌，充分肯定了自然人的权利能力、行为能力和责任能力，将个人作为主要法律主体。而后两篇"固守国粹为宗"，分为亲属与继承，在亲属篇中明确规定"家政统摄于家长"，"家长以一家中之最尊长者为之"，"家属尊卑之分以亲等及其长幼为序"，对于中国传统社会中的"礼治"秩序加以维护。《大清民律草案》的修订体现了清末东西方法律文化的交融，虽然未及颁行，清廷便被推翻，但其所吸收的西方民法精神却对以后中华民国的民事立法产生了深远影响。

南京国民政府成立之后，便开始了民法典的起草工作，经过三年起草，于1931年颁布的《中华民国民法典》，继承了清末和北京政府的民律草案，同时吸收大陆法系民法典的民事立法原则，共分为总则、债、物权、亲属、继承无边。在家庭关系方面，《中华民国民法典》取消了嫡子与庶子之间的区别，不再将妻规定为限制行为能力人，废除了旧法中长期沿用的宗祧继承制度，肯定了子女的平等继承权利和配偶间相互继承遗产的权利。虽然该民法典保留了以父权为中心的家长制度，规定"家置家长"，"家务有家长管理"，"父母得于必要范围内惩戒其子女"等，但以家庭为主体地位的同居共财、容隐、复仇、连坐、赋税徭役制度等却不复存在。

中华人民共和国成立以后，逐步建立起了中国特色社会主义法律体系，个人是立法中最为基本的法律主体，而家庭并未获得完全独立的法律主体地位。在2017年先行颁行的《中华人民共和国民法总则》中，民事主体包括了自然人、法人和非法人组织三种,并未包括家庭,《民法典》总则编予以确认,而以调整婚姻家庭关系为主的婚姻家庭编也延续了《婚姻法》对家庭的基本立法态度,仅仅以家庭各成员为法律主体。而刑事法体系和诉讼法体系中,更没有家庭作为法律主体的立法规定。值得一提的是,在《农村土地承包法》将家庭承包的承包方明确规定为本集体经济组织的农户,《社会救助暂行办法》确立了以家庭为单位的救助体制;但是,这些以家庭为对象的立法旨在解决特定问题,并非意图确定家庭在法律上的主体地位。可以说,在我国的法律体系中,家庭的法律主体地位基本丧失。

第三节 未来家庭法律的发展趋势

家庭是社会的细胞,是人类最为基本的生活和生产单位。"一切社会之中最古老的而又唯一的自然社会,就是家庭。"① 党的十九大报告指出,要坚持在发展中保障和改善民生。增进民生福祉是发展的根本目的。必须多谋民生之利、多解民生之忧,在发展中补齐民生短板、促进社会公平正义,在幼有所育、学有所教、劳有所得、病有所医、老有所养、住有所居、弱有所扶上不断取得新进展。这表明在新时期,国家会更加重视教育、医疗、养老等与家庭权益密切相关的民生工程。而这些与家庭权益相关的内容,也就会是未来家庭法律的发展趋势。

一、加快制定国家层面的家庭教育法

家庭教育具有社会教育、学校教育所不具备的日常性、早期性特点,在孩子的成长中不可替代。家庭教育不仅关乎个人和家庭福祉,也关乎国家和民族命运。因此,家庭教育不仅是私事,更是重要的社会公共事务。国家有必要通过立法推进家庭教育规范化发展,促进儿童健康成长。2018年3月,中华全国妇女联合会向全国"两会"提交了《关于将制定家庭教育法列入全国人大五年立法规划的议案》(以下简称《议案》),明确提出制定家庭教育法是贯彻落实习近平总书记"三个注重"指示精神的重要举措。《议案》还提到,自2011年起,全国妇联与教育部共同启动了家庭教育立法调研工作。在实践层

---

① 卢梭:《社会契约论》,商务印书馆2003年版,第5页。

面,目前重庆、贵州已出台家庭教育促进条例,山西、河北、江苏、浙江、四川等地也将家庭教育立法列入当地人大立法规划,这些都为全国家庭教育立法提供了有力支持。① 2021 年 1 月 20 日,家庭教育法草案已经提请全国人大常委会会议审议,草案包括总则、家庭教育实施、家庭教育促进、家庭教育干预、法律责任、附则共六章。

制定国家层面的家庭教育法,是解决家庭教育中一些突出问题的迫切需要。一方面,农村留守儿童家庭教育责任主体缺位问题严重,急需家庭教育立法明确主体责任。据民政部发布的全国摸底排查数据显示,2016 年年底,不满 16 周岁的农村留守儿童数量为 902 万人,其中,无人监护的留守儿童有 36 万人,父母外出另一方无监护能力的有 31 万人。② 经多方努力,2018 年的农村留守儿童人数仍高达 697 万余人。③ 个别外出务工父母缺乏监护责任意识,较少回家看望留守子女或保持亲情沟通,甚至常年不予联系,给留守儿童的身心健康发展造成了严重影响。对此,《国务院关于加强农村留守儿童关爱保护工作的意见》明确要求强化家庭监护主体责任,强化监护干预机制,父母或受委托监护人不履行监护职责的,有权依法追究其责任。制定全国性的家庭教育法典,可以引导外出务工人员依法履行对未成年留守子女的监护职责和抚养义务,并为进一步向其追责提供合法依据,确保农村留守儿童安全、健康、受教育等权益得到有效保障。

另一方面,家庭教育内容片面,方法不科学,家庭教育公共服务滞后,市场混乱,急需家庭教育立法适度干预和规范。根据全国妇联儿童工作部在 2015 年发布的第二次全国家庭教育现状调查的主要结果和核心数据显示,多数父母存在不同程度的教育焦虑,且过于关注孩子的学习,而缺乏对孩子劳动、运动等能力的培养。④ 根据调查结果,全国妇联儿童工作部倡议做好家庭教育事业发展顶层设计,完善家庭教育相关政策措施,尽快出台家庭教育法,

---

① 《关于将制定家庭教育法列入全国人大五年立法规划的议案》,载《中国妇运》2018 年第 3 期。

② "民政部有关负责人就农村留守儿童摸底排查情况答记者问",http://www.mca.gov.cn/article/xw/mzyw/201611/20161115002391.shtml。最后访问时间:2021 年 1 月 25 日。

③ "图表:2018 年农村留守儿童数据,"http://www.mca.gov.cn/article/gk/tjtb/201809/20180900010882.shtml。最后访问时间:2021 年 1 月 26 日。

④ "第二次全国家庭教育现状调查结果发布",http://www.xinhuanet.com/politics/2015-12/25/c_128565216.htm。最后访问时间:2021 年 1 月 26 日。

将家庭教育知识宣传普及和家长家庭教育指导服务纳入公共服务范畴，建立家庭教育指导者资格认定制度，实行家庭教育指导相关机构准入制度。换言之，通过家庭教育知识宣传普及和家庭教育指导服务，为家长创造良好的学习沟通平台，帮助家长"自我成长"，从而提高家庭教育质量，改善当前家庭教育重智轻德、重身体健康、轻心理健康、重考试分数、忽视能力培养等问题。

二、加快制定提升家庭保障功能立法

在城市化之前，社会保障主要建立在家庭基础上。但城市化改变了经济形态，带来了土地商品化，使得一个以血缘、宗法关系为基础的社会，转变为一个以市场、金钱关系为基础的社会，家庭的保障功能被弱化。① 城市化所带来的这种变化及其引发的诸多社会问题，为建立健全社会保障制度提出了客观的现实需要。社会保障体系，可以进一步区分为社会保险体系、社会救助体系、社会福利体系和社会优抚体系，这些体系可以保障国民基本生活、供给国民福利支持，为国家发展和社会稳定托底。社会保障法是典型的社会法，应当以"倾斜保护"为基本原则，因此国家在建立社会保障体系时应格外注重对家庭中弱势群体权益的保护。

但值得注意的是，当前社会保障立法在法律制度设计上，仍遵循"去家庭化"的立法理念，以个人为法律保护对象，忽视了家庭在辅助国家实现社会保障方面可以发挥的重要作用。目前法律对家庭成员的物质帮助等保障规定，只作用于家庭中的残疾人、老年人、未成年人中的某一个或者几个成员，国家对家庭因陷于困境而造成的整体性生存发展窘境关注不够、支持不足，也缺乏专业社工和心理工作者为困境家庭成员疏解身心压力。这种片面化的"倾斜保护"社会保障原则，"只见树木不见森林"，不能为特殊家庭建立可靠的避风港湾，一旦外界压力突破临界值，很有可能成为压倒这类家庭的最后一根稻草。② 因此，未来的社会保障立法应当重视家庭在社会保障中的重要作用，重塑家庭保障功能，以家庭保障分担国家保障、社会保障的压力。国家不

---

① 魏建国：《城市化升级转型中的社会保障与社会法》，载《法学研究》2015年第1期。

② 《3条人命！广州孕妇因家长群聊起纠纷 带娃在家烧炭身亡》，媒体报道：2018年12月，广州一孕妇带娃在家烧炭身亡，只因孩子患有自闭症，与同学发生言语争执后，园长让其在家多休息几天。网易，https://www.163.com/dy/article/E424ALNV0528MBQ5.html。最后访问时间2021年1月28日。

仅仅对特殊家庭中的某一个或某几个成员提供社会保障，还要为特殊家庭整体提供保障。从国情出发，当前国家需要制定"倾斜政策"加以保护的特殊家庭主要包括失独家庭、单亲家庭、空巢家庭和残疾人家庭。

失独家庭是指独生子女死亡，其父母不再生育、不能再生育和不愿意收养子女的家庭。我国每年"失独家庭"增加7.6万个，已累计超过100万个。[①] 目前对于失独家庭的扶助主要是通过对失独老人养老权益保障来进行的，但《老年人权益保障法》中倾向保护的老人主要是三无老人，而失独老人，与"三无"老人[②]不同，部分失独老人退休金相对较高且稳定，经济条件较好，其最大的痛苦往往是失去独生子女后在精神上、心灵上的创伤，而非物质穷困。失独家庭很大程度上与计划生育政策有关，对于政策导致的社会问题，国家必须承担起救助责任，制定专门的《失独家庭援助法》不失为一个办法，未来也可以在社会救助条例修改时，加入对失独家庭的救助规定。

单亲家庭是指因为各种因素如离婚、配偶死亡甚至未婚先孕等造成单亲的家庭。目前对于单亲家庭的扶助主要集中在对单亲家庭子女的福利保障，但并未将单亲家庭本身作为扶助对象，而单亲爸爸、单亲妈妈因单独照顾子女导致职业发展受限、受到公众负面评价、亲子关系脆弱紧张等问题，却并未被立法所重视。不管是丧偶还是离异，单亲家庭中以母亲带孩子独立生活的居多，面临的困难也更大，可以借鉴日本的立法实践，针对母子单亲家庭，制定福利性和援助性的法律，缓解单身母亲独自抚养子女的压力，帮助母子单亲家庭健康发展。[③]

空巢家庭是指子女长大成人后从父母家庭中相继分离出去，只剩下老年一代人独自生活的家庭。而一旦配偶去世且不再婚，则家庭生命周期进入鳏寡期，容易出现空巢老人独居情形。《老年人权益保障法》明确规定了赡养人的经济供养、生活照料、精神慰藉义务，一定程度上解决了空巢家庭的养老问

[①] 刘家强：《全国政协副秘书长：失独家庭已超百万，每年增7.6万个》，https：//news.qq.com/a/20180709/000996.htm？qqcom_pgv_from=aio。最后访问时间2021年1月28日。

[②] 《老年人权益保障法》第31条第2款规定："老年人无劳动能力、无生活来源、无赡养人和扶养人，或者其赡养人和扶养人确无赡养能力或者扶养能力的，由地方各级人民政府依照有关规定给予供养或者救助。"

[③] 孙云晓、张美英：《当代未成年人法律译丛——日本卷》，中国检察出版社2006年版，第3页。

题,但这些义务都是建立在居家养老基础上的,该法所规定的社会保障内容都倾向于经济困难的老人,保障方式倾向于物质帮助,经济情况尚可的空巢老人基本不属于社会保障的范围内。我国从 21 世纪初开始进入老龄化社会,空巢家庭不断增多将是一个社会发展趋势,国家应尽早着手研究和制定对策。

残疾人家庭是指家中至少有一个持有有效残疾证的残疾人①,包括双残及多残家庭。2010 年末,我国残疾人总人数 8502 万人,② 残疾人家庭数量以千万计。虽然我国重视残疾人权益保障,对残疾人康复、教育、出行、就业等问题都有立法保护。但一些残疾人家庭,尤其是重度残疾人的家庭成员为了照料残疾人往往无法参与社会工作和社会生活,长期被困于家庭之中,这些照料残疾人的家庭成员所面临的心理压力、物质负担等问题长期未得到足够重视。国家有必要在残疾人保障法的基础上,专门针对残疾人家庭制定援助性法律。

经济发展的目的是为了改善人民的福祉,提高人民的生活质量,这是一个社会的理想,这个社会的福祉需要提供给它的每一个公民,保障它的每一个公民的基本需求,这是一个公正的社会的基础。③ 随着社会经济的发展,国家应当逐步提高国民的福利,而提高国民福利需要我们尊重和依托家庭保障的作用。在新时期的社会发展中,国家一方面要不断完善现有的《老年人权益保障法》《妇女权益保障法》《未成年人保护法》《残疾人保障法》等法律,解决发展中弱势群体出现的各种权益保障问题;另一方面应注重用法律手段解决特殊家庭所面临的生存发展困境,加快与家庭有关的社会救助类立法进程,将国家和社会对困境家庭的救助制度化,使得困境家庭从个人到家庭得到整体帮助。国家以提高福利津贴、实施专项补贴、设立专门机构负责等方式加大对困境家庭的整体救助力度,提升家庭应对生活困难的能力,重塑家庭自身的保障功能。

---

① 《残疾人保障法》第 2 条第 2 款,残疾人包括视力残疾、听力残疾、言语残疾、肢体残疾、智力残疾、精神残疾、多重残疾和其他残疾的人。

② 此统计数据是由全国残疾人联合会根据第六次全国人口普查我国总人口数,及第二次全国残疾人抽样调查我国残疾人占全国总人口的比例和各类残疾人占残疾人总人数的比例推算而来。参见《2010 年末全国残疾人总数及各类、不同残疾等级人数》,http: // www.cdpf.org.cn/sjzx/cjrgk/201206/t20120626_387581.shtml。最后访问时间 2021 年 1 月 20 日。

③ 潘屹:《论中国国家福利的重构》,载《经济社会体制比较》2007 年第 2 期。

第三章 家庭与婚姻法律制度

家庭是社会的细胞,和谐社会离不开和谐家庭,而和谐家庭的关键和基础则是和谐的婚姻。婚姻家庭在人类生活和社会发展中发挥着极其重要的作用。建设和维系稳定和谐的婚姻家庭关系不仅是每个家庭成员的个人意愿,也是国家的责任、法律的使命。

第一节 婚姻家庭法概述

我国婚姻家庭法是指调整婚姻家庭关系的法律规范总称,是婚姻家庭领域最重要的法律。

一、婚姻家庭的概念与属性

(一) 婚姻家庭的概念

从一般意义上说,婚姻是指为当时社会制度所确认的、男女两性具有配偶身份的社会关系。家庭是指以婚姻、血缘和共同经济为纽带而组成的亲属之间的社会关系。

婚姻家庭关系一经法律调整,便成为婚姻家庭法律关系。从法律意义上说,婚姻是男女双方以永久共同生活为目的,以夫妻的权利义务为内容的合法结合。家庭是共同生活的,其成员间互享法定权利、互负法定义务的亲属团体。

(二) 婚姻家庭的属性

婚姻家庭具有自然属性和社会属性。自然属性是婚姻家庭产生的前提,对婚姻家庭起到一定的影响作用;社会属性是婚姻家庭的本质属性,是人类婚姻家庭从低级向高级发展的根本动因。

婚姻家庭的自然属性是指婚姻家庭赖以产生的自然条件或自然因素,是在婚姻家庭中客观存在、任何人为因素都不能改变的具有普遍意义的属性，是婚姻家庭有别于其他社会关系的显著特征。男女两性的生理差别和人类固有的性本能是婚姻的生理学上的基础；通过两性结合实现人种繁衍是家庭的自然职能。如果没有这些自然属性，婚姻、家庭便失去产生的基本自然前提。

婚姻家庭的社会属性是社会制度赋予婚姻家庭的本质属性，是婚姻家庭中社会因素的作用。婚姻家庭本身是一种人与人之间的社会关系，它总是依存于一定的社会，具有一定社会内容，反映了当时社会的生产方式和生活方式的客观要求。

二、婚姻家庭的职能

婚姻家庭自产生之时起，就在人类生活和社会发展过程中发挥着不可替代的重要职能。婚姻家庭对社会承担着人口再生产、组织经济生活和教育的职能；对个人则承担着满足性爱和精神慰藉的职能。通过这些职能的发挥，婚姻家庭使个体获得性的满足、情感的寄托、经济上的保障与安全感；使子女得到教育与社会化；使种族得以繁衍，社会得以发展。

三、婚姻家庭法的调整对象

中华人民共和国成立之初，根据革命根据地时期形成的立法习惯，加上受苏联立法模式的影响，我国于1950年颁布《婚姻法》，正式在全国性立法及中华人民共和国法律体系中确定了"婚姻法"的名称，并被1980年《婚姻法》沿用至今，法学界也习惯以婚姻法相称，但从《婚姻法》的结构和内容来看，其实际调整的却是婚姻家庭关系。2020年5月通过的《民法典》将《婚姻法》和《收养法》的内容纳为第五编，编名采"婚姻家庭"，更准确概括了条文内容，与调整对象也更加名实相符。

（一）调整对象的范围

婚姻家庭法既调整婚姻关系，又调整家庭关系；既包括婚姻家庭关系发生、变更和终止的动态运行的全过程，又包括由该动态运行所形成的主体之间的权利和义务。婚姻关系因结婚而成立，又因一方死亡或离婚而终止。关于结婚的条件和程序，夫妻间的权利和义务，离婚的处理原则、程序、条件以及离婚后有关子女抚养、财产分割和经济帮助等都属于婚姻法的调整范围。家庭关系是基于结婚、出生、法律拟制等原因而发生，又因离婚、家庭成员死亡、拟制血亲关系解除等原因而消灭。有关确认家庭成员之间的亲属身份，规定家庭成员之间的权利义务及其产生、变更和终止等方面等内容,都是家庭法的调整范围。

(二) 调整对象的性质

婚姻家庭法的调整对象按其性质可以分为人身关系和财产关系。其中人身关系是存在于一定范围的亲属之间的身份关系,是基于一定法律事实的发生而为法律所确认的身份关系,起着决定作用,占主导地位;财产关系以人身关系为先决条件,直接体现一定经济内容或者以一定的财产为媒介所形成的社会关系,随亲属间人身关系的产生、变更和消灭而产生、变更和消灭,居于从属地位。由此,婚姻家庭法在性质上应认定为身份法而非财产法。

第二节 婚姻家庭法的基本原则

婚姻家庭法的基本原则是婚姻家庭法的概括性准则,体现了婚姻家庭法的立法宗旨,并贯穿于该法始终。

一、婚姻自由原则

婚姻自由是指婚姻当事人有权根据法律规定,自主自愿地决定自己的婚姻问题,不受任何人的强制和非法干涉。婚姻自由是法律赋予自然人的一项基本权利,任何人不得侵犯,否则即构成违法行为。

(一) 婚姻自由原则的内容

婚姻自由原则包括结婚自由和离婚自由。结婚自由是指自然人依法享有缔结婚姻关系的自由,也有依法不缔结婚姻关系的自由。离婚自由是指夫妻双方有依法解除婚姻关系的自由。结婚自由是实现婚姻自由的先决条件,离婚自由是结婚自由的必要补充。

(二) 婚姻自由原则的贯彻

为保障婚姻自由基本原则的贯彻实施,《民法典》第1042条第1款规定:"禁止包办、买卖婚姻和其他干涉婚姻自由的行为。禁止借婚姻索取财物。"

包办婚姻是指婚姻关系以外的第三人(包括父母)违反婚姻自由原则,在完全违背婚姻当事人意愿的情况下,强迫其缔结的婚姻。买卖婚姻是指婚姻关系以外的第三人(包括父母)以索取大量财物为目的,强迫他人缔结的婚姻。包办婚姻不一定都是买卖婚姻,而买卖婚姻必然是包办婚姻。

其他干涉婚姻自由的行为是指除包办、买卖婚姻以外的违反婚姻自由原则，阻挠、干涉他人行使婚姻自由权利的行为，如父母非法阻挠子女的婚事、子女干涉父母再婚、阻挠丧偶妇女再婚等。

借婚姻索取财物主要是指男女双方自愿或基本自愿结婚，但一方却向对方索要一定的财物，并以此作为结婚条件的违法行为。

二、一夫一妻原则

（一）一夫一妻的概念

一夫一妻是一男一女结为夫妻互为配偶的婚姻形式。其法律要求为：任何人不得同时有两个或两个以上的配偶；已婚者在其配偶死亡或离婚前不得再行结婚；未婚男女不得同时与两个或两个以上的人结婚。一切公开或隐蔽的一夫多妻、一妻多夫都是非法的，受到法律的禁止和制裁。

（二）一夫一妻原则的贯彻

《民法典》第1042条第2款为保障一夫一妻基本原则的贯彻实施，明确规定："禁止重婚。禁止有配偶者与他人同居。"

重婚是指有配偶者又与他人结婚的违法行为，包括法律上的重婚和事实上的重婚两种形式。法律上的重婚指有配偶者又与他人登记结婚的违法行为；虽未登记结婚，但确与他人以夫妻名义同居生活的，即构成事实上的重婚。

有配偶者与他人同居是指不以夫妻名义同居生活，仅仅与婚外异性持续、稳定地共同生活的行为。

三、男女平等原则

男女平等是指男女两性在婚姻关系和家庭生活的各个方面都享有平等的权利，履行平等的义务。男女平等原则具体贯彻体现在婚姻家庭关系的各个方面：在婚姻关系方面，结婚、离婚的条件或程序对男女双方平等适用；结婚后，男方可以成为女方的家庭成员，女方可以成为男方的家庭成员；离婚男女双方对夫妻共同财产有平等分割的权利，对共同债务有平等清偿的义务。

在家庭关系方面，家庭成员不分男女，各自享有独立人格，在法律地位上完全平等，依法平等享有权利，平等履行义务。男女平等也是收养法所遵循的基本原则，《民法典》关于收养人、送养人、被收养人的条件的规定，关于夫妻共同收养或父母共同送养的要求，关于养父母、养子女及其他亲属权利义务的各项规定，均适用于男女平等原则。

四、保护妇女、未成年人、老年人、残疾人合法权益原则

（一）保护妇女、未成年人、老年人、残疾人合法权益的概念

婚姻家庭法中的保护妇女合法权益，主要是指在婚姻家庭关系中，法律在确认和保障妇女与男子平等享有一般权利的基础上，着重对妇女享有的特殊权益以及妇女在实际生活中受侵犯比较突出的权益给予特别的重视和保护。保护妇女合法权益原则和男女平等原则的精神是一致的，男女平等是基础，保护妇女合法权益是男女平等的必然要求和必要补充，二者互相配合，相辅相成。

保护未成年人和老年人合法权益，主要是指重视和保护家庭成员中 18 周岁以下未成年人和 60 周岁以上老年人的一切婚姻家庭权利和利益。未成年人的智力、体力都处于待发育成熟状态，老年人随着体能的不断衰弱逐渐成为社会的弱势群体，其权益均易受到侵害。强调对未成年人、老年人权益的特殊保护，体现了中华民族敬老爱幼的优良传统和美德，也是防范、惩治侵犯未成年人、老年人合法权益的违法犯罪行为的必要手段。

为强化对婚姻家庭中残疾人的保护，《民法典》第 1041 条在原《婚姻法》第 2 条的基础上，还增加了对残疾人合法权益的保护。

（二）保护妇女、未成年人、老年人、残疾人合法权益原则的贯彻

为维护平等、和睦、文明的婚姻家庭关系，贯彻执行保护妇女、未成年人、老年人和残疾人合法权益原则，《民法典》第 1042 条明确规定"禁止家庭暴力。禁止家庭成员间的虐待和遗弃"。家庭暴力，依《反家庭暴力法》第 2 条，是指家庭成员之间以殴打、捆绑、残害、限制人身自由以及经常性谩骂、恐吓等方式实施的身体、精神等侵害行为。虐待是指以作为或不作为的形式，对家庭成员歧视、折磨、摧残，使其在精神上、肉体上遭受损害的违法行为，如打骂、恐吓、冻饿、患病不予治疗、限制人身自由等。持续性、经常性的家庭暴力，构成虐待。遗弃是指家庭成员中负有赡养、扶养、抚养义务的一方，对需要赡养、扶养和抚养的另一方不履行其应尽义务的违法行为。如父母不抚养未成年子女；成年子女不赡养无劳动能力或生活困难的父母等。

为了更好地维护被收养的未成年人的合法权益，将联合国《儿童权利公约》关于儿童利益最大化的原则落实到收养工作中，《民法典》第 1044 条增加规定了"最有利于被收养人的原则"，还明文禁止"借收养名义买卖未成年人"。

第三节 结 婚

结婚是指男女双方按照法律规定的条件和程序建立夫妻关系的民事法律行为。结婚不仅关系到男女双方当事人的身份关系和权利义务，也会产生一系列重要的社会后果，具有很强的社会性。国家基于社会公共利益之考虑，通过法律公开明确地为结婚设定条件和程序，这已成为世界各国婚姻家庭制度的通例。

一、结婚条件

（一）男女双方完全自愿

《民法典》第1046条规定："结婚必须男女双方完全自愿，禁止任何一方对他方加以强迫，禁止任何组织或者个人加以干涉。"依此规定，法律将是否结婚、与谁结婚、何时结婚的决定权完全赋予当事人本人，这为建立以爱情为基础的婚姻关系提供了有效的保障。

"男女双方完全自愿"在表述上是非常严谨和周密的，它包括以下三方面的具体要求：结婚必须是当事人双方自愿，而不是任何一方的一厢情愿；结婚必须是双方当事人本人自愿，而不是仅取决于当事人父母或其他第三人的意愿；结婚必须是当事人双方的完全自愿，而不是勉强同意。

（二）达到法定婚龄

法定婚龄是法律规定的男女双方结婚必须达到的最低年龄，即结婚年龄的下限。当事人达到法定婚龄始得结婚，未达法定婚龄即结婚是违法的。

《民法典》第1047条规定："结婚年龄，男不得早于二十二周岁，女不得早于二十周岁。"考虑到我国的多民族特点和少数民族特有的历史传统、民族习惯，民族自治地方的人民代表大会可根据《立法法》的授权，结合当地民族婚姻家庭的具体情况，对法定婚龄等问题制定变通规定。

（三）禁止重婚

根据一夫一妻制原则的要求，任何人都不得同时有两个或两个以上的配偶，否则构成重婚，不仅后一次结合不能产生合法婚姻的法律效力，当事人还可能承担刑事责任。因此，申请结婚的双方当事人应无配偶，即只能是未婚者、丧偶者或离婚者。

（四）禁止一定范围的亲属结婚

禁止一定范围的亲属结婚反映了自然选择规律的要求，具有优生学上的科学根据；也是人类社会生活中长期形成的伦理观念的要求。《民法典》第1048条规定："直系血亲或者三代以内的旁系血亲禁止结婚。"其中，直系血亲是指彼此之间具有直接血缘联系的亲属，包括父母与子女，祖父母、外祖父母与孙子女、外孙子女，曾祖父母、曾外祖父母与曾孙子女、曾外孙子女等，无论代数多少均不得结婚。旁系血亲是指彼此之间具有间接血缘联系的亲属。根据我国采用的世代计算法，三代以内的旁系血亲具体包括以下情形：（1）同源于父母的兄弟姐妹，既包括同父同母的全血缘的兄弟姐妹，也包括同父异母或同母异父的半血缘的兄弟姐妹；（2）同源于祖父母、外祖父母的伯叔与侄女、姑与侄子、舅与外甥女、姨与外甥；（3）同源于祖父母、外祖父母的堂兄弟姐妹、表兄弟姐妹。

上述禁婚亲的规定是否适用于拟制的直系血亲和三代以内的旁系血亲，《民法典》并未予以明确。但从伦理要求和法律精神上看，拟制的直系血亲应属于禁止结婚的范围，即使这种拟制关系解除亦然；拟制的三代以内旁系血亲只要没有血缘上的禁忌，在构成婚姻障碍的拟制关系解除后，应准许其结婚。

二、结婚的程序

男女双方符合结婚条件意味着具有结婚的可能性，只有履行法定的结婚程序，才能使这种可能变成现实，所成立的婚姻才能得到法律的承认与保护。《民法典》第1049条规定："要求结婚的男女双方应当亲自到婚姻登记机关申请结婚登记。符合本法规定的，予以登记，发给结婚证。完成结婚登记，即确立婚姻关系。未办理结婚登记的，应当补办登记。"

依《婚姻登记条例》第2条的规定，内地居民办理婚姻登记的机关是县级人民政府民政部门或者乡（镇）人民政府；省、自治区、直辖市人民政府可以按照便民原则确定农村居民办理婚姻登记的具体机关。婚姻登记机关的管辖范围，原则上根据当事人的户籍确定。男女双方的常住户口在同一地的，应到该地的婚姻登记机关办理结婚登记；双方的常住户口不在同一地的，可到任何一方当事人常住户口所在地的婚姻登记机关办理结婚登记。2021年6月1日起至2023年5月23日止，民政部在我国部分省市试行结婚登记和离婚登记"跨省通办"试点，试点期间，当事人可在户口所在地或居住证所在地办理婚姻登记。

双方当事人应共同亲自前往有管辖权的婚姻登记机关提出结婚登记申请。

当事人应出具本人的户口簿、身份证；本人无配偶以及与对方当事人没有直系血亲和三代以内旁系血亲关系的签字声明。婚姻登记机关对结婚登记当事人出具的证件、证明材料是否真实、齐全进行审查，对符合结婚条件的，应当予以登记，发给结婚证；对不符合结婚条件的不予登记，并向当事人说明理由。

对于未办理结婚登记而以夫妻名义共同生活的男女，起诉到人民法院要求离婚的，最高人民法院《关于适用〈中华人民共和国民法典〉婚姻家庭编的解释（一）》以1994年2月1日民政部《婚姻登记管理条例》的公布实施为界，实行区别对待：在此之前男女双方已经符合结婚实质要件的，按事实婚姻处理，即双方当事人互为配偶，适用夫妻权利义务的法律规定，所生子女为婚生子女，解除关系须依离婚程序处理。在此之后男女双方才符合结婚实质要件的，人民法院应当告知其在案件受理前补办结婚登记。补办结婚登记的，婚姻关系的效力从双方均符合结婚实质要件时起算；未补办结婚登记的，按解除同居关系处理。

三、无效婚姻和可撤销婚姻

结婚应符合法律规定的条件，对于欠缺法定结婚条件的违法结合，应依法认定其无效或予以撤销。

（一）无效婚姻

《民法典》第1051条规定："有下列情形之一的，婚姻无效：（一）重婚；（二）有禁止结婚的亲属关系；（三）未到法定婚龄。"

有权申请宣告婚姻无效的主体，包括婚姻当事人及利害关系人。利害关系人包括：以重婚为由申请宣告婚姻无效的，为当事人的近亲属及基层组织；以未到法定婚龄为由申请宣告婚姻无效的，为未达法定婚龄者的近亲属；以有禁止结婚的亲属关系为由申请宣告婚姻无效的，为当事人的近亲属。

宣告婚姻无效的请求权应在无效原因消失前行使。最高人民法院在《关于适用〈中华人民共和国民法典〉婚姻家庭编的解释（一）》中还指出："夫妻一方或者双方死亡后，生存一方或者利害关系人依据民法典第1051条的规定请求确认婚姻无效的，人民法院应当受理。"这是因为婚姻效力对当事人的财产分割、遗产继承等问题将产生实质影响，所以在一方或双方当事人死亡的情况下，仍有确定婚姻效力的必要。

婚姻当事人及利害关系人应依法向人民法院申请宣告婚姻无效。人民法院受理案件后，经审查，确属无效婚姻的，应依法作出宣告婚姻无效的判决；反之，不具备法定的婚姻无效原因或无效原因已消失的，不予支持。

（二）可撤销婚姻

《民法典》第1052条规定："因胁迫结婚的，受胁迫的一方可以向人民法院请求撤销该婚姻。"胁迫是指行为人以给另一方当事人或者其近亲属的生命、身体健康、名誉、财产等方面造成损害为要挟，迫使另一方当事人违背真实意愿结婚的情况。因受胁迫而结婚，双方当事人之间缺乏有效的结婚合意，违反了结婚必须男女双方完全自愿的规定，应允许受胁迫方依法请求撤销该婚姻。撤销婚姻的请求权属于受胁迫一方的婚姻关系当事人本人，受胁迫方是否行使撤销权应由本人自行决定。受胁迫方撤销婚姻的请求应当自胁迫行为终止之日起一年内提出。被非法限制人身自由的当事人请求撤销婚姻的，应当自恢复人身自由之日起一年内提出。

需要特别指出的是，《民法典》不再将"患有医学上认为不应当结婚的疾病"作为禁止结婚的情形，相应地，"婚前患有医学上认为不应当结婚的疾病，婚后尚未治愈的"也不再构成无效婚姻，但"一方隐瞒重大疾病的，另一方可以向人民法院请求撤销婚姻。请求撤销婚姻的，应当自知道或者应当知道撤销事由之日起一年内提出"。至于何为"重大疾病"，《民法典》并未规定，未来最高人民法院可能通过司法解释予以明确。

（三）婚姻无效与被撤销的法律后果

《民法典》第1054条规定："无效的或者被撤销的婚姻自始没有法律约束力，当事人不具有夫妻的权利和义务。同居期间所得的财产，由当事人协议处理；协议不成的，由人民法院根据照顾无过错方的原则判决。对重婚导致的婚姻无效的财产处理，不得侵害合法婚姻当事人的财产权益。当事人所生的子女，适用本法关于父母子女的规定。婚姻无效或者被撤销的，无过错方有权请求损害赔偿。"

郑某某与陆某甲婚姻效力案[①]

【案情简介】

郑某某与陆某甲于2013年农历正月认识，并按当地农村风俗"看人

[①] 参见重庆市第二中级人民法院〔2015〕渝二中法民终字第00853-1号民事判决书，来源于中国裁判文书网，http：//wenshu.court.gov.cn/website/wenshu/181107ANFZ0BXSK4/index.html？docId=d08138b2c4464bdd897f81f85d8e4fc4，最后访问日期：2020年7月24日。

户",确立恋爱关系,后双方各自外出打工,2014 年 1 月 22 日在重庆市巫溪县民政局办理结婚登记。婚后陆某甲表现异常,语无伦次,行为怪异,喜怒无常,2014 年 2 月 22 日,郑某某发现陆某甲在偷偷服药,认为陆某甲及家人在婚前隐瞒病情是对自己的欺骗,双方为此事发生纠纷,陆某甲回娘家居住。

郑某某向法院申请宣告陆某甲为限制民事能力人,法院受理后于 2015 年 1 月 23 日作出判决:宣告被申请人陆某甲为限制民事行为能力人;指定陆某甲的母亲为陆某甲的监护人。郑某某后又向法院提起诉讼,主张与陆某甲从认识到结婚没见过几次面,更没有深层次的交流,没有建立起夫妻感情,请求法院判令郑某某与陆某甲离婚。

陆某甲辩称:其与郑某某认识一年多时间,有了感情才决定结婚。陆某甲的确曾经因为升学等原因,有过精神抑郁的情况,通过治疗和服药已经好了。郑某某及其父母都知道这个情况。婚后郑某某及其家人对陆某甲故意刁难,导致发病。夫妻有相互帮扶的义务,郑某某应当帮助陆某甲去进行正常的诊断和医治,但郑某某不但不尽这个义务,还故意同陆某甲及其娘家人发生纠纷。郑某某是陆某甲合法的丈夫,应当负责为陆某甲医治,待治疗痊愈或久治不愈后,再作出处理。请求法庭驳回郑某某的诉讼请求,即使要离婚,郑某某必须返还陆某甲的全部嫁妆,并给予经济帮助 10 万元。

本案发生在《民法典》通过以前。法院依《婚姻法》第 10 条规定,认为陆某甲在办理结婚登记前患有精神分裂症,婚后尚未治愈,其与郑某某的婚姻应属无效婚姻,故判决驳回郑某某要求与陆某甲离婚的诉讼请求,并依职权判决郑某某与陆某甲婚姻无效。

然而,本案若发生在《民法典》实施以后,结果则会有所不同。陆某甲婚前隐瞒其患有严重精神疾病的事实,郑某某可在知道或者应当知道该事由之日起一年内,即 2015 年 2 月 22 日以前向人民法院请求撤销婚姻。若郑某某在此后起诉,或是郑某某明确放弃撤销婚姻的权利而选择起诉离婚,那么人民法院应依法认定双方感情是否确已破裂,并作出是否准予离婚之判决。

第四节 离 婚

离婚是配偶生存期间依法解除婚姻关系的法律行为。我国离婚有登记离婚和诉讼离婚两种程序，以下分述之。

一、登记离婚

登记离婚是在夫妻双方对离婚以及离婚的法律后果均能达成一致意见的情况下，婚姻登记机关予以登记，发给离婚证的离婚程序。

1. 登记离婚的法定条件

（1）双方当事人自愿。首先，双方当事人必须具有完全民事行为能力，无民事行为能力或限制民事行为能力的精神病人不适用登记离婚，只适用诉讼离婚。双方当事人离婚的意思表示应当是真实的和一致的，不能有一方欺骗或胁迫另一方的行为，也不得有任何弄虚作假的行为。

（2）双方当事人对子女和财产问题已有适当处理。双方当事人已经对离婚后的子女抚养、财产分割以及债务处理等事项协商一致，并记载在离婚协议中。

2. 登记离婚的程序

内地居民自愿离婚的，男女双方应当共同到一方当事人常住户口所在地的婚姻登记机关办理离婚登记。中国公民同外国人在中国内地自愿离婚的，内地居民同香港居民、澳门居民、台湾居民、华侨在中国内地自愿离婚的，男女双方应当共同到内地居民常住户口所在地的婚姻登记机关办理离婚登记。

要求离婚的男女必须双方亲自到婚姻登记机关申请离婚登记。申请时，应持双方的户口簿、身份证、结婚证和双方当事人共同签署的离婚协议书。婚姻登记机关对当事人的离婚申请并不立即进行审查，自其收到离婚登记申请之日起三十日内，任何一方当事人不愿意离婚的，可以向婚姻登记机关撤回离婚登记申请。前述期限届满后三十日内，双方应当再次亲自到婚姻登记机关申请发给离婚证，未申请的，视为撤回离婚登记申请，此即为《民法典》新增的"冷静期"条款，目的在于遏制轻率、冲动离婚的情形，促进婚姻家庭稳定。

对再次提出离婚申请的，婚姻登记机关查明双方确实是自愿离婚，并已经对子女抚养、财产以及债务处理等事项协商一致的，予以登记，发给离婚证，注销结婚证。

二、诉讼离婚

诉讼离婚是指由人民法院管辖和处理的离婚纠纷，即对于夫妻一方或双方提出的离婚请求，由人民法院作出肯定或否定的裁决。

（一）诉讼离婚的程序

1. 诉讼外的调解

《民法典》第 1079 条第 1 款规定："夫妻一方要求离婚的，可以由有关组织进行调解或者直接向人民法院提起离婚诉讼。"此为诉讼外的调解，不是处理离婚的必经程序，调解结果也不具有法律效力。当事人可以寻求有关组织进行调解，也可以直接向人民法院提起诉讼。法律对"有关组织"未予明确，实践中通常是指当事人所在单位、群众团体、基层调解组织等。

2. 离婚诉讼

《民法典》第 1079 条第 2 款规定："人民法院审理离婚案件，应当进行调解。"人民法院主持进行的调解是离婚诉讼的必经程序。离婚案件经人民法院调解后，可能出现三种结果：一种是双方和好，原告撤销离婚之诉；第二种是双方达成离婚协议，人民法院应将协议内容制作成调解书，调解书经当事人双方签收后即发生法律效力。生效的离婚调解书与离婚判决书具有同等法律效力。第三种是调解无效，包括调解无法和好、调解无法达成离婚协议，或当事人虽就离婚问题达成协议，但对财产分割和子女抚养等问题无法达成协议。

3. 离婚判决

对于调解无效的离婚案件，人民法院应依法作出判决。判决内容涉及离婚与否以及财产分割、子女抚养等问题。

（二）离婚诉权的限制

1. 对滥用离婚诉权的限制

对于人民法院判决不准离婚和调解和好的离婚案件，原告在 6 个月内又起诉的，人民法院不予受理。被告在 6 个月内起诉的，不受此限制。

2. 对现役军人配偶离婚的特别限制

《民法典》第 1081 条规定："现役军人的配偶要求离婚，应当征得军人同意，但是军人一方有重大过错的除外。"其中，"现役军人"是指正在人民解放军或人民武装警察部队服役、具有军籍的人员。"重大过错"是指实施家庭暴力或虐待、遗弃家庭成员；有重婚或有配偶者与他人同居；有赌博、吸毒等恶习屡教不改以及有其他重大过错导致夫妻感情破裂的情形。

应当注意的是，本规定只适用于非军人一方向现役军人一方提出离婚的情况，现役军人一方向非军人一方提出离婚或者双方都是现役军人的离婚纠纷，不适用该规定，应按一般规定处理。

在适用该规定时，既要依法保护现役军人的婚姻，也要注意保护现役军人配偶的合法权益。对现役军人不同意离婚的，人民法院应对现役军人的配偶进行教育，尽量调解和好或判决不准离婚；对调解无效，夫妻感情确已破裂的，人民法院应通过军人所在部队团以上政治机关做好军人的思想工作后，准予离婚。

3. 特定条件下对男方离婚诉权的限制

《民法典》第1082条规定："女方在怀孕期间、分娩后一年内或者终止妊娠后六个月内，男方不得提出离婚；但是，女方提出离婚或者人民法院认为确有必要受理男方离婚请求的除外。"

女方在怀孕期间、分娩后一年内或终止妊娠后六个月内，身体、精神都需要特别照顾、关心，且其精神、身体也直接影响胎儿和婴儿的发育成长，在此期间对男方离婚请求权作出限制对保护妇女和儿童的身心健康是非常必要的。女方在上述期间提出离婚或人民法院认为确有必要受理男方离婚请求的，不受上述规定限制。根据审判实践经验的总结，"确有必要"主要有以下情况：双方确有不能继续共同生活的重大、急迫的事由；女方婚后因与人通奸而致怀孕或生育子女，该事实为女方所不争或已经人民法院查明属实等。

（三）裁判离婚的法定标准

《民法典》第1079条对裁判离婚的法定标准作出了规定。从其第2款规定看，感情是否确已破裂是我国人民法院审理离婚案件准予或不准予离婚的法定理由。感情确已破裂是指作为婚姻基础的夫妻感情已经完全地、彻底地破裂，不复存在，无可挽回。判断夫妻感情是否确已破裂，应当从婚姻基础、婚后感情、离婚原因、夫妻关系的现状和有无和好可能等方面综合分析。

感情确已破裂作为裁判离婚的概括性理由，对离婚案件的审理具有普遍的指导意义，但为了使该规定更具有操作性，该条第三款结合审判实践经验，列举了准予离婚的四种具体情况：实施家庭暴力或虐待、遗弃家庭成员的；有重婚或有配偶者与他人同居的；有赌博、吸毒等恶习屡教不改的；因感情不和分居满二年的；其他导致夫妻感情破裂的情形。针对离婚诉讼实践中存在的"久调不决"问题，《民法典》增加了一款，即"经人民法院判决不准离婚后，双方又分居满一年，一方再次提起离婚诉讼的，应当准予离婚"。

三、离婚的效力

完成离婚登记，或者离婚判决书、调解书生效，即解除婚姻关系。离婚的效力，是指婚姻关系解除在法律上所产生的后果，包括对当事人的效力和对子女的效力两个方面。

（一）离婚对当事人的效力

1. 人身关系

离婚使夫妻身份关系终止，双方不再是配偶，均取得再婚的自由，一方对他方不得加以干涉。夫妻间共同生活关系终止，相互扶养的义务也随之解除。夫妻离婚即丧失了对方法定继承人的资格，一方无权再按法定继承方式继承对方遗产。

2. 财产关系

《民法典》第1087条规定："离婚时，夫妻的共同财产由双方协议处理；协议不成的，由人民法院根据财产的具体情况，按照照顾子女、女方和无过错方权益的原则判决。对夫或者妻在家庭土地承包经营中享有的权益等，应当依法予以保护。"

离婚分割夫妻共同财产时，应注意将其与夫妻个人财产、家庭共同财产区分开来。夫妻对财产归属以书面形式加以约定的，如约定合法有效，按约定处理；协议不成，人民法院可根据分割夫妻共同财产的原则，结合财产的实际情况综合考虑进行判决。分割夫妻共同财产的具体方法包括：实物分割，即对财产进行实际分配，双方各自根据其分割的财产份额取得应得财产；价金分割，即将共有物变卖，双方对变卖所得价金进行分割后各自取得价金；价格补偿，即夫妻一方取得共有物，另一方获得相当于一半价格的补偿，取得价金。

夫妻离婚时，对于债务问题也要妥善处理。《民法典》第1089条规定："离婚时，夫妻共同债务应当共同偿还。共同财产不足清偿或者财产归各自所有的，由双方协议清偿；协议不成的，由人民法院判决。"对于夫妻共同债务的认定，除夫妻共同合意负债和夫妻一方为家庭日常生活需要负债外，只有债权人能举证证明债务人是为共同生活、共同经营负债，方可认定为共同债务。

夫妻一方隐藏、转移、变卖、毁损、挥霍夫妻共同财产，或者伪造夫妻共同债务企图侵占另一方财产的，在离婚分割夫妻共同财产时，对该方可以少分或者不分。离婚后，另一方发现有上述行为的，可以向人民法院提起诉讼，请求再次分割夫妻共同财产。

雷某某转移、隐藏夫妻共同财产案[①]

【案情简介】

原告雷某某（女）和被告宋某某于2003年5月19日登记结婚，双方均系再婚，婚后未生育子女。双方婚后因琐事感情失和，于2013年上半年产生矛盾，并于2014年2月分居。雷某某曾于2014年3月起诉要求与宋某某离婚，经法院驳回后，双方感情未见好转。2015年1月，雷某某再次诉至法院要求离婚，并依法分割夫妻共同财产。宋某某同意离婚。

宋某某称雷某某名下有共同存款25万元，要求依法分割。雷某某对此不予认可，庭审中其提交在中国工商银行的账户自2014年1月26日起的交易明细，显示至2014年12月21日该账户余额为262.37元。应宋某某申请，法院调取了雷某某上述中国工商银行账号自2012年11月26日开户后的银行流水明细，显示雷某某于2013年4月30日通过ATM转账及卡取的方式将该账户内的195000元转至案外人雷某齐名下。宋某某认为该存款是其共同房屋出租所得，应归双方共同所有，雷某某在离婚之前将夫妻共同存款转移，侵害了其对夫妻共同财产的权益。雷某某提出该笔存款是其经营饭店所得收益，开始称该笔款已用于夫妻共同开销，后又称用于偿还其外甥女的借款，但均未提供相应证据证明。

法院认为：宋某某、雷某某共同生活过程中因琐事产生矛盾，在法院判决不准离婚后，双方感情仍未好转，经法院调解不能和好，双方夫妻感情确已破裂，应当判决准予双方离婚。双方争议的焦点在于雷某某是否转移夫妻共同财产和夫妻双方名下的存款应如何分割。根据《婚姻法》第17条第2款和第47条规定，一方在离婚诉讼期间或离婚诉讼前，隐藏、转移、变卖、毁损夫妻共同财产，或伪造债务企图侵占另一方财产的，侵害了夫妻对共同财产的平等处理权，离婚分割夫妻共同财产时，应当少分或不分财产。本案中，结合相关证据，雷某某名下中国工商银行的账户内

[①] 参见最高人民法院2016年9月30日发布《指导案例66号》，来源于最高人民法院网站，http://www.court.gov.cn/shenpan-xiangqing-27821.html，最后访问日期：2020年7月24日。

的存款为夫妻关系存续期间的收入,应作为夫妻共同财产予以分割。雷某某将账户内的195000元转至案外人名下,雷某某始称该款用于家庭开销,后又称用于偿还外债,前后陈述明显矛盾,对其主张亦未提供证据证明。结合案件事实及相关证据,认定雷某某存在转移、隐藏夫妻共同财产的情节,对雷某某名下中国工商银行的账户内的存款,雷某某可以少分。据此,法院判决对于雷某某转移的19.5万元存款,由雷某某补偿宋某某12万元。

(二) 离婚对子女的效力

《民法典》第1084条规定:"父母与子女间的关系,不因父母离婚而消除。离婚后,子女无论由父或者母直接抚养,仍是父母双方的子女。离婚后,父母对于子女仍有抚养、教育、保护的权利和义务。"

1. 子女抚养归属

夫妻离婚后,子女只能随父母一方生活,因此,离婚时应解决子女由何方抚养的问题。人民法院应从有利于子女身心健康、保障子女的合法权益出发,结合父母双方的抚养能力等具体情况妥善解决。依《民法典》第1084条,离婚后,不满两周岁的子女,原则上由母亲抚养,但也不排除在特殊情况下,不满两周岁的子女由父亲抚养,如母亲患有久治不愈的传染性疾病或其他严重疾病,子女不宜与其共同生活的;母亲有抚养条件不尽抚养义务,而父方要求子女随其生活的;父母双方协议子女随父方生活,并对子女健康成长无不利影响的。已满两周岁的子女由谁直接抚养的问题,首先由父母协商,在双方自愿基础上达成协议。协议不成时,由人民法院按照最有利于未成年子女的原则,综合考虑父母双方的抚养能力、与子女的感情、生活环境、思想品德等方面的情况作出判决。子女已满8周岁的,应当尊重其真实意愿。此外,在有利于子女利益的前提下,父母双方协议轮流抚养子女的,可予准许。

2. 子女抚养费的负担与变更

《民法典》第1085条第1款规定:"离婚后,子女由一方直接抚养的,另一方应当负担部分或者全部抚养费。负担费用的多少和期限的长短,由双方协议;协议不成的,由人民法院判决。"

子女抚养费的数额、期限和给付方法等问题首先应由父母双方协议;协议不成的,由人民法院判决。确定子女抚养费的数额应当兼顾子女的需要和父母的负担能力,并结合当地的实际生活水平来确定。子女抚养费的给付期限一般至子女18周岁为止；18周岁以上尚未独立生活的成年子女，有下列情形之一，父母有给付能力的，仍应负担必要的抚养费：丧失劳动能力或虽未完全丧失劳动能力，但其收入不足以维持生活的；尚在校就读的；确无独立生活能力和条件的。子女抚养费一般应定期给付，有条件的也可一次性给付。夫妻离婚后，如父母或子女的情况发生变化，子女可在必要时向父母任何一方提出超过协议或判决原定数额的合理要求。

3. 不直接抚养子女方的探望权

《民法典》第1086条规定："离婚后，不直接抚养子女的父或者母，有探望子女的权利，另一方有协助的义务。"探望子女的方式，可以是探望、短期的共同生活，也可以是通信（电话、信件、电子邮件等）、赠送礼物等。探望方式和时间的确定同样采取"协议优先"的原则，先由双方当事人协议，协议不成的，由人民法院判决。如果父方或母方的探望不利于子女的身体、精神健康的，直接抚养方可向人民法院提起诉讼，人民法院可判决中止其探望权；中止探望的事由消失后，应当恢复探望。

四、离婚救济制度

离婚救济制度是在离婚财产分割制度之外，法律对离婚后处于弱势地位或权益受到损害一方提供的法律救济，目的是为了实现社会公平。

1. 家务补偿

离婚家务补偿是对家庭共同生活中付出义务较多的一方所从事的家务劳动价值的肯定，是弥补对方损失的一种辅助性手段。根据《民法典》第1088条，提起家务补偿必须符合一定条件：其一，请求补偿的一方在抚育子女、照料老年人、协助另一方工作等方面负担了较多义务。其二，在离婚时提出请求。家务补偿请求权不考虑双方的过错情况，无论对方是否有过错，付出较多义务的一方均可要求补偿，其补偿请求权不以对方的过错为要件。

2. 离婚经济帮助

《民法典》第1090条规定："离婚时，如果一方生活困难，有负担能力的另一方应当给予适当帮助。具体办法由双方协议；协议不成的，由人民法院判决。"其中"一方生活困难"，是指依靠个人财产和离婚时分得的财产无法维持当地基本生活水平。一方离婚后没有住处的，属于生活困难。

离婚时一方对另一方的帮助不同于夫妻共同生活期间的扶养义务，扶养义务是夫妻婚内的法定义务，随着夫妻离婚而终止；而经济帮助则是由原来的婚姻关系派生出来的社会道义上的责任，并非夫妻扶养义务的延伸。这一规定对夫妻双方都平等地适用，但其立法有针对性，主要是为了帮助女方解决离婚时的生活困难。

3. 离婚损害赔偿

离婚损害赔偿是指配偶一方因法定的过错行为而给他方造成物质或精神上的损害并导致离婚的，无过错方在离婚时有权请求损害赔偿。离婚损害赔偿最基本的功能就是填补受害配偶的损害，抚慰其承受的精神痛苦。离婚损害赔偿的构成要件包括：

（1）配偶一方有法定的过错。根据《民法典》第1091条的规定，离婚损害赔偿的法定过错行为是：重婚，与他人同居，实施家庭暴力，虐待、遗弃家庭成员和其他重大过错。"其他重大过错"是《民法典》新增的兜底条款，目的在于扩大离婚损害赔偿制度的适用范围，使之能更好发挥保障婚姻关系中无过错方权益的功能。"其他重大过错"包括一方有赌博、吸毒等恶习屡教不改，一方长期与他人发生婚外性行为或因性犯罪伤害夫妻感情等。

（2）有损害事实。包括由于对方的过错行为造成的财产利益的损害，如因身体受伤害而支出的医疗费，或劳动收入的减少；也包括因对方的过错行为造成的身体上的损害和精神损害。

（3）过错行为与离婚行为之间有因果关系。

（4）离婚的发生。在婚姻关系存续期间，即使一方有过错，他方如不要求离婚，也不能行使损害赔偿请求权。

（5）请求权人无法定过错。如果双方均有过错，根据过错相抵原则，任何一方均不得要求损害赔偿。

第五节　收　　养

收养是指自然人依照法定的条件和程序，将本属他人的子女作为自己的子女领养，从而使原本没有父母子女关系的当事人产生父母子女权利义务关系的民事法律行为。因该种民事法律行为而成立的法律关系称收养关系。领养他人子女的人为收养人，即养父母；被他人收养的人为被收养人，即养子女；将子女或儿童送给他人收养的父母、其他监护人和社会福利机构为送养人。

一、收养成立的条件

收养是涉及收养人、送养人和被收养人利益的民事法律行为，其成立应具备法律规定的条件。《民法典》第1093条至第1110条对收养条件作了具体规定。

（一）一般条件

1. 收养人

收养人应当具备的条件有：

（1）收养人无子女或者只有一名子女。这主要是从我国的实际情况出发，随着计划生育政策的调整，这一收养条件也随之发生改变。无子女的收养人可以收养两名子女；有子女的收养人只能收养一名子女。

（2）收养人应有抚养、教育和保护被收养人的能力。抚养教育能力是具有收养人资格的先决条件，要求收养人具有完全民事行为能力，同时在家庭经济条件、住房保障、思想道德品质等方面适宜抚育被收养人。

（3）收养人未患有在医学上认为不应当收养子女的疾病。如果收养人患有在医学上认为不应当收养子女的疾病，不仅可能影响他们自身的行为能力，更直接影响被收养人的健康成长，甚至会对被收养的未成年人的生命健康和人身安全构成威胁。

（4）无不利于被收养人健康成长的违法犯罪记录。这是《民法典》增设的收养人条件，目的在于强化对被收养人利益的保护。

（5）收养人须年满30周岁。这是我国取得收养人资格的最低年龄。收养是建立拟制直系血亲关系，只有达到一定年龄的自然人才具有履行父母职责的心理素质和经济能力。

（6）有配偶者收养子女，应当夫妻共同收养。这既有利于收养后养子女的健康成长，也有利于夫妻关系的和睦和收养关系的稳定。

2. 被收养人

（1）被收养人应是未成年人。未成年人为收养对象，有利于培养建立养亲子间的感情，从而有利于收养关系的稳定和发展。

（2）被收养人应是丧失父母的孤儿，或者查找不到生父母的未成年人，或是生父母有特殊困难无力抚养的子女。"孤儿"，是指父母自然死亡或被人民法院宣告死亡的未成年人。"查找不到生父母的未成年人"，是指被父母或其他监护人丢弃而脱离家庭或监护人的未成年人。生父母由于无经济负担能力、患有严重疾病、丧失民事行为能力等原因，无法或不宜抚育子女，均可视为有特殊困难，无力抚养。

3. 送养人

（1）孤儿的监护人。监护人送养未成年孤儿的，须征得有抚养义务的人同意。有抚养义务的人不同意送养、监护人不愿意继续履行监护职责的，应当变更监护人。

（2）儿童福利机构。我国的儿童福利机构主要是指各地民政部门主管的收容、养育孤儿和查找不到生父母的未成年人的社会福利院。

（3）有特殊困难无力抚养子女的生父母。生父母送养子女，应当双方共同送养。生父母一方不明或者查找不到的，可以单方送养。如果被收养人的父母一方死亡，法律允许另一方单方送养，但死亡一方的父母有优先抚养的权利。未成年人的父母均不具备完全民事行为能力且可能严重危害该未成年人的，该未成年人的监护人可以将其送养。

4. 当事人的收养合意

收养人收养与送养人送养应当双方自愿。收养年满八周岁以上未成年人的，还应征得被收养人的同意。

（二）特殊条件

针对某些特殊收养关系，《民法典》对收养条件作了适当放宽或从严的规定。

1. 无配偶者收养异性

为防止借收养之名行娶妻同居之实等违背收养目的和社会公德的情形发生，原《收养法》第9条规定："无配偶的男性收养女性的，收养人与被收养人的年龄应当相差40周岁以上。"《民法典》为体现对被收养男性和女性的同等保护，对无配偶者收养异性子女的，统一规定"收养人与被收养人的年龄应当相差四十周岁以上"。

2. 我国公民或华侨收养三代以内同辈旁系血亲的子女

我国公民收养三代以内同辈旁系血亲的子女，可以不受"被收养人为生父母有特殊困难无力抚养的子女""送养人为有特殊困难无力抚养子女的生父母""被收养人应当不满14周岁"和"无配偶者收养异性子女的，收养人与被收养人的年龄应当相差四十周岁以上"的限制。华侨收养三代以内同辈旁系血亲的子女，还可以不受"收养人无子女或者只有一名子女"的限制。

3. 继父或者继母收养继子女

继父母子女关系是随着父或母的再婚而形成的，继父或者继母对继子女的抚养教育是以自愿为前提的。收养继子女不仅有利于在继父母与继子女之间建立稳定的权利义务关系，而且有利于消除继子女与继父或继母间、与生父或生母间的双重权利义务关系。为此，《民法典》规定，继父或者继母收养继子女可以不受"被收养人为生父母有特殊困难无力抚养的子女""送养人为有特殊困难无力抚养子女的生父母"、收养人条件和收养子女数量的限制。

4. 收养孤儿、残疾未成年人或者儿童福利机构抚养的查找不到生父母的未成年人

收养孤儿、残疾未成年人或者查找不到生父母的未成年人的行为，具有援助弱者的人道主义性质。为鼓励这种收养行为，《民法典》第 1100 条第 2 款规定，可以不受收养人"无子女或者只有一名子女"，以及收养子女数量的限制。

二、收养登记程序

由民政部门办理收养登记是收养成立的必经程序。《民法典》第 1105 条第 1 款规定："收养应当向县级以上人民政府民政部门登记。收养关系自登记之日起成立。"收养非儿童福利机构抚养的查找不到生父母的未成年人的，在未成年人发现地收养登记机关办理收养登记；收养儿童福利机构抚养的查找不到生父母的未成年人的，在儿童福利机构所在地收养登记机关办理收养登记，办理登记的民政部门应当在登记前予以公告。收养生父母有特殊困难无力抚养的子女、收养三代以内同辈旁系血亲的子女以及继父或者继母收养继子女的，在被收养人生父母常住户口所在地的收养登记机关办理登记；收养由监护人监护的孤儿的，在监护人常住户口所在地或组织所在地的收养登记机关办理登记。

收养关系当事人应当亲自到收养登记机关办理成立收养关系的登记手续。收养人应当向收养登记机关提交收养申请书和收养人的居民户口簿和居民身份证；由收养人所在单位或者村民委员会、居民委员会出具的本人婚姻状况、有无子女和抚养教育被收养人能力等情况的证明；县级以上医疗机构出具的未患有在医学上认为不应当收养子女的疾病的身体健康检查证明。送养人应当向收养登记机关提交送养人的居民户口簿和居民身份证（组织作监护人的，提交其负责人的身份证件）；送养时应当征得其他有抚养义务的人同意的，还应提交其他有抚养义务的人同意送养的书面意见。

收养登记机关收到收养登记申请书及有关材料后，应当依法进行收养评估。对于评估合格且证件齐全有效、符合收养条件的，收养登记机关为当事人办理登记，颁发收养登记证，收养关系自登记之日起成立；对评估不合格，不符合收养条件的，不予登记。收养关系成立后，公安机关应当按照国家有关规定为被收养人办理户口登记。

收养关系当事人愿意签订收养协议的，可以签订收养协议。收养关系当事人各方或者一方要求办理收养公证的，应当办理收养公证。

三、收养的效力

收养作为民事法律行为，它的成立将产生一系列的法律后果。《民法典》第1111条规定："自收养关系成立之日起，养父母与养子女间的权利义务关系，适用本法关于父母子女关系的规定；养子女与养父母的近亲属间的权利义务关系，适用本法关于子女与父母的近亲属关系的规定。养子女与生父母以及其他近亲属间的权利义务关系，因收养关系的成立而消除。"由此可知，收养一旦成立，将同时产生拟制效力和解消效力。

1. 拟制效力

自收养关系成立之日起，收养人与被收养人之间形成了法律拟制的直系血亲关系，即形成了与父母子女相同的权利义务关系，养子女取得与婚生子女完全相同的法律地位。养父母对养子女有抚养教育的义务；养子女对养父母有赡养扶助的义务。养父母与养子女之间互为第一顺序法定继承人，有相互继承遗产的权利。

养子女与养父母的父母之间形成法律拟制的（外）祖孙关系，产生了附条件的抚养或赡养义务；养孙子女取得了代位继承养（外）祖父母遗产的权利，养（外）祖父母成为了养（外）孙子女的第二顺序法定继承人。养子女与养父母的婚生子女及其他养子女之间形成法律拟制的兄弟姐妹关系，分别产生了附条件的赡养或扶养义务，同时也互为第二顺序法定继承人。

2. 解消效力

自收养关系成立之日起，养子女与生父母及其他近亲属间的权利义务关系消除。收养关系成立后，养子女与生父母、（外）祖父母、亲兄弟姐妹等自然血亲之间的法定权利义务关系立即消除。但收养关系的成立并不改变自然血缘，故直系血亲和三代以内旁系血亲之间禁止结婚的规定，在养子女与生父母及其他近亲属间仍然适用。

四、收养的解除

(一) 收养解除的原因

依据我国《民法典》的规定,有下列情形之一的,可以解除收养关系:

1. 收养人与送养人、被收养人协议解除收养关系的。《民法典》基于"最有利于被收养人"和"平等自愿"的基本原则,一方面要求保证收养关系的稳定,原则上收养关系一旦确立,在被收养人成年以前不得解除,以保障被收养人权益,防止发生因收养人、送养人相互推卸抚育责任而侵害未成年被收养人权益的现象。另一方面,考虑到收养毕竟是一种民事行为,当事人的意愿也应得到必要的尊重。《民法典》第1114条第1款规定:"收养人在被收养人成年以前,不得解除收养关系,但是收养人、送养人双方协议解除的除外。养子女年满八周岁以上的,应当征得本人同意。"如果养子女已经成年,具备了完全民事行为能力,收养人与被收养人达成解除收养的协议即可,而无须送养人同意。

2. 送养人因收养人的特定过错行为而要求解除收养关系的。《民法典》第1114条第2款规定:"收养人不履行抚养义务,有虐待、遗弃等侵害未成年养子女合法权益行为的,送养人有权要求解除养父母与养子女间的收养关系。送养人、收养人不能达成解除收养关系协议的,可以向人民法院起诉。"

3. 养父母与成年养子女关系恶化,无法共同生活的。《民法典》第1115条规定:"养父母与成年养子女关系恶化、无法共同生活的,可以协议解除收养关系。不能达成协议的,可以向人民法院提起诉讼。"

(二) 收养解除的程序

收养是一种关涉当事人人身和财产权利的重要民事法律行为,因此不仅收养的成立须遵守法定程序,收养的解除也须通过法定的程序。

1. 行政程序

《民法典》第1116条规定:"当事人协议解除收养关系的,应当到民政部门办理解除收养关系登记。"当事人经行政程序协议解除收养关系,应符合相应的法定条件:收养当事人已自愿达成解除收养关系的协议;收养双方当事人须对财产和生活无争议,并在协议中对经济问题作出妥善处理;解除收养关系的协议具备合法有效的条件。符合上述条件的当事人双方,应当持居民户口簿、居民身份证、收养登记证和解除收养关系的书面协议,共同到被收养人常住户口所在地的收养登记机关办理解除收养关系的登记。收养登记机关收到解除收养关系登记申请书及有关材料后，应当自次日起 30 日内进行审查；对符合解除收养条件的，为当事人办理解除收养关系的登记，收回收养登记证，发给解除收养关系证明。

2. 诉讼程序

通过诉讼程序解除收养，即收养当事人通过向人民法院起诉，解除收养关系的程序。它适用于一方要求解除收养但收养双方当事人不能达成协议的，或者虽然双方同意解除收养关系，但对财产等问题有争议的情况。

人民法院审理解除收养的案件，应当查明当事人要求解除收养关系的真实原因及养父母与养子女间的生活实际情况，听取年满八周岁以上被收养人的意见，依照解除收养的法定条件，合法合理地正确处理。一般说来，人民法院审理此类案件，应首先对当事人进行调解，帮助他们达成解除收养的协议；在诉讼程序中以调解方式解除收养关系的，当事人无须另行签订书面协议，也无须再办理解除收养的登记。人民法院调解无效时，可依法作出准予或不准解除收养关系的判决。依诉讼程序解除收养关系的，收养关系自准予解除收养关系的调解书或判决书生效之日起解除。

（三）收养解除的效力

收养解除会在收养关系当事人的人身及财产方面发生权利义务变更的结果，即养子女与养父母及其他近亲属间的权利义务关系即行消除，未成年养子女和生父母及其他近亲属间的权利义务关系则自行恢复。如果收养解除时，养子女已成年的，成年养子女与生父母及其他近亲属间的权利义务关系是否恢复，可以协商确定。

生父母要求解除收养关系的，养父母可以要求生父母适当补偿收养期间支出的抚养费，但因养父母虐待、遗弃养子女导致生父母起诉而解除收养关系的除外。收养关系解除后，经养父母抚养的成年养子女，对缺乏劳动能力又缺乏生活来源的养父母，应当给付生活费。因养子女成年后虐待、遗弃养父母而解除收养关系的，养父母可以要求养子女补偿收养期间支出的抚养费。

收养关系解除时，养子女在收养期间因继承、遗赠、赠与等所取得的财产，仍属养子女个人财产，应由养子女带走。在与养父母共同生活期间，因子女的劳动收入所形成的共同财产，在解除收养关系时应进行分割。无法分割的，由原养父母给予适当补偿。

马某、杨某与许某解除收养关系案①

【案情简介】

2001年3月23日，马某、杨某通过北京市儿童福利院收养了许某，正式确定了收养关系，并将许某抚养成人，尽到了做父母的责任和义务。许某成年后，双方关系恶化，马某、杨某与许某协商解除收养关系，但无法达成协议。2015年6月16日，因许某不和家里人联系，杨某之子杨甲报警称许某走失。后马某、杨某从公安局得知，许某不愿再见马某、杨某，也拒绝承担任何赡养义务。马某、杨某遂向法院起诉，请求依法解除其与许某之间的收养关系；许某补偿马某、杨某收养期间抚养费用2万元。

许某经法院合法传唤未到庭参加诉讼。

法院认为，养父母与成年子女关系恶化、无法共同生活的，可以协议解除收养关系。不能达成协议的，可以向人民法院起诉。收养关系解除后，经养父母抚养的成年养子女，对缺乏劳动能力又缺乏生活来源的养父母，应当给付生活费。因养子女成年后虐待、遗弃养父母而解除收养关系的，养父母可以要求养子女补偿收养期间支出的生活费和教育费。本案中，马某、杨某自2001年3月23日与许某确定收养关系，现许某已成年，离家出走后不再与马某、杨某联系，未履行赡养义务，可见，马某、杨某与许某之间的关系已经恶化，无法共同生活。现马某、杨某要求解除与许某的收养关系，法院应予支持。对于马某、杨某要求许某补偿其收养期间抚养费用的诉讼请求，由于马某、杨某未提交证据证明许某存在虐待、遗弃养父母的行为，故该项诉讼请求缺乏事实和法律依据，依法不予支持。当事人有答辩并对对方当事人提交的证据进行质证的权利。本案中，许某经本院公告传唤，无正当理由拒不出庭应诉，视为其放弃了庭审

---

① 参见北京市海淀区人民法院〔2017〕京0108民初4954号民事判决书，来源于中国裁判文书网，http://wenshu.court.gov.cn/website/wenshu/181107ANFZ0BXSK4/index.html？docId=82889646dbeb4a108c29a8ac00cb32ab，最后访问时间：2020年7月24日。

答辩和质证的权利,不影响本院依据查明的事实依法作出裁判。

综上,法院依据《收养法》第 27 条、第 30 条、《民事诉讼法》第 144 条之规定,判决解除马某、杨某与许某的收养关系;驳回马某、杨某的其他诉讼请求。

第四章 家庭与财产法律制度

家庭财产是家庭共同生活的物质基础。也就是说，家庭需要一定的财产才能加以维持，有恒产者方有恒心。家庭作为特定范围内亲属的组合体，一方面，要考虑家庭的伦理性和它的特殊功能，在财产关系方面不能完全适用市场经济领域的规则，诸如权利和义务的一致性、等价有偿和公平等原则；不能完全用评价市场经济关系的标准去界定家庭财产关系。对于部分家庭成员来讲，努力为家庭创造财富，是一种义务和责任驱使的结果，也是亲情使然。对于部分家庭成员来讲，坦然接受家庭中其他家庭成员创造的财富，是一种权利，同样也是亲情使然。随着经济的发展，家庭财产的来源及构成发生了很大的变化，房产、股票、基金和股权等在家庭财产中的比重逐渐增大。① 法律对家庭财产在来源和结构方面的这些变化要给予及时回应和进行法律的干预调整，在保护个人合法财产权利的同时，亦应保护家庭共有财产不受个别家庭成员侵犯，保护家庭中的没有劳动能力的妇孺及残疾人的合法财产权益不受侵犯。

第一节 家庭财产法律制度概述

一、家庭财产的概念

家庭财产有广义和狭义上的区别。广义上的家庭财产，泛指家庭内所有的财产，既包括家庭成员共同居住的住宅内的财产，也包括家庭成员所有的财产。家庭财产中，有属于所有家庭成员共有的财产，有属于部分家庭成员共有

---

① 由经济日报社中国经济趋势研究院编制 2018 年 5 月 24 日发布的《中国家庭财富调查报告（2017）》显示，在全国家庭的人均财富中，房产净值的占比为 65.99%，在城镇和农村家庭的人均财富中，房产净值的比重分别为 68.68%和 55.08%。

的财产，也有属于个人所有的财产。狭义上的家庭财产，指家庭成员在家庭共同生活关系存续期间共同创造、共同劳动所得的财产①，是所有家庭成员共有财产。为便于区别，本书第四、五章将广义上的家庭财产表述为"家庭中的财产"，而"家庭财产"则是指狭义上的家庭财产，即家庭共有财产。家庭共有财产是归属于整个家庭，供全体家庭成员平等享用的财产，其功能是保障家庭的稳定和家庭成员的生存与发展。家庭财产是以维持家庭共同生活或者生产为目的的财产，其来源主要是家庭成员在共同生活期间的共同收入，家庭成员交给家庭的财产以及家庭成员共同积累、购置、受赠的财产。② 由于家庭财产是以维持家庭共同生活或者生产为目的的财产，因此，家庭成员对家庭财产共同占有、使用、消耗、收益、处分。我国法定的夫妻共有财产是当家庭成员为夫妻二人时的家庭财产形式，其性质就类似于家庭共有，当家庭增加了新的成员时，夫妻二人将部分共有财产权，如房屋使用权，让渡给所有家庭成员共同使用，夫妻共有即转化为全体家庭成员共有。而此时房屋所有权并不必要发生转化，仍然是夫妻二人共有，并非家庭财产。

由于我国家庭财产制度相对简单，实践中个人财产与家庭财产不分、家庭成员间的个人财产权界限不明，使个人财产权得不到保障，家庭财产利益不能得到充分保障，甚至会受到家庭其他成员的侵害，也可能会侵害与之交易的债权人的利益及整个社会的交易安全。

二、家庭财产的法律性质

我国家庭不能独立参加民事活动，而且不能独立承担民事责任，因此家庭财产实质应当是家庭成员的共同财产，由全体家庭成员共同所有。家庭财产共有关系的产生，其前提是要有家庭关系的存在，即家庭财产共有关系是建立在家庭成员间的身份关系基础之上的。只有具有家庭成员身份的人，才能取得对于家庭财产的共有权。《中华人民共和国民法典》（以下简称《民法典》）第308条规定："共有人对共有的不动产或者动产没有约定为按份共有或者共同共有，或者约定不明确的，除共有人具有家庭关系等外，视为按份共有。"本条虽未明确规定家庭财产为共同共有性质，但为认识家庭财产的法律性质提供了一定的法律依据。

---

① 彭万林：《民法学》，中国政法大学出版社1994年版，第257页。
② 魏振瀛主编：《民法》，北京大学出版社、高等教育出版社2016年版，第281页。

家庭共有是共同共有而非按份共有，两者主要区别是：（1）按份共有中，各共有人对共有财产享有确定的份额。家庭财产则不同，在家庭财产中，各共有人没有确定的份额，该财产供全体家庭成员平等享用。（2）按份共有中，各共有人对于自己享有的财产份额，在不妨碍其他共有人权益和不损害物的实际效用的条件下，可以转让，并可随时请求分割共有财产。但对于家庭财产而言，在家庭关系存续期间，任何家庭成员不得要求分割家庭财产，也不得对家庭财产的一部分径行任意处分。（3）按份共有人对共同债务，各按自己的财产份额负担部分责任，而家庭各成员则对家庭债务负无限连带责任。

三、家庭财产的权利主体

家庭财产法律关系中，家庭所有成员对于家庭财产的整体共同享有平等的所有权，家庭成员称为共有权人。家庭财产的权利主体是所有家庭成员而不是家庭，家庭财产的权利主体是所有家庭成员而不是部分家庭成员。

家庭财产主要是基于家庭成员的共同生活关系而产生。家庭财产的产生、积累和增值，难以明确区分谁有贡献，谁无贡献，谁的贡献大，谁的贡献小。从历史上看，家庭财产的状态事实上是"同居共财"。"同居共财"作为一种标准家庭生活模式，自唐宋一直延续到近代中国。现在，"同居共财"在我国依然较为普遍，家庭财产的主体应该是所有的家庭成员，这符合当下中国家庭的实际生活状况。

有些无劳动能力的人，不能以自己的劳动取得收入，对家庭财产没有贡献，法律规定他们有要求家庭其他成员赡养、扶助的权利，可以从家庭财产中享受到实际财产利益，他们仍享有家庭财产的共有权。在我国，公民财产的来源主要是其参加社会劳动获得的报酬或自己劳动创造的物质财富，但是仍有相当一部分社会产品转化为公民所有是不以他们在社会生产中提供直接劳动为根据的。继承人继承死者遗产，仅仅依据他们与被继承人的血缘关系或姻亲关系；丧失劳动能力的夫妻一方享有与对方共同享有其财产的权利，也仅仅根据他们之间的婚姻关系。无劳动能力的人基于家庭成员的身份关系而和其他家庭成员共同享有家庭财产的所有权，也是成立的。对家庭财产有无贡献和贡献大小，并不能成为对家庭财产能否享有权利和享有权利大小的当然根据。家庭各个成员，因其劳动能力、知识程度、技术水平以及社会职业的不同，对家庭财产的贡献会有一定的差别。在多子女家庭中，子女先后成年，会出现对家庭财产贡献大小的不同；老年人随着劳动能力的减弱和丧失，更会发生对家庭财产的贡献减少甚至毫无贡献的情形。如果以对家庭财产贡献的有无和多少作为区别他们对家庭财产享有不同权利的根据，不仅在司法实践中难以操作，而且不利于家庭成员间的团结互助和养老育幼。在对家庭收入享有的份额和对家庭财产享有的权益上，按劳分配的原则是无法适用的，现实生活中，人们也没有这样的观念和作法。①

四、家庭财产权的行使

现行立法并没有规定家庭财产权的行使问题，在司法实践中，主要以普通共同共有财产法律关系处理。在物权范围内，《民法典》第 299 条规定："共同共有人对共有的不动产或者动产共同享有所有权。"对家庭财产的处分、使用、分割应取得所有家庭成员的同意，任何家庭成员都不得随意处分家庭财产，且不得侵害无民事行为能力人和限制民事行为能力人的权益。无民事行为能力人和限制民事行为能力人由其监护人代为行使家庭财产权。全体家庭成员根据具体情况，确定家庭财产的某一具体财产权由具体的家庭成员按照全体成员同意的方式行使。

在物权范围内，《民法典》第 301 条规定，处分共有的不动产或者动产以及对共有的不动产或者动产作重大修缮的，应当全体共同共有人同意，但共有人之间另有约定的除外。家庭在对外进行经济交往（外部关系）时，无论某个家庭成员以何人名义，只要他以家庭财产的一部分作为法律行为的客体或对象，他所为的法律行为对家庭全体成员均发生法律效力。

在物权范围内，《民法典》第 302 条规定，对共有物的管理费用以及其他负担，有约定的，按照约定；没有约定或者约定不明确的，共同共有人共同负担。家庭成员对外所负的合法债务，属于家庭债务，由家庭负责偿还，各家庭成员对此负连带责任。家庭成员在代表家庭活动中致人损害，除有重大过失的情况外，应以家庭财产赔偿。

五、家庭财产的处分

家庭全体成员在共有关系终止或有重大理由时，可以分割家庭财产。《民法典》第 303 条规定，共有人约定不得分割共有的不动产或者动产，以维持共有关系的，应当按照约定，但共有人有重大理由需要分割的，可以请求分

---

① 章戈：《论家庭成员间的财产关系》，载《中州学刊》1984 年第 5 期。

割;没有约定或者约定不明确的,共同共有人在共有的基础丧失或者有重大理由需要分割时可以请求分割。共有人或其近亲属生命健康权遭受严重损害或共有人遭受严重的经济危机急需分割共有财产。虽然共有人之间因维持共有关系不得分割共有财产,但在与人的生命健康权和生存权发生冲突时,应优先保护后者。因分割对其他共有人造成损害的,应当给予赔偿。

家庭财产分配时首先必须做到平等分配,即每个家庭成员均有权利分得应有的财产;其次,在分配过程中,应该适当考虑家庭成员对家庭财产贡献的大小,充分照顾没有劳动能力又没有生活来源的家庭成员。家庭财产分配时可以由全体成员约定分配的办法,但不得侵害家庭中无民事行为能力、限制民事行为能力以及其他弱势成员的利益及善意第三人的利益。①

第二节 家庭财产的来源与构成

经过多年的改革开放,我国的综合国力有很大的提高,人民的生活水平也有了很多改善,但是,不可否认,发展的不平衡不充分的现象依然存在。我国社会福利事业还不发达,未成年人的抚养教育、老年人和其他丧失劳动能力的人的赡养扶助主要依靠家庭负责。家庭作为社会经济生活的基本单位,仍将长期承担家庭成员共同生活和共同消费的职能。

一、家庭财产的来源

家庭共有财产的来源主要包括以下三部分:②
(一) 全体家庭成员共同劳动、共同创造的财产

关于家庭共有财产的此种来源较为典型的是在农村。土地是农民主要的生产资料和收入来源,农村实行家庭联产承包责任制,以户为单位进行土地的承包经营,家庭成员共同承包、共同经营、共同收益,所得财产为家庭共有财产,家庭成员共同进行消费。城市家庭中也有类似情况,如以家庭为基础而设立的个体工商户或企业、公司等经营体,家庭成员共同参与经营,经营活动中

---

① 肖立梅:《析现代家庭共有财产的来源及不同模式》,载《法制与经济》2009年第1期。

② 肖立梅:《析现代家庭共有财产的来源及不同模式》,载《法制与经济》2009年第1期。

所获得收益作为家庭共有财产。

需要特别注意的是对"共同劳动、共同创造"中的"共同"的理解。一般意义上来讲，"共同"应指家庭成员一起而非个人单独进行。一般认为，对于家庭成员全体进行共同劳动和共同创造所得财产，列入家庭共有财产当无异议。对于部分家庭成员共同劳动、创造的财产是否为家庭共有财产要视情况而定，如果以家庭共有财产投资，且该财产取得和家庭有密切联系，则应列为家庭共有财产；如果是部分家庭成员独立进行，该财产取得和家庭联系很少，则应为部分家庭成员的共有财产，是否列入家庭共有财产视其个人意愿。

（二）家庭或全部家庭成员共同继承或共同接受赠与所得财产

全部家庭成员都作为继承人参与继承遗产的情况较为少见，多是部分家庭成员参与继承遗产，但特定家庭组成情况下或特定类型事件中仍有全部家庭成员都作为继承人参与继承遗产的情况，如仅由兄弟姐妹数人组成的家庭继承父母遗产，依民俗在红白喜事中对家庭的赠与，赠与人明确赠与全部家庭成员的赠与等等。

（三）部分家庭成员共同取得或者单个家庭成员个人取得自愿提供给家庭共有的财产

此类财产作为家庭财产的重要来源，其实质是部分家庭成员或单个家庭成员自愿将部分家庭成员共有财产或单个家庭成员个人财产赠与给家庭，作为家庭共有财产，由家庭成员共同享有。这种赠与，在家庭生活中，常常不存在也不需要正式的形式，甚至没有口头表达，仅是以一定的行为在家庭成员内达成一致都是有效的、可行的。

在没有特别约定的情况下，我国家庭中各个成员的劳动收入和其他合法收入，无论在劳动者个人观念上还是在实际生活中，普遍将其当作家庭的共同收入。尤其在农村，家庭的成员一般都是共同生产劳动，共同经营，或者在家庭组织的生产经营范围内分工合作，共同创造劳动收入并将其归入家庭财产之内，由家庭成员共同所有。

在现代社会家庭中，通过第一种来源途径来获得家庭财产将不是家庭财产的主要来源。所以家庭财产的来源，将转变为以家庭成员个人取得后自愿约定为家庭财产作为其主要构成部分。此种变化同时也带来家庭财产在形成及具体内容上可以更多地体现家庭成员的个人意志。

二、家庭财产的构成

关于家庭财产构成的分类与内容，可以有多种方法来归类，如按财产的流动性分类：固定资产、流动资产。固定资产是指住房、汽车、物品等实物类资产；流动资产就是指现金、存款、证券、基金以及投资收益形成的利润等。由于家庭财产不仅用于生产，大部分还是用于生活所需，因此按主要功能、用途进行分类更为常见。家庭财产依功能、用途为主分类，主要由以下几个方面构成：

（一）生产资料

生产资料用以维持简单再生产或扩大再生产、增加或扩大经营范围。城镇中家庭共同从事饮食服务业、修理加工业、承揽运输业以及小商品的经营活动所需生产用房屋、工具、设备及其他材料物资；城镇个体工商户的专利、商标等工业产权类财产，记载在个别家庭成员名下，但一般也约定为家庭财产；农村中的生产用房屋、中小型农机具和运输工具、种籽化肥、牲畜等生产资料；土地承包经营权及其它农用土地使用权为家庭全体成员享有的也属于家庭财产。

（二）大宗生活用品

主要包括生活用房屋、家具、生活用汽车、摩托车等交通工具，属于家庭财产。

（三）日常用品

主要包括电脑、电冰箱、洗衣机、收音机、电视机、缝纫机、自行车等家庭共用的日常用品。

（四）生活必需品

粮棉油茶肉、衣物等生活必需品。部分生活用品属于家庭共用物品，大部分衣物化妆品等生活必需品既可以作为家庭财产通过约定固定为个人使用，也可以直接约定为个人所有。

（五）黄金珠宝、收藏、存款、有价证券、保险利益、基金及其他金融产品

家庭存款一般为提供家庭全体成员及各成员单独日常所需之备而设立，如家庭个别成员购买书籍、未成年子女的教育费用、医疗费用、子女婚嫁费用和老年人的丧葬费用等。此外黄金珠宝、收藏等一般也都属于家庭财产，一些有价证券、保险利益、基金及其他金融产品虽然记载在个别家庭成员名下，但如果没有特别约定，一般也属于家庭财产。

（六）其他财产

主要就是无形资产，如各种专利、商标、版权等知识产权、股份等。这些财产常记载在个别家庭成员名下，但也可约定为家庭财产。债权能以货币计量，也可估算出它们的价值或价格，一般也可作为家庭财产的一部分。

近年来关于虚拟财产引发的纠纷数不胜数，网络大数据的应用对人民的生产生活也产生了非常深刻的影响。网络数据、虚拟财产往往能转化为有价的现实性财产，甚至对生活产生较大影响。① 我国现有立法中尚无明确的相关规定来处理由虚拟财产产生的相关纠纷。《民法典》第 127 条规定："法律对数据、网络虚拟财产的保护有规定的，依照其规定。"在家庭生产生活中所产生的网络财产的增值部分应当进行区分，以确保分割共同财产时彰显法治的公平正义，如果是人身依附性特别强的网络虚拟财产则应当归属于个人财产，例如具有现实性经济价值的游戏道具、游戏账号等。如果是以盈利为目的，为了满足生产生活的需要而产生的收益，则属于家庭共同财产予以分割，例如网店、以盈利为主要生活来源的游戏账号。

媳妇离婚时要求分割公公的丧事礼金

【案例简介】

王某（女）和丈夫马某结婚多年。今年年初，马某父亲因病去世，在办丧事的过程中收取了礼金三万余元。马某父亲病逝后不久，马某向人民法院起诉要求和王某离婚。在法院开庭审理时，王某表示同意离婚，但同时提出马某父亲去世时家中收取的礼金三万余元，应当分给王某三分之一。马某不同意，说礼金问题他未经手，跟他没有关系。马某母亲作为第三人表示，马某父亲去世时是收取了礼金，作为家庭欠下的人情债今后还要还出去，因此这笔钱不应当作为家庭共同财产分割。请问，王某有权要求分割这笔丧事礼金吗？

婚丧嫁娶礼金是传统的家庭财产，家庭关系解体家庭成员有权要求分割。但分割的方式不一定是平均分配。婚丧嫁娶亲友的礼金不同于一般的赠与，是

---

① 王守城：《浅谈〈民法总则〉对财产问题的几点影响》，载《2018 全国检察官阅读征文活动获奖文选》2018 年。

一种特殊的赠与活动。依据民间习俗是需要收礼金者在送礼者操办同类事宜时返送的，是生活中的人情往来，所以在权属的认定和分配上也得考虑这方面的因素，可以参照谁的亲友所送谁负责返还谁享有权益的原则处理。能够分清来源当事人也无争议的，分配的方式可以为：对死者的亲友所送的礼金，由死者的近亲属共同共有，在分配时可按份平均分配；对死者父母的亲友所送的礼金，属于死者的父母所共有，分给死者的父母；对死者的子女亲友所送的礼金，属于对应子女夫妻所共有或对应死者子女按份共有，依据送礼者的名单是可以分清各自的份额的，故可按各自的份额进行分割；对死者的配偶亲友所送的礼金，属于死者配偶单独所有，应分给死者的配偶；对死者的兄妹亲友所送的礼金，属于死者兄妹按份共有，依据送礼者的名单也是可以分清各自份额的，可按各自的份额进行分割。

第三节　农村家庭农地财产法律问题

一、土地承包经营权

农村土地承包经营权是指土地承包经营权人依法对其承包经营的耕地、林地、草地等享有的占有、使用和收益，从事种植业、林业、畜牧业等农业生产的权利。《中华人民共和国农村土地承包法》（以下简称"《农村土地承包法》"）第3条明确规定，国家实行农村土地承包经营制度，农村土地承包采取农村集体经济组织内部的家庭承包方式。2018年12月29日修订后的《农村土地承包法》继续沿用这一表述。"荒山、荒沟、荒丘、荒滩等农村土地"以外的农村农地都是家庭财产。第16条规定："农户内家庭成员依法平等享有承包土地的各项权益"，更加明确了土地承包经营权的家庭财产性质。

作为家庭财产的土地承包经营权不仅包括耕地，依据《农村土地承包法》第2条等相关条款规定，耕地、林地、草地等皆为家庭财产，只不过财产客体可能更加着重强调林木等土地上的附着物。《农村土地承包法》第3条规定，"农村土地承包采取农村集体经济组织内部的家庭承包方式"，同时规定，"不宜采取家庭承包方式的荒山、荒沟、荒丘、荒滩等农村土地，可以采取招标、拍卖、公开协商等方式承包"。

二、土地经营权

《农村土地承包法》第 9 条规定，"承包方承包土地后，享有土地承包经营权，可以自己经营，也可以保留土地承包权，流转其承包地的土地经营权，由他人经营。"该法第 36 条规定："承包方可自主决定依法采取出租（转包）、入股或者其他方式向他人流转土地经营权。"该法第 53 条又规定："通过招标、拍卖、公开协商等方式承包农村土地，经依法登记取得权属证书的，可以依法采取出租、入股、抵押或者其他方式流转土地经营权。通过土地承包经营权流转取得的农地经营权，如果经营权人依然是家庭或经营所得主要是为家庭消费，此时的农地经营权也应当是家庭财产。

6 亩农地的土地承包经营权归谁所有①

【案例简介】

1997 年第二轮土地承包时，村民李某与村委会签订了土地承包合同，承包土地 6 亩，承包人为丈夫李某、妻子王某和儿子李小。2009 年 3 月李小与张某结婚。2010 年 5 月，李小与张某的李女出生。2012 年至 2014 年，6 亩家庭承包地一直由儿媳张某耕种。2014 年 9 月，王某回村后向张某索要承包地，遭到拒绝后，李某、王某和李小共同起诉到人民法院。

县人民法院经审查后认为，李某、王某和李小应享有承包地全部份额，被告张某应将耕地返还李某、王某和李小。张某不服判决，认为自己和女儿李女都有份，承包经营权的五分之三属于李某、王某和李小，五分之二属于自己和女儿李女。因此，张某以原判决认定事实不清，适用法律错误为由向市中级人民法院提起上诉。二审法院经审理认为，依据《农村土地承包法》相关规定和土地承包合同约定，李某、王某和李小享有该承包地全部份额。张某认为自己和女儿李女享有该农地承包经营权的五分之二并无依据。原审判决认定事实清楚，适用法律正确，2015 年 6 月，二审法院判决驳回上诉，维持原判。

---

① 中国不动产数字报，http://www.cnepaper.com/zgbdc/html/2016-03/09/content_69_1.htm（2019 年 2 月 2 日）。

《农村土地承包法》2018年12月29日修订前，婚嫁迁居的农村妇女及新生子女往往因为没有赶上土地承包，导致在婆家没有承包地。但是，2018年12月29日修订后的《农村土地承包法》第16条作出规定："农户内家庭成员依法平等享有承包土地的各项权益。"因此，依据修订前的《农村土地承包法》，两审法院的判决是正确。但是，如果该案发生在现在，依据2018年12月29日修订后的《农村土地承包法》，张某和李女有权分得家庭土地承包经营权的五分之二的份额。这个案例说明，消除法律中的性别盲点，推进立法和执法中的性别平等是保障妇女合法权益的重要举措。

第四节 家庭投资及理财法律问题

对家庭共有财产来讲，其权利属于全体家庭成员共同共有，全体家庭成员应当共同对财产进行管理、处分，享受财产所带来的利益。对于家庭共有财产的处分通常按照法律关于共同共有的规则要求，即全体共有人协商一致来进行。但实际生活中，家庭投资及财产管理中的与外界的交往往往由某个家庭成员负责，那么，个人以家庭财产投资收益归属、风险防范及个人如何从家庭财产角度理财就成为了家庭投资及理财关注的法律问题。

一、家庭投资法律问题①

家庭投资、经营所引起的家庭财产关系十分复杂，既可能是家庭成员共同投资、经营，也可能是以一方的名义投资、经营；投资收益和风险共存，实践中出现的各类法律问题比较多。

（一）收益归属

以家庭财产出资有限责任公司、合伙企业、独资企业等私营经济，产生的生产、经营收入既包括劳动收入，也包括资本收益。一般情况下，依照法律规定，如果家庭未就财产的归属作出约定，在家庭关系存续期间生产、经营所得属于家庭共同所有。

以最简单的夫妻二人家庭为例。《最高人民法院关于适用〈中华人民共和

---

① 邹发云：《私营经济家庭夫妻财产关系的若干法律问题探讨》，载《行政与法》2004年第10期。

国民法典〉婚姻家庭编的解释（一）》（以下简称"《婚姻家庭编解释（一）》"）第73—75条就涉及夫妻共同财产以一方的名义在有限责任公司、合伙企业、个人独资企业出资的分割问题作出了规定：第一，股份（或股权）是夫妻共同财产的一种形式。股份（股权）系由夫妻投入大量注册资本才取得的，在经营性收益中，最大最多的收益就是股份（股权）带来的收益考虑，尽管股份（股权）在实践的处理中困难重重，但不能因此否定其作为夫妻共同财产的存在形式。第二，股份（股权）作为一种公司股东的权益，在认定和处理时既要考虑公司法的相关规定，又要考虑婚姻法的基本原则，注意保护弱者，尤其是妇女合法权益，当出现婚姻法与公司法的冲突时，既要考虑对外的（指夫妻共同对外）的义务，又要考虑对内（即夫妻间）的基本公平。

（二）风险防范

私营企业家庭在生产经营过程中，经常发生借贷、筹资等事项，且往往数额较大，用于经营财产与家庭其他财产彼此混淆，无法有效区分。一旦经营失败，其债务的清偿很可能会影响家庭的生活，损害非经营方的合法财产权益。以夫妻二人家庭为例，一般说来，不管该经营活动是夫或妻一方，还是夫妻双方从事的，都应作为共同债务处理。《民法典》第1089条规定："离婚时，夫妻共同债务应当共同偿还。共同财产不足清偿或者财产归各自所有的，由双方协议清偿；协议不成的，由人民法院判决。"该条虽明确了夫妻各方对共同债务的责任，但有两个问题需要澄清。

一是何为夫妻"共同债务"。《民法典》第1064条明确规定，夫妻双方共同签名或者夫妻一方事后追认等共同意思表示所负的债务，以及夫妻一方在婚姻关系存续期间以个人名义为家庭日常生活需要所负的债务，属于夫妻共同债务。夫妻一方在婚姻关系存续期间以个人名义超出家庭日常生活需要所负的债务，不属于夫妻共同债务；但是，债权人能够证明该债务用于夫妻共同生活、共同生产经营或者基于夫妻双方共同意思表示的除外。

二是夫妻间关于"债务承担的约定"或"生效判决"的效力是否只及于婚姻当事人，还是也及于债权人。《婚姻家庭编解释（一）》第35条明确了"当事人的离婚协议或者人民法院生效判决、裁定书、调解书已经对夫妻财产分割问题作出处理的，债权人仍有权就夫妻共同债务向男女双方主张权利。一方就夫妻共同债务承担清偿责任后，主张由另一方按照离婚协议或者人民法院的法律文书承担相应债务的，人民法院应予支持"。这些新规定对处理私营经济家庭财产关系提供了明确的法律依据。

二、家庭理财法律问题

家庭理财一般常见的有储蓄存款、债券、股票、保险、珍品收藏、外汇、基金等。理财的目的是为了财产的保值增值,其中最关键的是如何把控法律风险。在家庭投资中,储蓄、国债、保险等一般认为比较安全、风险比较小,而股票、外汇、外币等相比较风险较大。

(一)储蓄

存款时,首先要避免到非法金融机构和非法从事金融业务的机构储蓄。除了考察是否正规的金融机构之外,储蓄时还要考察金融机构的性质、资金实力、经营情况、社会信誉等,尤其是储户自己要做好一些如掩留密码、加注印鉴等相关的防范风险措施。此外,U盾要自己保管好。

去银行存款,经常会看到一些银行理财产品和银行代理保险业务的宣传。银行代理保险业务是银行根据与保险公司签订的书面委托代理协议而办理的保险业务,是银行增加中间业务收入的一个重要渠道。银行理财产品与银行代理保险业务大多是在银行的柜台办理,储户要防止把银行代理保险当成银行理财产品购买。

(二)债券

债券包括企业债券和国债,国债是国家信用,风险较小,但数量比较少。企业债券为企业信用,风险比国债要高,百姓投资时应对发债企业有个充分了解。目前投资多为股票投资。股票市场风云变幻,起伏不定。投资股市一般要用家里的闲钱,自身要有一定的财经和股票知识,另外还要有好的心理素质才行。

有些人因为股票投资风险大,转而投资外币,其实投资外币也存在一定的汇率风险,同时现钞也不如现汇存款含金量高,没有合法外币来源的人投资外币不仅违法,还容易带来假币风险,因此在投资外币方面不要盲从。

(三)借贷

现在民间借贷的市场很大,民间借贷的现象也非常普遍。所谓民间借贷,是指除了金融机构贷款以外的发生在公民之间、公民与法人之间、公民与其他组织之间的借贷。对于民间借贷利息问题,2015年9月1日开始施行的最高人民法院《关于审理民间借贷案件适用法律若干问题的规定》有明确的规定,出借人请求借款人按照合同约定利率支付利息的,人民法院应予支持,但是双方约定的利率超过合同成立时一年期贷款市场报价利率四倍的除外。"一年期贷款市场报价利率",是指中国人民银行授权全国银行间同业拆借中心自2019年8月20日起每月发布的一年期贷款市场报价利率。"

第五节　侵害家庭成员财产权益的常见情形及处理

侵害家庭成员财产权益的常见情形主要有三种表现：第一，家庭以外的原因导致个人财产权益受到侵害，从而侵害家庭成员财产权益，例如，集体组织不当处理集体组织成员身份，导致共同的家庭财产收入减少；第二，将家庭成员个人财产错误确认为家庭财产，偿还其他家庭成员个人债务；第三，家庭成员之间财产关系纠纷中的权益侵害，例如剥夺女性家庭成员的继承权等。

一、侵害家庭成员土地权益行为[①]

集体经济组织中，家庭成员与集体组织成员应当是统一的。但是，集体经济组织经常以不规范的村规民约剥夺其集体成员资格，从而影响家庭财产收入。

（一）土地承包经营权

在第二轮土地承包中，部分地区"外嫁女"不仅分不到土地，而且过去分配到的土地也要被强制收回，对"外嫁女"实行有别于男子的歧视性土地承包政策，承包期内违法收回外嫁女的承包地，不让其享受同等村民待遇等。其中特别突出的是农村集体经济组织违反法律规定，限制或剥夺本集体经济组织的部分女成员特别是"外嫁女"承包集体土地；或者违反法律规定，剥夺出嫁、离婚、丧偶妇女的土地承包经营权，强行收回承包地。

（二）征地补偿款分配权

随着城市化的不断推进，对土地的非农建设性需求不断增大。征地补偿费作为征地部门对包括"外嫁女"在内的被征地农民土地承包权益损失的一种价值补偿，"外嫁女"当然应该和其他失地者一样得到补偿。然而一些地方，尤其是城乡结合部的一些村委会、村民小组，在发放征地补偿款中，歧视、剥夺"外嫁女"及其子女的村民待遇，不发或少发土地征用补偿金。

[①] 张庆东、陈向波：《农村"外嫁女"权益纠纷若干法律问题研究》，载《福建法学》2006年第2期。

(三) 集体福利享有权

很多地区限制"外嫁女"在农村集体合作医疗、养老保险、子女入托、入学等方面的权利。或者在分配财产权益时，歧视"外嫁女"采取剥夺或不公平分配，导致纠纷。

二、区分家庭成员财产与家庭财产

实践中个人财产与家庭财产不分、家庭成员间的个人财产权界限不明，使个人财产权得不到保证，甚至会受到家庭其他成员的侵害。而且，由于我国家庭财产制度的简单，家庭财产的概念不明，使家庭不能独立参加民事活动，而且不能独立承担民事责任，家庭的利益得不到保证，也会侵害与之交易的债权人的利益及整个社会的交易安全。

(一) 把家庭成员对家庭共有财产的分割与家庭成员之间的财产赠与相区别

家庭成员基于一定的法律事实而形成的家庭财产为家庭共有财产，在分割家庭共有财产时，一般应按共有人权利义务相一致和有利于生产、生活、有利于社会安定等原则，公平合理地处理。对于因父母将自己的财产处分给其子女和其他家庭成员而发生的纠纷，应该按赠与纠纷处理，以充分尊重赠与人的意愿为原则。

(二) 把家庭共有财产与家庭成员共同生活期间的个人财产相区别

对财产所有权是家庭成员共有还是个人所有，必须根据财产是为家庭成员共同基于一定的法律事实所取得，还是家庭成员中的某个人基于一定的法律事实所取得来认定。如果是家庭成员中的某个人依法取得的财产，即使在家庭成员共同生活期间取得，也不存在共有关系。对于个人财产的处理，以归个人所有为原则，即便是夫妻关系存续期间，法定共有财产以外的个人财产或者夫妻约定财产归各自所有的，没有个人对家庭允诺的个人财产，也不改变财产的性质。

(三) 把父母用子女给付的赡养费出资购置的财产与父母和子女共同出资购置的财产相区别

子女给付父母赡养费是法定义务，该赡养费属于父母个人财产，父母将赡养费积累起来购置的财产，所有权属于父母，与给付赡养费的子女之间不形成共有财产关系。对于这类财产的处理，以归父母所有为原则，给付赡养费的子女可以在父母去世后遗产分割时，根据《民法典》的相关规定，在遗产的份额上适当考虑多分。父母与子女共同出资购置的财产为父母与子女的共同财产，这类财产的处理原则是：财产份额有约定的，按约定分割；没有约定的，原则上共有人均分，但对共有财产贡献较多的可适当多分，同时给予老年人适当照顾。

（四）把夫妻共同财产与家庭成员共同财产相区别

夫妻在婚姻关系存续期间所得的财产是夫妻共同财产，但夫妻对财产有约定的除外。如果夫妻与家庭其他成员约定某些财产为家庭共有财产，或者共同基于一定的法律事实所得的财产，为夫妻与其他家庭成员的共有财产。夫妻对夫妻共同财产有平等的处理权，但这仅限于为日常生活所需而处理共同财产，对于重大财产夫妻一方不能擅自处分。夫妻需要分割共同财产，或者因一定的法律事实需要与其他家庭成员分割共有财产时，应该遵循权利义务相一致原则和照顾子女、照顾女方的原则。

（五）把家庭成员共同共有财产与家庭成员按份共有财产相区别

一般来说，家庭成员之间的共有关系为共同共有，各共有人享有均等份额。但是，如果共有人事先约定了各共有人的份额，就构成按份共有，各共有人按照约定的份额分得财产；如果共有人不能证明按份共有，则按共同共有处理；如果按份共有中，各共有人对各自应得份额约定不明确，则按等份原则处理。除按份分割共有财产外，对其他共有财产应综合考虑财产的来源、共有人的情况以及保护妇女儿童合法权益等因素予以处理。

（六）把可分割财产与不宜分割的财产相区别

对家庭共有财产进行分割，无论是动产还是不动产，都有可分与不可分的区别，在分割时必须根据财产的性质、用途及财产所有人的具体情况，采取不同的分割方法：（1）实物分割。共有财产属于可分物，分割后不损害财产的经济用途和价值的，可对共有财产进行实物分割。（2）变价分割。共有财产不能分割或分割后损害其经济用途和价值的，或者共有人对共有财产均不愿意采取实物分割方法的，可将共有财产作价变卖，各共有人取得相应的价金。（3）作价补偿。共有财产不能分割，或虽可分割，但有的共有人愿意取得实物，有的共有人不愿意取得实物的，可将共有财产归愿意取得实物的共有人所有，由取得实物的共有人按共有财产的价值，给未取得实物的共有人以相当于其实有份额的经济补偿。

三、侵害家庭成员消费权益行为

家庭的生产功能决定了家庭的分配、交换与消费功能。家庭所生产出来的劳动产品也必然是以家庭为单位进行交换和分配的。家庭的消费功能主要体现在家庭里面的物品是属于整个家庭成员的，每个人都可以使用。家庭作为一个整体性的生活单位，一时一刻也离不开家庭的消费功能，必须要不断购买各种生活资料，支付各种生活费用。家庭的消费包括物质消费和精神消费。物质消费主要是为了满足家庭成员的物质生活要求，精神消费则主要是成员文化学习、娱乐活动、社会交往等方面的支出。家庭成员的经济收入和人口数量左右着家庭的消费水平，家庭的消费还受到家庭成员的消费观念、所在地区的消费水平等方面的影响。

四、家庭成员未经家庭全体成员同意处分共同财产行为

（一）配偶出资以婚外情人名义购房

这种情况下，房产证登记在婚外情人名下，房子并不能收回，但可以收回购房款。配偶另一方可以通过银行转账清单、证人等方式确定是配偶出资缴纳首付、税费、还贷，由于上述款项是夫妻共同财产，未经配偶另一方同意，配偶的单方赠与行为无效，据此要求婚外情人返还购房款。

（二）配偶将房产赠与婚外情人

为了讨好婚外情人或方便与婚外情人约会，配偶极有可能将其名下的一处房产赠与婚外情人，并登记在婚外情人名下，这种情况下，如果房产是配偶的婚前个人财产，配偶另一方则无请求权；如果房产是夫妻双方共同所有，配偶另一方则可以要求确认此赠与行为无效，即配偶另一方可以共有人身份要求确认配偶单方处分夫妻共同财产的行为无效，将房屋收回。

（三）配偶在遗嘱中给婚外情人留有房产

此举违反了公共道德与公序良俗，该遗嘱没有法律效力；遗嘱无效的，则按法定继承处理，即先分一半给配偶另一方，剩下一半则由配偶另一方、子女、父母均分；婚外情人继承配偶遗产的行为显然有悖于社会公德，法律不会保护婚外情人的继承行为，所以婚外情人无权依遗嘱继承配偶的遗产。

（四）配偶低价将房产售给婚外情人

由于婚外情人受让房产时候不是善意，而且没有支付合理的价格，这种情况下，哪怕房产已经过户到婚外情人名下，配偶另一方也可以配偶无权处分，

且婚外情人不符合善意取得为由，确认配偶的低价转让行为无效，将房产收回。

妻子起诉要求婚外第三者返还房屋案件①

【案例简介】

2010年，1958年出生的岳某与1986年出生的女子李某在沈阳相识，尽管两人年龄相差悬殊，李某明知岳某早在1985年就已经登记结婚，仍与其发展为情人关系。

为了讨李某的欢心，岳某不惜一掷千金，背着妻子在沈阳市沈北新区为李某购买了一处房产，并登记在李某名下。此外，岳某还通过银行转账方式多次向李某的银行卡转款20余万元，部分用于支付其生活费。

岳某妻子渐渐发现，虽然家里的钱越赚越多，但丈夫夜不归宿的情况也多了，妻子开始心生怀疑。纸终究包不住火，岳某妻子最终发现了丈夫的婚外情，更了解到丈夫给"婚外情人"赠房、转款的事实。夫妻俩为此数次吵架，最终对簿公堂。

2014年6月，妻子王某向沈阳市沈北新区人民法院提起诉讼，要求确认丈夫岳某与"婚外情人"李某之间的房屋赠与合同无效，并返还房屋。法院支持了王某的诉讼请求。

根据我国《民法典》规定，夫或妻非因日常生活需要对夫妻共同财产做重要处理决定，夫妻双方应当平等协商，取得一致意见。任何一方均无权单独处分夫妻共同财产。

本案中，丈夫岳某将大额钱款赠与李某，既非日常生活需要，又未取得共有人王某的同意，擅自将夫妻共同财产赠与他人，严重损害了妻子王某的合法权益。

丈夫岳某的赠与行为本身基于他与李某的不正当男女关系，违反了公序良俗原则，而李某明知岳某有配偶，继续与岳某保持不正当男女关系并接受赠与，具有过错，故该赠与行为无效。

---

① 《丈夫买房给小三 妻子起诉将房子要回》，载腾讯网，https://ln.qq.com/a/20151227/006210.htm。最后访问时间：2021年2月2日。

第五章　家庭与住房法律制度

第一节　我国住房法律制度概述

一、住房法律制度基本概念

住房是可以供人居住、生活或是工作的房屋建筑。在家庭层面，住房则应理解为供家庭人口居住、生活的房屋。住房法律制度是指包括有关住房的建设、分配、交接、管理等方面的法律、法规，调整有关方面的关系并约束其行为的规范，是国家为居民提供满足其基本生活所需住房的制度安排，关系到一国的国计民生和社会发展。

住房法律制度的主要内容包括：住房供应方式、住房社会保障方式、住房分配方式、住宅建设用地供应方式、城镇住房建设投资方式、住房管理方式、住房所有权制度、住房使用权制度等。

二、我国住房制度历史发展

中华人民共和国成立以后，我国的住房制度经历了从公有化、福利化住房向私有化、商品化住房的转变。中华人民共和国成立之初，我国在城市实施"统一管理，统一分配，以租养房"的公有住房实物分配制度。城镇居民的住房主要由所在单位解决，各级政府和单位统一按照国家的基本建设投资计划进行住房建设，住房建设资金的来源90%主要靠政府拨款，少量靠单位自筹。住房建好后，单位以低租金分配给职工居住，住房成为一种福利。应该说，这种制度模式在当时较低水平的消费层次上，较好地满足了职工的基本住房需求。1958年到1977年的20年里，我国一直实行这一住房制度。但是人口增长和住房制度模式单一造成的住房供给不足也逐渐成为严重的社会问题。我国于 1978 年开始进行住房制度改革，从公房出售和补贴出售住房开始，到停止住房实物分配，逐步实行住房分配货币化、市场化，稳步实现了我国住房的市场化和商品化。针对近年来房价的过快上涨，百姓购房难的问题，我国政府开始加强宏观调控，出台了一系列住房调控措施。新的住房政策明确提出"房子是用来住的、不是用来炒的"的定位，党的十九大报告中也指出，加快建立多主体供给、多渠道保障、租购并举的措施，让全体人民住有所居。

第二节　保障性住房制度

一、保障性住房制度

（一）保障性住房制度概念

保障性住房是指政府为中低收入住房困难家庭所提供的限定标准、限定价格或租金的住房，一般由廉租住房、经济适用住房、政策性租赁住房、定向安置房等构成。这种类型的住房有别于完全由市场形成价格的商品房。

（二）保障性住房的主要分类及保障对象

1. 经济适用房

经济适用房是政府以划拨方式提供土地，免收城市基础设施配套费等各种行政事业性收费和政府性基金，实行税收优惠政策，以政府指导价出售给有一定支付能力的低收入住房困难家庭。这类低收入家庭有一定的支付能力或者有预期的支付能力，购房人拥有有限产权。

经济适用房是具有社会保障性质的商品住宅，具有经济性和适用性的双重特点。经济性是指住宅价格相对于市场价格比较适中，能够适应中低收入家庭的承受能力；适用性是指在住房设计及其建筑标准上强调住房的使用效果，而非建筑标准。

2. 廉租房

廉租房是政府或机构拥有，用政府核定的低租金租赁给低收入家庭。低收入家庭对廉租住房没有所有权，是非所有权产权的保障性住房。1999 年出台的《城镇廉租住房管理办法》规定："城镇廉租住房是指政府和单位在住房领域实施社会保障职能，向具有城镇常住居民户口的最低收入家庭提供的租金相对低廉的普通住房。"廉租房只租不售，出租给城镇居民中最低收入者。

3. 公共租赁房

公共租赁房指通过政府或政府委托的机构，按照市场租价向中低收入的住房困难家庭提供可租赁的住房，同时，政府对承租家庭按月支付相应标准的租房补贴。2010年颁布的《关于加快发展公共租赁住房的指导意见》规定：公共租赁住房供应对象主要是城市中等偏下收入住房困难家庭。公共租赁住房只能用于承租人自住，不得出借、转租或闲置，也不得用于从事其他经营活动。

4. 定向安置房

安置房是政府进行城市道路建设和其他公共设施建设项目时，对被拆迁住户进行安置所建的房屋。安置的对象是城市居民被拆迁户，也包括征地拆迁房屋的农户。

5. 两限商品房

"限套型、限房价"的商品住房被称为"两限房"。这类房屋并不是严格意义上的"保障性住房"，而是为降低房价，解决城市居民自住需求，保证中低价位、中小套型普通商品住房土地供应，经城市人民政府批准，在限制套型比例、限定销售价格的基础上，以竞地价、竞房价的方式，招标确定住宅项目开发建设单位，由中标单位按照约定标准建设，按照约定价位面向符合条件的居民销售的中低价位、中小套型普通商品住房。

6. 安居商品房

指实施国家"安居（或康居）工程"而建设的住房（属于经济适用房的一类）。是党和国家安排贷款和地方自支自筹资金建设的面向广大中低收入家庭提供的销售价格低于成本、由政府补贴的非盈利性住房。

（三）申请租赁和购买保障性住房的条件

住房困难家庭或者单身居民都可以申请保障性住房或者选择申请货币补贴。已婚居民应当以家庭为单位申请住房保障。

住房困难家庭申请租赁保障性住房一般应当符合下列条件：（1）家庭成员中至少一人具有本市户籍；单身居民申请的，应当具有本市户籍；（2）家庭人均年收入在申请受理日之前连续两年均不超过本市规定的租赁保障性住房的收入线标准；（3）家庭财产总额或者单身居民个人财产总额不超过本市规定的租赁保障性住房的财产限额；（4）家庭成员在本市无任何形式的住宅建设用地或者自有住房；（5）家庭成员提出申请时未在本市和国内其他地区享受住房保障；（6）政府规定的其他条件。

住房困难家庭申请购买保障性住房一般应当符合下列条件：（1）全部家

庭成员应当具有本市户籍，家庭成员的户籍因就学、服兵役迁出本市的，在就学、服兵役期间视为具有本市户籍，单身居民申请的，应当具有本市户籍；（2）家庭人均年收入在申请受理日之前连续两年均不超过本市规定的购买保障性住房的收入线标准；（3）家庭财产总额不超过本市规定的购买保障性住房的财产限额；（4）家庭成员在本市和国内其他地区无任何形式的住宅建设用地或者自有住房；（5）家庭成员在申请受理日之前三年内未在本市和国内其他地区转让过住宅建设用地或者自有住房；（6）家庭成员未在本市和国内其他地区购买过具有保障性质或者其他政策优惠性质的住房，但作为家庭成员的子女在单独组成家庭或者达到规定的年龄条件后申请购买保障性住房的除外；（7）政府规定的其他条件。

解困房产权纠纷的解决——黄甲诉黄乙房屋归属纠纷案①

【案例简介】

1994年2月原告黄甲与其父（被告）黄乙协商以两人的名义共同申请位于厦门市康健新村A3组团30栋之二号的二房一厅解困房，并于1994年9月15日正式签订了厦门市个人购买解困房合同书，房价和附属费合计人民币105292元，系采用存一贷二的形式付款。至今未办理有关产权手续。

1997年，因被告黄乙未经黄甲的同意将房屋抵押给他人，原告黄甲向法院起诉，要求按各自的出资额来确认讼争房的权属。以上事实有厦门个人购买解困房申请表1份，厦门市个人购买解困房合同书1份等为证据。

法院一审判决，因各自所支付的资金份额无法确认，且讼争房系解困房，至今未取得有关产权手续，故对原告的诉讼请求不予支持。

1997年10月8日，黄乙和黄甲签订了协议书，明确了各自的出资房款金额，分别为黄乙15009元，黄甲105206.17元，之后，黄甲提出上诉，要求撤销一审判决，确认按出资额取得讼争房的共有权。

二审判决，该讼争房系解困房，而非一般的城市房屋，也不是商品房，其产权至今仍未确定，故对黄甲提出的请求，不予采纳，维持原判。

---

① 黄建雄、丁丽贞：《房地产法案例精解》，厦门大学出版社2004年版，第262页。

本案诉争房屋为原被告共同购买解困房。解困房为保障性住房，属于安居商品房。政府为稳定社会，对申请人资格严格审查，更注重家庭成员平等的对福利的享有。部分产权归国家，由政府确定国家权属的比例。《民法典》第308条规定，"共有人对共有的不动产或者动产没有约定为按份共有或者共同共有，或者约定不明确的，除共有人具有家庭关系等外，视为按份共有"。因此，原被告对诉争房产部分产权共同共有。《民法典》第303条规定，"没有约定或者约定不明确的，按份共有人可以随时请求分割，共同共有人在共有的基础丧失或者有重大理由需要分割时可以请求分割"。但是，鉴于国家也是该房产产权人，因此该房产的分割受到了一定的限制。

第三节　家庭购房中的法律问题[①]

家庭购房过程中法律问题比较复杂，主要发生在夫妻之间，尤其是涉及父母出资的情况下。具体包括出资与权属关系、政策性住房与权属以及夫妻共同共有产权登记三个方面

一、商品房购买中的出资与产权归属

（一）婚前购房的出资与产权归属问题

1. 夫妻一方于婚前订立购房合同，且以其个人财产支付了部分购房款并办理贷款，婚后夫妻双方用共有财产偿还了部分贷款，但房屋所有权登记在婚后。此时，应按照产权登记为一方或双方区别对待。房屋所有权人登记为购房一方，此种情况下，从购房合同的角度看，是一方个人表示购房意思，虽然其原有个人财产不足以支付购房款，但其以个人名义向银行贷款，从法律关系上看，仍是购房一方以个人财产支付了全部购房款，其在婚前已经履行了支付购房款的义务，房屋出售人亦获得了全部售房款，之后的债权债务关系主要存在于购房一方与发放贷款的银行之间。因此，基于与前述相同的理由，如果房屋所有人登记为购房一方，房屋应属其个人财产。最高人民法院关于适用《〈中

[①] 王忠（北京市第三中级人民法院）：《我国婚姻家庭纠纷中房屋权属的认定规则》，http：//www.360doc.com/content/16/0405/23/22551567_548174698.shtml，最后访问时间：2021年2月2日。

华人民共和国民法典〉婚姻家庭编的解释（一）》（以下简称《婚姻家庭编解释（一）》）第78条规定，夫妻一方婚前签订不动产买卖合同，以个人财产支付首付款并在银行贷款，婚后用夫妻共同财产还贷，不动产登记于首付款支付方名下的，离婚时该不动产由双方协议处理。不能达成协议的，人民法院可以判决该不动产归产权登记一方，尚未归还的贷款为产权登记一方的个人债务。双方婚后共同还贷支付的款项及其相对应财产增值部分，离婚时应根据《民法典》第1087条第1款规定的原则，由产权登记一方对另一方进行补偿。

房屋所有人登记为夫妻二人，该房屋应属夫妻双方共有财产。离婚分割该房屋时，应注意一方用个人财产支付购房款的情节，考虑财产价值形态变化的客观事实，个人财产支付部分应计算增值，对以个人财产支付部分购房款的一方适当多分房屋折价款或抵扣应支付的房屋补偿款。

2. 婚前共同购买。根据《民法典》第1063条第1款规定，一方的婚前财产为夫妻一方的财产。婚前财产为各自所有，不因婚姻关系的延续而转化为夫妻共同财产，但另有约定的除外。因此婚前共同购买的房产不因结婚发生产权关系的变化，仍属于双方按份共有，双方份额有约定依约定，没有约定的依出资额比例确定。

3. 婚前一方父母出资购买。父母出资为子女购买的不动产所有权尚未进行登记。此时，如何认定该不动产的最终归属则应区分该出资发生在婚前婚后而定。如一方父母出资发生在其子女结婚前，则该出资资金应根据《婚姻家庭编解释（一）》第29条第1款规定认定，当事人结婚前，父母为双方购置房屋出资的，该出资应当认定为对自己子女的个人赠与，但父母明确表示赠与双方的除外。

（二）婚后购房的出资与产权归属问题

1. 夫妻双方婚后订立购房合同，且以共有财产支付了全部购房款。这种情况是最常见的，此时无论登记在双方还是一方名下，产权都归属夫妻双方共同共有，除非双方约定产权仅归一方所有且登记在这一方名下。

2. 夫妻一方于婚后订立购房合同，且以其个人财产支付了全部购房款。此种情况下，从合同来看，只有一方表达了购房意思，除非有其他证据能够证明是双方共同的意思。此时还应从所有权登记方面予以区别对待，如果房屋所有人登记为购房一方，房屋应属其个人财产；如果房屋所有人登记为夫妻双方，房屋仍应为夫妻共有财产，视为购房一方赠与配偶部分的房屋，有证据证明配偶向其购买的除外。

3. 夫妻一方于婚后订立购房合同，以一方个人财产支付部分购房款，也用共有财产偿还了部分贷款。此种情况下，从购房合同的角度难以判断购房究竟是签约一方的个人意思还是双方共同的意思，但是从偿还贷款来看，往往是夫妻共同的意思。因此，不论房屋所有人登记为签约一方还是夫妻双方，房屋应属夫妻共有财产。只是在离婚分割房屋时，应对以个人财产支付部分购房款的一方适当多分房屋折价款或抵扣应支付的房屋补偿款。

4. 夫妻一方于婚前订立购房合同，且以其个人财产支付了全部购房款，但房屋所有权登记在婚后。此种情况下，如果房屋登记在出资一方的名下，从房屋价值来源看，完全是由一方的购房款转化而来，且订立购房合同时，双方尚不具有夫妻身份关系。一般而言，不会有与另一方共同购房的意思，结合房屋所有权登记情况，更加说明了其自己一人成为房屋所有人的意愿。因此，房屋应属其个人财产。如果房屋所有权登记为夫妻二人，也只能出于购房人的个人意愿，在法律上应理解为其愿将自己的权利让渡部分给另一方，此时房屋应为夫妻二人的共有财产。

5. 婚后父母出资购买。如果一方父母出资发生在其子女结婚后，根据《婚姻家庭编解释（一）》第 29 条第 2 款之规定，当事人结婚后，父母为双方购置房屋出资的，依照约定处理；没有约定或者约定不明确的，按照《民法典》第 1062 条第 1 款第 4 项规定的夫妻的共同财产一般原则处理，除非有证据证明父母明确表示赠与己方子女。相应地，子女双方以该共同受赠的出资购买的不动产，是婚后用夫妻共同财产购买的财产，属于夫妻共同财产。因此，关键看是否表示赠与一方。婚后由一方父母出资为子女购买的不动产，产权登记在出资人子女名下的，按照《民法典》第 1063 条的规定，视为只对自己子女一方的赠与，该不动产应认定为夫妻一方的个人财产。可见，登记在一人名下，就可推定为一方父母具有仅仅赠与一方的意思表示，此时产权归一方所有。

如果双方父母出资发生在其子女结婚后，根据《婚姻家庭编解释（一）》第 29 条第 2 款之规定，由双方父母出资购买的不动产，依照约定处理；没有约定或者约定不明确的，按照《民法典》第 1062 条第 1 款第 4 项规定的原则处理。可见，双方父母共同出资的，即使登记在一方名下，也是双方共同共有，除非另有约定。

如果父母在子女结婚后只为子女购买不动产支付了部分价款（往往是首

付款），以子女名义签订不动产买卖合同并将不动产所有权登记在一方子女或双方子女名下，则根据《婚姻家庭编解释（一）》第 29 条第 2 款规定，首先应依约定处理，没有约定或约定不明确的应将该出资认定为对夫妻双方的赠与。相应地，婚后以子女一方或双方名义签订的不动产买卖合同并以该出资作为首付款所购买的不动产，不管登记在子女一方还是双方名下都应视为夫妻共同财产。只是在具体分割诉争不动产时，可依据约定情况，对出资父母的子女一方予以适当多分。

婆婆状告儿媳"还我 136 万购房款"![①]

【案例简介】

浙江绍兴诸暨的赵老太太将自己的儿子儿媳告上法庭，要求归还当年自己给小夫妻买房时垫付的购房款 136 万余元。

将儿子儿媳告上法院的诸暨赵老太太表示，儿子儿媳是 2013 年 11 月份登记结婚后，打算在杭州滨江买下一套公寓，但小夫妻俩的积蓄不够，于是赵老太太代为支付了首付、装修等款项共计 161 万余元。

赵老太太认为，这是暂时借给儿子儿媳渡过难关的，但是在儿子儿媳看来，该部分出资被用于购买婚房和装修，结合"男方首付，共同还贷"的风俗，"理所当然"就是作为母亲的原告对夫妻俩的赠与行为，不应认定为借款。

绍兴中院审理后认为，该案的争议焦点是案涉款项性质，到底是赠与款还是借贷款。

法院认为，父母出资款并非必然就应定性为赠与性质。在父母出资之时未有明确表示出资系赠与的情况下，应予认定该出资款为对儿女的临时性资金出借，目的在于帮助儿女渡过经济困窘期，儿女理应负担偿还义务。儿媳出具的录音资料，也没有赵老太将出资款赠与儿子儿媳的明确意思表示，所以儿媳以此为凭所述的赠与观点不能成立，在没有其他证据可以证明赵老太赠与意思表示存在的情况下，款项应当认定为借款。

最后，绍兴市中院作出二审判决，纠正了一审判决认定的汇款金额，

[①] 《绍兴婆婆状告儿媳：还我 136 万购房款》，搜狐新闻网，http://news.sohu.com/20170315/n483386977.shtml，最后访问时间：2021 年 1 月 28 日。

判令小夫妻俩应当向赵老太太归还房款 136 万余元！

由于多种原因，在子女离婚时，会出现父母请求返还购房出资的情况。父母请求返还购房出资所依据的理由往往是当时的出资是借贷而非赠与。实践中，对父母出资为子女购买房屋行为的法律性质，应着重把握以下几个方面：第一，应尊重双方意思自治。对父母出资购房行为的认定原则上应以父母的明确表示为准。如果有证据足以证明父母与子女之间约定为赠与或者父母明确表示为赠与，就是赠与关系。第二，对借贷关系是否成立应严格遵循"谁主张，谁举证"原则。父母出资行为性质处于真伪不明状态时，将出资为借贷这一事实的证明责任分配给父母一方比将出资为赠与的证明责任分配给子女一方更符合证明责任分配原则。

二、"房改房"涉及家庭法律问题

"房改房"是指城镇居民自行出资购买的，根据国家房屋改革政策出售的，已经按照福利制分配或准备分配的公有房屋。根据房改政策，职工购买公有房屋实行市场价、成本价或者标准价。职工以市场价购买的住房，产权归个人所有，可以依法进入市场，按规定缴纳有关税费后，收入归个人所有；职工以成本价购买的住房，产权归个人所有，一般住用 5 年后可以依法进入市场交易，在补交土地使用权出让金或所含土地收益和按规定缴纳有关税费后，收入归个人所有；按房改政策购买并已取得所有权的房屋就是指以市场价和成本价购买的房改房。如果房屋是根据福利政策以标准价购买的房屋只是部分所有权，不是完全所有权，不享有完全所有权，权利人只享有占有权、使用权和有限处分权及收益等部分所有权，这类房屋也就是通常所说的"部分产权房屋"。此时需要按照相关政策补足房价才能取得完全所有权。

"房改房"又区分为个人婚前购买的房改房和婚姻关系存续期间购买的房改房。房改房在出售前基本上是由本单位职工以低租金承租的公有房屋，当事人婚前购买的房改房是当事人一方婚前个人财产出资购买其所承租的公有房屋，对此类房屋，根据《民法典》第 1063 条规定的夫妻特有财产制度，一方的婚前财产为夫妻一方的财产，除当事人另有约定外，离婚时不得作为夫妻共同财产予以分割处理。

（一）婚后购买婚前公租房产权

"房改房"是特定历史时期的产物，其本身带着一定的国家政策属性，其出售和价格的计算均受国家政策的调整。不同于普通商品房，其房屋价格不是单纯的市场价格，而是综合了包括夫妻双方的工龄、职级等因素确定的，相对于市场价有很大的优惠。当事人为购房出资只是取得房屋所有权的一个方面，但绝不是最重要的方面。因为这类房屋低廉的价格对于取得房屋产权是远远不够的，不能简单依据房产证的取得时间，也不能仅仅根据是否有出资来对产权做出简单的判断。

对于婚后夫妻以共同财产购买婚前承租的公有房屋无论登记在一方名下还是登记在双方名下，产权都归属双方共同共有。根据《民法典》所确立的法定共同财产制原则，在对婚姻关系存续期间，夫妻一方或者双方以共同财产购买的财物的权属认定上，除当事人另有约定外，明确为属于夫妻共同所有。对夫妻一方婚前承租的房屋，尽管该房屋是所在单位出租给其个人居住，个人享有相应的福利性待遇，但终究尚未取得房屋所有权，购买过程中还会考虑配偶一方工龄等因素，依据我国《民法典》第 1062 条及《婚姻家庭编解释（一）》第 27 条之规定，"由一方婚前承租、婚后用共同财产购买的房屋，登记在一方名下的应当认定为夫妻共同财产"。夫妻一方以房屋权属证书记载的权利主体为其个人为由主张该房屋为个人财产的，需举证证明该房屋是婚前个人财产，或者是以其个人财产购买，或者双方有明确约定属于其个人所有，否则应当认定为是夫妻在婚姻关系存续期间取得的共同财产。由于房屋产权证书的取得与房屋实际交付的时间往往不同步，许多购房人由于其自身以外的原因，迟迟不能取得房屋产权证书。一方在婚前已经取得了购房合同中购房者一方的全部债权，婚后登记在一方名下获得房产的物权只是财产权利的自然转化，将房屋权属认定为一方的个人所有相对比较公平。

如果是夫妻一方以个人财产出资购买婚前承租的公有房屋，房屋权属登记在夫妻名下的，就应视为夫妻共同共有，产权为夫妻共同共有。根据《民法典》确定的约定财产制原则，夫妻之间可以就婚姻关系存续期间取得财产以及婚前财产约定归各自所有、共同所有或者部分各自所有、部分共同所有。在夫妻一方将以其个人财产购买的房屋权属登记在夫妻双方名下时，按照不动产物权变动的公示原则，该房屋的所有权主体就是夫妻双方，房屋为夫妻共同所有，这也可视为是夫妻双方对婚前财产及婚姻关系存续期间所得财产所作的约定。

但如果婚后夫妻一方以个人财产出资购买婚前承租的公有房屋，房屋权属登记在一方名下的，在购买过程中虽然也可能因配偶工龄等因素的影响，但此时也可视为是夫妻双方对婚前财产及婚姻关系存续期间所得财产所作的约定，该房屋应视为个人所有。尽管该房屋为个人所有，但由于购买的承租房屋为实行房改政策的房屋，该房屋的出售及其价格的计算都受到国家房改政策的调整，因此在离婚财产分割处理此类房屋时还要进行特殊处理。分割处理此类房屋时，可在认定房屋为个人财产的前提下，全面考虑夫妻各方在该房改房中所体现的福利优惠，按照房改政策将夫妻各方的工龄、职级等因素在房改房出售价格中的比例予以折算，即将隐含在房改房价格中的福利政策具体化，给对方相应的补偿。

享受本人工龄和已死亡配偶生前工龄优惠后所购公房是否属夫妻共同财产①

【案例简介】

2014年8月，祁大、祁二、祁三起诉至法院称：祁父与祁母婚后共生育有七个儿子，祁父于1976年去世，祁母于2013年7月8日去世。祁父与祁母生前共有一处位于北京市朝阳区自管公房。现诉至法院要求确认祁某等人对该房屋享有继承份额。其余子女辩称涉诉房屋并非祁父祁母共有而是祁母于1998年通过公租房的形式承租下来，2004年以优惠成本价购得的，现祁母留有遗嘱，将房屋交由祁四继承。法院经审理查明祁父与祁母共育有七名子女。祁父于1976年因死亡注销户口，祁母于2013年去世。涉诉房屋登记在祁母名下。该房屋系2004年祁母购得自有公房。2009年祁母留有公证遗嘱，将涉诉房屋留给祁四继承。法院审理后认为，涉诉房屋应为祁母个人生前财产，按照遗嘱继承给祁四所有。

享受本人工龄和已死亡配偶生前工龄优惠后所购公房是否属夫妻共同财产，应根据不同的情况，区别对待。（1）夫妻一方死亡后，如果继承已经发生，遗产已经分割完毕，健在一方用自己的积蓄购买的公有住房应视为个人财

---

① 王忠（北京市第三中级人民法院）：《我国婚姻家庭纠纷中房屋权属的认定规则》，http://www.360doc.com/content/16/0405/23/22551567_548174698.shtml，最后访问时间：2021年2月2日。

产，购买该房时所享受的已死亡配偶的工龄优惠只是一种政策性的补贴，而非财产或财产权益；（2）如果夫妻一方死亡后，遗产没有进行分割，公有住房是用夫妻共同的积蓄购买的，该住房应视为夫妻共同财产；但如果死亡一方死亡时间过长（如5年以上），应予查明购房款是夫妻双方的共同积蓄，还是健在一方的个人所得，以此确认是共同财产还是个人财产。如果购房款是夫妻双方的共同积蓄，所购住房只是共同积蓄的转化形态，仍应视为夫妻共同财产。本案中，祁父于1976年去世，祁母于2004年以优惠价购买该"房改房"，未有证据显示购房款是祁父、祁母的夫妻共同财产，故该房宜界定为祁母的个人财产。故应依据祁母遗嘱确认房产归属。

（二）婚后借用父母购房指标共同购买父母公房"房改房"

婚后借用父母购房指标购买的"房改房"，是指在父母参加单位房改过程中可以享有的按照市场价、成本价或者标准价购买公有住房，夫妻出资以父母名义购买。《婚姻家庭编解释（一）》第79条认为，婚姻关系存续期间，双方用夫妻共同财产出资购买以一方父母名义参加房改的房屋，登记在一方父母名下，离婚时另一方主张按照夫妻共同财产对该房屋进行分割的，人民法院不予支持。购买该房屋时的出资，可以作为债权处理。可见，对于婚后借用父母购房指标共同购买父母公房，夫妻任何人不享有所有权。

三、商品房登记

受中国传统习惯和婚姻法律制度的影响，家庭成员间独立权利意识淡薄，配偶间不动产权属登记多登记在一方名下。在《民法典》规定的夫妻财产法定共有制下，婚姻关系存续期间所得的财产无论登记或占有在夫或妻任何一方名下均属于夫妻共同所有，处分夫妻共同财产应夫妻协商一致。但依据《民法典》第311条之规定，如配偶一方擅自处分共有的不动产，第三人的善意取得成立的情形下，另一方财产所有权依然会受到侵害。由于擅自处分夫妻共同财产多为恶意转移财产，受害一方即使通过诉讼也难以获得充分赔偿，因此，完善夫妻共有不动产登记势在必行。

《不动产登记暂行条例实施细则》（国土资源部令〔2016〕第63号）第21条规定，"申请共有不动产登记的，不动产登记机构向全体共有人合并发放一本不动产权属证书；共有人申请分别持证的，可以为共有人分别发放不动产权属证书"。《国土资源部关于启用不动产登记簿证样式（试行）的通知》

(国土资发〔2015〕25号)附件1.1.不动产登记簿样式及使用填写说明"共有情况"填写单独所有、按份共有或共同共有。属于按份共有的,还要填写共有的份额。按户取得宅基地的按照姓名(性别、年龄、与户主关系)的格式逐个填写共有人。可见,共有不动产权属证书应当注明"共有"字样。

国土资源部《不动产登记操作规范(试行)》(以下简称《规范》)也明确了登记机构在申请人申请登记时的询问职责,《规范》3.4对询问内容进行了明确规定,即"不动产登记机构工作人员应根据不同的申请登记事项询问申请人以下内容,并制作询问记录,以进一步了解有关情况: 1. 申请登记的事项是否是申请人的真实意思表示; 2. 申请登记的不动产是否存在共有人; 3. 存在异议登记的,申请人是否知悉存在异议登记的情况; 4. 不动产登记机构需要了解的其他与登记有关的内容"。以上规定即是登记机构承担的询问共有人职责。

当事人回答有共有人的,如果共有人是配偶,必须提供婚姻关系来证明,如果申请人提供婚姻关系证明申请登记的不动产为夫妻关系存续期间取得的,需要夫妻双方前来共同申请,即便先前的合同受让主体仅为夫或妻一方,不动产登记簿也应登记为夫妻双方共有,从而将隐名共有人显名化。如果申请人之间并无夫妻关系,但一方申请人回答有共有人的,登记机构不能将另一方当事人直接记载于登记簿,因为这会造成登记簿记载与原证明文件合同当事人主体的不一致,此种情形,需要申请人先行在合同主体上增加共有人。①

第四节　二手房转让、公房租赁及居住权法律问题

一、共同共有二手房买卖中涉及的法律问题

房屋一般是夫妻共同财产中最重要的组成部分。许多实质上由夫妻双方共同共有的房屋在进行房屋登记时登记在了夫妻一方名下。虽然房屋登记在夫妻一方名下,只要是夫妻关系存续期间用共同财产所购买的房屋就属于夫妻双方共有的财产,是否在房产证上加上另一方的名字,对双方的权利义务没有实质

---

① 周社平、朱红卫:《不动产登记中是否要审查婚姻证明》,载《中国房地产》2016年第1期。

性影响。我国《民法典》第 1060 条规定："夫妻一方因家庭日常生活需要而实施的民事法律行为，对夫妻双方发生效力，但是夫妻一方与相对人另有约定的除外。"但如果夫妻一方未经另一方同意擅自出售夫妻共同共有的房屋，其代理内容超越了《民法典》第 1060 条"日常生活需要"的范围，这将会造成另一方重大的财产损失，甚至影响家庭成员的基本居住权。

夫妻共同所有房屋被单方出售，一种情况是一方确实没有和配偶商议就与第三人签订了房屋买卖合同。合同签订之后，卖房人的配偶作为房屋共有人，以卖房人未经其同意为由请求确认已签订的房屋买卖合同无效。另外还有一种较为常见的情况，即夫妻一方与第三人签订房屋买卖合同，其配偶是知道的，但是房屋买卖合同签订之后，由于房屋价格上涨而反悔，其配偶以未经其同意为由请求确认房屋买卖合同无效。这两种情况都涉及夫妻内部权利义务关系和夫妻一方与第三人买卖房屋的外部权利义务关系的处理问题。《婚姻家庭编解释（一）》第 28 条规定了关于夫妻共同共有房屋的出售问题。该条第 1 款的规定，一方未经另一方同意出售夫妻共同共有的房屋，第三人善意购买、支付合理对价并办理不动产登记手续，另一方主张追回该房屋的，人民法院不予支持。这一款的适用有以下几个条件：第一，第三人属于善意购买，而非与配偶一方恶意串通损害另一方的利益；第二，买受人支付了合理对价；第三，买受人已经办理了产权登记手续。在这三个条件均已具备的情况下，一般不宜仅仅认定房屋买卖合同无效，简单做返还房屋的处理。

夫妻一方擅自处分夫妻共有房屋，在保护善意第三人利益后，可能确实损害了出卖人配偶的权利，为此，《婚姻家庭编解释（一）》第 28 条第 2 款规定，夫妻一方擅自处分共同共有的房屋造成另一方损失，离婚时另一方请求赔偿损失的，人民法院应予支持。

李甲、李乙诉李丙、李丁房屋买卖合同纠纷案[①]

【案例简介】

李甲、李乙和李丁分别是李丙和妻子刘某的大女儿、二女儿和儿子。

[①] 内蒙古自治区赤峰市红山区人民法院民事判决书〔2015〕红民初字第 3229 号，载中国裁判文书网，http://wenshu.court.gov.cn/。

刘某于 2014 年 6 月 11 日去世。李丙与刘某在夫妻关系存续期间自建房屋一处，登记在李丙名下，属二人的夫妻共同财产。2013 年 10 月 10 日，李丙和李丁在刘某病重住院期间，在未经刘某同意的情况下，通过虚假交易将上述房屋产权转移给李丁。近日，李甲、李乙知道真相后，将李丙和李丁起诉，要求确认李丙和李丁签订的房屋买卖合同无效。法院审理后，依法判决被告李丙和李丁于 2013 年 10 月 10 日签订的房屋买卖合同无效。

《民法典》第 1062 条规定："夫妻对共同财产，有平等的处理权。"意即：（1）夫或妻在处理夫妻共同财产上的权利是平等的。因日常生活需要而处理夫妻共同财产的，任何一方均有权决定。（2）夫或妻非因日常生活需要对夫妻共同财产做重要处理决定，夫妻双方应当平等协商，取得一致意见。他人有理由相信其为夫妻双方共同意思表示的，另一方不得以不同意或不知道为由对抗善意第三人。本案中，被告李丙在未经房屋共有人刘某同意的情况下，将涉案房屋处分给被告李丁，属擅自转让共有财产的无权处分行为。《民法典》第 311 条规定："无处分权人将不动产或者动产转让给受让人的，所有权人有权追回；除法律另有规定外，符合下列情形的，受让人取得该不动产或者动产的所有权：（一）受让人受让该不动产或者动产时是善意；（二）以合理的价格转让；（三）转让的不动产或者动产依照法律规定应当登记的已经登记，不需要登记的已经交付给受让人。"本案中，被告李丁对李丙未经刘某同意转让涉案房屋系明知，约定的价格不符合合理价格转让的情形，且转让价款未实际支付，虽已办理产权过户登记手续，亦不符合善意取得的构成要件。依据《民法典》第 154 条 "行为人与相对人恶意串通，损害他人合法权益的民事法律行为无效"之规定，被告李丙转让涉案房屋的行为损害了二原告的合法权益，被告两方据以变更涉案房屋产权登记的房屋买卖合同应属无效。

二、公房租赁中的法律问题

公房租赁关系首先是一种债权关系，职工依据公房租赁合同享有的公房租赁权，产权单位是出租人，居住职工是承租人。与市场房屋租赁不同的是，其租金标准由国家规定。出租人和承租人间是通过公房租赁合同确定其间的权利义务的，承租人必须按照规定要求交付标准租金，出租人要负担房屋的维修养护责任。在出租人不具备公房承租条件时，必须及时腾退。由于公房租赁与各单位内部福利规定有关，如果双方之间发生争议，可向有关部门或单位反映加以解决，不受民事法律救济。

三、居住权法律问题①

居住权最早源于罗马法，是指以满足生活居住的需要为目的，对他人的住宅享有占有、使用的用益物权。早在 2001 年，居住权就曾出现在《关于适用婚姻法若干问题的解释（一）》第 27 条第 3 款规定："离婚时，一方以个人财产中的住房对生活困难者进行帮助的形式，可以是房屋的居住权或者房屋的所有权。"依据《民法典》第 366 条，居住权人有权按照合同约定，对他人的住宅享有占有、使用的用益物权，以满足生活居住的需要。

设立居住权，当事人应当采用书面形式订立居住权合同，也可以以遗嘱方式设立居住权。依据《民法典》第 367 条规定，居住权合同一般包括下列条款：（1）当事人的姓名或者名称和住所；（2）住宅的位置；（3）居住的条件和要求；（4）居住权期限；（5）解决争议的方法。居住权设立一般是无偿的，但是当事人另有约定的除外。设立居住权的，应当向登记机构申请居住权登记。居住权自登记时设立。居住权不得转让、继承。设立居住权的住宅不得出租，但是当事人另有约定的除外。居住权期限届满或者居住权人死亡的，居住权消灭。居住权消灭的，应当及时办理注销登记。

居住权和租赁权比较，居住权与房屋租赁权都是对他人房屋所享有的使用权，二者主要存在以下差别：

1. 居住权属于用益物权，是绝对权，必须要通过登记而设立，可以对抗包括房屋所有权人及任何第三人，享有的是物权请求权；租赁权是债权，属于相对权，仅以合同即可设立，承租人只能对出租人享有租赁权，不具有对世性，除"买卖不破租赁"等情形外，不能对抗第三人，享有的是债权请求权。可见，法律对居住权的保护要强于租赁权。

2. 居住权原则上无偿，而租赁权设立基于租赁合同，是一种双务、有偿的法律行为，租赁权人须支付租金。

3. 租赁合同约定的租赁权期限不得超过 20 年。依据《民法典》第 705 条规定，租赁合同期限不得超过 20 年，超过 20 年的，超过部分无效。而居住权

---

① 《2021 年起，民法典新设定的居住权将给生活带来重大改变》，蔡律法评：https：//baijiahao.baidu.com/s？id=16689076193263778748&wfr=spider&for=pc，最后访问时间：2021 年 2 月 2 日。

没有期限限制，最长可以是居住权人出生至死亡，一生的时间。

居住权制度的设置，对房产买卖带来一定的影响。过去房产买卖，仅需要查看出售房屋是否存在抵押、租赁。《民法典》生效后，还应当查询是否存在居住权。居住权设立之后，即便房产在居住权年限内被原所有权人转手卖掉，买家事后获得不动产证、拿到所有权，但此时买家取得所有权并非完整的，无法对抗已设立的居住权，无权赶走居住权人，类似于"买卖不破租赁"。设立了居住权的房屋流通属性和价值大打折扣，甚至可能是花钱买了一套"无法使用"的房子。

因此，购买房产须前往不动产登记机构查明所购房产是否存在居住权负担。对房屋租赁市场而言，在长期租赁合同中，给租客设立租赁年限等同时间的居住权，将进一步保障租客的权益。不少房东往往会随着租住年限的增加要求上涨房租，如果不同意就通过其他手段逼迫租客退租解除合同。依据《民法典》相关规定，如果租客想要长期租房，可以与房东额外再签订《居住权合同》，这样即使房东想涨租金，如果居住权期限未满，即便《租赁合同》解除房东也无法再次出租获利，这可以从根本上解决承租人的后顾之忧。

居住权制度的设置也为家庭成员居住保障提供了可行途径和有力保障。首先，是居住配偶房屋的居住保障。不少人结婚时基于居住保障等考虑往往会要求另一方在其个人房屋中加上名字，但加名即意味着赠与完成，如二人婚后感情不和离婚，那么一方可以依据登记产权分得房屋相应份额。而在房价高昂的今天，房产往往是家庭共同出资购买，如果加名后离婚将导致家庭财产大大减损，因此许多人往往会拒绝加名，最终导致有情人一拍两散。依据《民法典》第 367 条之规定，双方可以通过签订一个长期或是附条件《居住权合同》解决该问题。由于居住权能够对抗所有权，即便双方感情破裂离婚，也能使得无所有权一方居住权得到保障。其次，将自己房屋分配给子女后老人的居住保障。出于对子女取得财产后就不孝顺的担忧，有些老人往往不会直接将自身所有的房屋直接过户与子女，而是通过遗嘱的方式。但遗嘱可能导致老人过世后，子女因为房产分配产生矛盾，影响家庭和睦，依据《民法典》第 367 条之规定，老人可以通过事先将房屋所有权分配与子女，同时与子女签订《居住权合同》设立居住权，如此在提前解决身后事的同时，无居住不保之忧。最后是为子女购房父母的居住保障。由于现房价高昂，往往是由父母直接出资为子女购买房屋，房屋所有权登记于子女名下，但由此也带来一个问题，如果子女是白眼狼，将导致父母老无所依，为解决这种问题，父母可以和子女约定，父母在世期间对所购房屋享有永久居住权。

居住权制度的设置也还可以为以房养老制度提供支持。我国正逐渐步入老龄化社会，养老已经成为重要社会问题。依据《民法典》第 367 条之规定，自己拥有房屋但无子孙或子孙不孝的老人，可以将房屋所有权出让与金融机构，获得经济收入，再与金融机构设立一个终生居住的居住权。这样，一方面金融机构既能以一个较低的价格获得房屋所有权，另一方面老人又能获得稳定的收入，老有所养。

第五节　农村宅基地相关法律问题

一、宅基地权属

宅基地是农村的农户或个人用作住宅基地而占有、利用本集体所有的土地。农村集体经济组织为保障农户生活需要而拨给农户建造房屋及小庭院使用的土地，用于建造住房、辅助用房（厨房、仓库、厕所）、庭院、沼气池、禽畜舍、柴草堆放等。《宪法》第 10 条规定："城市的土地属于国家所有，农村和城市郊区的土地，除由法律规定属于国家所有的以外，属于集体所有；宅基地和自留地、自留山，也属于集体所有。"《土地管理法》第 62 条第 1 款规定，"农村村民一户只能拥有一处宅基地"，即一户一宅。宅基地的所有权属于农村集体经济组织，农户对宅基地享有使用权。

二、宅基地使用权转让

《民法典》第 362 条规定，宅基地使用权人依法对集体所有的土地享有占有和使用的权利，有权依法利用该土地建造住宅及其附属设施。宅基地使用权的取得、行使和转让，适用《土地管理法》及国家有关规定。

（一）宅基地上房屋转让的条件

宅基地上房屋转让的应同时具备以下条件：（1）转让人拥有二处以上的农村住房（含宅基地）；（2）同一集体经济组织内部成员转让；（3）受让人没有住房和宅基地，符合宅基地使用权分配条件；（4）转让行为征得集体组织同意。

（二）宅基地上房屋买卖合同效力

农户对宅基地上的附着物享有所有权，有买卖和租赁的权利，不受他人侵犯。但根据"地随房走"原则，宅基地使用权事实上也会转移。关于转让宅基地上房屋的合同效力，存在一定争议，实践中往往根据具体情形而定：

（1）对农村本集体经济组织成员之间农村房屋转让合同有效。因购买者是本集体经济组织成员，宅基地使用权可以在本集体成员内部流转。因此，对本集体经济组织成员之间农村房屋转让，只要转让双方所订立的转让合同符合关于有效合同要件，就应当认定转让合同有效。

（2）本集体经济组织成员与外集体经济组织成员之间的房屋转让合同一般认定有效。我国相关法律、法规虽然禁止将农村宅基地使用权向本集体经济组织成员以外的人转让，但对农村居民转让房屋所有权并无禁止性规定，而国家相关政策也无禁止向本集体经济组织外的农村居民出售房屋的规定。因此，对这类农村房屋转让合同，只要其符合合同法关于有效合同其他要件，一般也应依法认定为有效合同。

（3）对农村本集体经济组织成员与城镇居民之间的房屋转让合同一般认定无效。国务院办公厅《关于加强土地转让管理、严禁炒卖土地通知》和国土资源部《关于加强农村宅基地管理的意见》均有明确规定，农民住宅不得向城市居民出售。因此，对农村本集体经济组织成员与城镇居民之间的房屋转让合同一般应认定无效。

（三）宅基地转让无效的情形

农户对宅基地只有使用权，不得买卖、出租和非法转让。宅基地使用权不得单独转让。下列情况应认定无效：（1）城镇居民购买；（2）法人或其他组织购买；（3）转让人未经集体组织批准；（4）向集体组织成员以外的人转让；（5）受让人已有住房，不符合宅基地分配条件。

三、宅基地使用权继承

对于农村的宅基地来说是限制自由买卖的。而且宅基地的土地性质属于集体所有，不具有财产属性，因此宅基地不能被继承。但农村的房屋属于个人私有合法财产，可以被子女继承。而根据《民法典》中的"地随房走"原则也就间接拥有了房屋下宅基地的使用权，只是这个宅基地的使用权并非永久的，而是到继承的房屋自然倒塌时截止，子女外嫁，户口迁出，已经不再是本集体经济组织成员，不具有使用该宅基地的资格。

四、宅基地使用权收回与注销

农村宅基地使用权是我国特有的一项独立的用益物权，它具有严格的身份性、无偿使用性、永久使用性、从属性及范围的严格限制性等特点。特定条件下，农村宅基地使用权将被收回。下列宅基地的使用权，由村民委员会向乡（镇）土地管理机构提出申请，经县（市）土地行政主管部门审查、县（市）人民政府批准后，可以收回：

（1）为实施村庄和集镇规划进行旧村改造需要调整的宅基地；
（2）为进行乡（镇）村公共设施和公益事业建设需要占用的宅基地；
（3）农村村民一户一宅之外的宅基地；
（4）农村"五保户"腾出的宅基地；
（5）空闲或房屋坍塌、拆除两年以上未恢复使用以及批准使用后连续二年未按照批准的用途使用的宅基地；
（6）依据有关规定应当收回的其他宅基地。

宅基地使用权注销是指家庭成员由于分户、迁居等原因已经依法取得新宅基地使用权的，原家庭宅基地使用权中该家庭成员份额的注销。宅基地使用权注销后，一般不被有关部门收回，而是由原家庭其他成员取得。国土资源部《关于进一步加快宅基地和集体建设用地确权登记发证有关问题的通知》明确规定："农村妇女作为家庭成员，其宅基地权益应记载到不动产登记簿及权属证书上。农村妇女因婚嫁离开原农民集体，取得新家庭宅基地使用权的，应依法予以确权登记，同时注销其原宅基地使用权。"

王某等诉周乙等房屋确权纠纷案[①]

【案例简介】

王某爱人周甲（已于1991年12月去世）及其子女于1984年在琼山市灵山镇建有土木结构正屋三间，东屋三间，伙房一间。总面积193.7平方米。房屋建好后，考虑到周乙住房困难，让暂住正屋一间，东屋一间。

---

① 聚法案例，https://www.jufaanli.com/detail/feea83e199e95e59cdfa8468ffad25c7/。

1991年，王某以周甲、周丙、周丁之名补办了宅基地审批手续。2000年周甲以子女成人，住房困难为由要求周乙归还，遭周乙拒绝。周乙认为，原宅基地是周甲、周乙兄弟二人共同申请的，房屋为两家合建。2002年7月王某及其子女共同向法院起诉请求判令周乙归还房屋。

法院经审理后认为，无证据证明周乙所述原宅基地是周甲、周乙兄弟二人共同申请，所述房屋为两家合建也无任何证据。王某以及其他原告举证宅基地审批手续，可以证明诉争房屋所在宅基地使用权归原告所有。诉争房屋位于原告享有使用权的宅基地上，应当认定归原告所有。法院最后判决被告归还原告所占房屋。

"农村村民住宅用地，经乡（镇）人民政府审核，由县级人民政府批准；其中，涉及占用农用地的，依照本法第44条的规定办理审批手续。"经依法审批的宅基地审批手续可以证明原告享有诉争宅基地使用权。《民法典》第362条规定："宅基地使用权人依法对集体所有的土地享有占有和使用的权利，有权依法利用该土地建造住宅及其附属设施。"在被告没有明确证据证明宅基地使用权及出资参与房屋建造的情况下，认定房屋归原告所有是合理的。

第六章　家庭与继承法律制度

继承是财产所有权移转的一种特殊方式，其特殊性在于此种移转仅在自然人死亡时发生，移转的依据是法律规定或死者生前所立遗嘱，移转的对象限于死者一定范围内的亲属或其生前指定的人。随着改革开放的不断深化，公民个人财产的数量日益增多、类型日益丰富、价值日益扩大。财富的快速增长，使得社会上和家庭中侵财型违法犯罪现象也有所增加，具体到继承领域，剥夺妇女或者胎儿继承权，转移或者隐匿财产增加继承障碍，伪造遗嘱甚至加害继承人、被继承人的案件时有发生。国家从宪法到相关部门法均制定了保护公民合法私有财产权益的规定，继承法律制度在确保个人财产所有权及其合法、稳妥移转中的地位和作用愈加凸显。我国《民法典》回应社会需要，在继承编部分对我国的继承法律制度进一步进行了完善。

第一节　继承法概述

一、继承的概念和特征

继承的概念有广义与狭义之分。广义的继承指对死者的财产、身份、政治权利等的继承，古代法上的继承即广义之继承。狭义的继承仅指财产继承，即对死者个人合法财产的继承。现代国家的法律普遍采用狭义继承制度。[1] 本书是从狭义的角度使用"继承"概念。

在继承中，因死亡而将其生前所有的财产移转给他人所有的死者称为被继

---

[1] 刘文：《继承法比较研究》，中国人民公安大学出版社2004年版，第1页。以英国为代表的少数保留君主制国家中对极少数人保留了皇位、贵族身份的继承；东亚、东南亚一些国家保留着一些身份和主持祭祀祖先的宗祧继承制度的痕迹，如韩国、日本、越南等。

承人；被继承人死亡时遗留下来的个人财产称为遗产；依法或者依遗嘱承受被继承人遗产的法定范围内的人称为继承人。

现代民法上的继承具有以下特征：自然人死亡（包括自然死亡和宣告死亡）是继承开始的唯一原因；继承一般发生在具有一定亲属关系的人之间，无亲属关系的人不能作为继承人继承遗产，但可以通过遗赠或遗赠扶养协议等方式取得遗产；继承是概括承受被继承人财产的法律制度，是继承遗产与清偿被继承人生前债务相统一的制度。

二、继承法的基本原则

继承法是调整因自然人死亡而发生的财产移转关系，并确定遗产归属的法律规范的总称。继承法的基本原则是指能够贯穿全部继承法律规范的指导思想，是继承法立法的基础，也是人们处理遗产继承问题的基本准则。我国继承法的基本原则主要包括：

（一）保护私有财产继承权原则

继承权是私有财产权的延伸保护，保护私有财产继承权是我国继承立法的宗旨和出发点，也是继承法的首要原则。其基本内涵为：凡自然人死亡时遗留的合法财产，均为遗产，继承人均可依法继承。被继承人的遗产一般不收归国家所有，尽可能由继承人或受遗赠人取得。除法律规定的丧失继承权的法定情形外，继承人的继承权不得因任何其他原因被剥夺；继承人的继承权受到他人非法侵害时，继承人可以向侵害人请求恢复，也可以在法定期间内通过诉讼程序请求人民法院依法予以保护。

（二）继承权平等原则

继承权平等原则是民法平等原则在继承法中的具体化，主要体现为：继承权男女平等，非婚生子女与婚生子女享有平等的继承权，养子女、形成事实抚养关系的继子女与亲生子女享有平等的继承权，同一顺序的继承人继承遗产的权利平等。

（三）权利义务相一致原则

我国继承法在许多方面体现了权利义务相一致原则。首先，法定继承人的范围和顺序与婚姻家庭法上的法定扶养权利义务相一致。法定继承人的范围是与被继承人有法定扶养义务的人，第一顺序的继承人是在法律上负有无条件扶养义务的人。其次，丧偶儿媳对公婆、丧偶女婿对岳父母尽了主要赡养义务的，作为第一顺序继承人；继承人对被继承人所尽扶养义务的多少是确定遗产份额的考量因素；无法定扶养义务但对被继承人扶养较多的人可分得适当遗产，相反，法定继承人虐待、遗弃、故意杀害被继承人的，则丧失继承权；等等。

（四）养老育幼、照顾弱者原则

继承法的各项制度应有利于对老年人的赡养和对未成年人的抚养教育，对缺乏劳动能力又没有生活来源的继承人要给予特别照顾。遗嘱应当为缺乏劳动能力又无生活来源的继承人保留必要的遗产份额；遗产分割时，应当保留胎儿的继承份额。在遗产份额的确定上，照顾缺乏劳动能力又没有生活来源的继承人，尽可能满足其基本生活需要；确立了遗赠扶养协议制度，使鳏寡孤独者老有所养；等等。

第二节　继承法律关系

继承法律关系是指由继承法律规范调整的，因自然人死亡而发生的各民事主体对死者财产进行继承而发生的民事权利义务关系。

一、继承人

继承人是继承法律关系的权利主体，指依法享有继承权，能够取得被继承人遗产的人，包括法定继承人和遗嘱继承人。继承人有以下特征：

1. 继承人只能是自然人。法人、非法人组织可以成为受遗赠人，但不能成为法定继承和遗嘱继承中的继承人。

2. 继承人需在继承开始时生存。《民法典》第1155条规定："遗产分割时，应当保留胎儿的继承份额。胎儿娩出时是死体的，保留的份额按照法定继承办理。"这是对胎儿利益的特殊保护，而非承认胎儿的继承人主体地位。

3. 继承人是法定范围内的继承人。不论是法定继承还是遗嘱继承，继承人均限定在配偶、父母、子女、兄弟姐妹、祖父母、外祖父母等近亲属范围内。

二、继承权

（一）继承权的概念

继承权是指自然人依照法律的规定或遗嘱的指定，享有的继承被继承人遗产的权利。继承权是继承法律关系中最重要的内容，是法定继承人和遗嘱继承人所享有的权利。继承开始前，继承人依照法律规定或遗嘱指定而享有的继承被继承人遗产的资格为客观意义上的继承权，又称继承期待权，是继承人将来可参与遗产继承的可能性；继承开始后，继承人在继承法律关系中实际享有的继承被继承人遗产的权利为主观意义上的继承权，又称继承既得权，是一种具有现实性、财产性的继承权。客观意义上的继承权要转化为主观意义上的继承权须具备三个条件：第一，被继承人死亡；第二，被继承人留有遗产；第三，继承人未丧失继承权。

(二) 继承权的放弃与丧失

1. 继承权的放弃

继承权的放弃指继承开始后，继承人在法定期间内所作的放弃继承的意思表示。《民法典》第1124条规定："继承开始后，继承人放弃继承的，应当在遗产处理前，以书面形式作出放弃继承的表示；没有表示的，视为接受继承。"由此可知，放弃继承的意思表示必须在继承开始后、遗产处理前作出；放弃继承须以书面形式作出。放弃继承是单方意思表示，只要继承人以书面形式作出明确意思表示即发生法律效力，但继承人因放弃继承权而不履行法定义务的，放弃继承权的行为无效。

2. 继承权的丧失

继承权的丧失指继承人对被继承人或者其他继承人实施了某种犯罪行为或者其他违法行为，被依法取消继承被继承人遗产的资格。依《民法典》第1125条，继承权丧失的法定事由有五项：故意杀害被继承人；为争夺遗产而杀害其他继承人；遗弃被继承人，或者虐待被继承人情节严重；伪造、篡改、隐匿或者销毁遗嘱，情节严重；以欺诈、胁迫手段迫使或者妨碍被继承人设立、变更或者撤回遗嘱，情节严重。

需要注意的是：首先，丧失继承权是针对特定被继承人而言的，在一个继承法律关系中丧失继承权，并不意味着在其他继承法律关系也丧失对其他被继承人的继承权。其次，被继承人的宽宥权，继承人有前述第三项至第五项行为，确有悔改表现，被继承人表示宽恕或者事后在遗嘱中将其列为继承人的，该继承人不丧失继承权。

三、遗产

遗产是继承法律关系的客体，是继承人享有的继承权的标的。《民法典》

第1122条规定:"遗产是自然人死亡时遗留的个人合法财产。"

(一)遗产的特征

1. 合法性。遗产须是被继承人生前合法拥有的财产。

2. 时间限定性。遗产是被继承人死亡时所遗留的财产,被继承人死亡的时间是划定遗产的时间界限。

3. 财产性。遗产仅限于被继承人遗留的财产权利和义务,不包括人身方面的权利和义务。

4. 可转让性。遗产须是依继承法规范能够转让给他人的财产。

5. 总括性。遗产是被继承人生前的财产权利与一定范围的财产义务的统一体。

(二)遗产的范围

遗产的范围包括自然人死亡时遗留的收入、房屋、储蓄和生活用品,林木、牲畜和家禽;文物、图书资料,法律允许自然人所有的生产资料,著作权、专利权中的财产权利,以及其他合法财产,如自然人依法享有的用益物权、担保物权、债权债务、有价证券等。

第三节 法定继承

法定继承是指被继承人的遗产依照法律规定的继承人的范围、顺序、遗产分配原则等转移给继承人的继承方式。

一、法定继承的适用范围

《民法典》第1123条规定:"继承开始后,按照法定继承办理;有遗嘱的,按照遗嘱继承或者遗赠办理;有遗赠扶养协议的,按照协议办理。"这是对法定继承适用范围的一般规定,明确了遗嘱继承或遗赠、遗赠扶养协议的效力高于法定继承。具体而言,法定继承适用下列范围:

1. 被继承人生前没有同他人订立遗赠扶养协议,也没有立遗嘱的。

2. 被继承人与他人订立了遗赠扶养协议,但遗赠扶养协议失去法律效力;或遗赠扶养协议有未处分的被继承人财产,也没有合法有效的遗嘱存在。

3. 被继承人生前虽然立有遗嘱,但有下列情形之一,遗产的有关部分适用法定继承:(1)被继承人的遗嘱没有处分的遗产;(2)遗嘱经人民法院宣告全部或部分无效的，无效部分涉及的遗产；（3）遗嘱继承人放弃、丧失继承权或受遗赠人拒绝接受遗赠、丧失受遗赠权的情况下，遗嘱中指定由该继承人或受遗赠人继承或受遗赠的部分遗产；（4）遗嘱继承人或受遗赠人先于被继承人死亡，该继承人或受遗赠人继承或受遗赠的那部分遗产。

二、法定继承人的范围和顺序

法定继承人是指由法律直接规定的，可依法继承被继承人遗产的人。法定继承人的范围和顺序是由法律直接规定的，不允许随意改变，具有强制性。我国《民法典》为法定继承人继承遗产设定了两个顺序，继承开始后，由第一顺序继承人继承，第一顺序排斥第二顺序。只有第一顺序继承人无人存在，或第一顺序继承人因放弃或丧失继承权而无人享有或行使继承权时，才由第二顺序继承人继承。每一顺序的继承人之间继承地位平等。

（一）第一顺序法定继承人

1. 配偶

作为法定继承人的配偶，必须是在被继承人死亡时与被继承人存在合法婚姻关系。以夫妻名义同居生活但不构成事实婚姻的（1994年2月1日前同居符合结婚实质要件的，按事实婚姻处理；1994年2月1日后，男女双方符合结婚实质要件，但未补办结婚登记的，按同居关系处理）、无效婚姻的一方当事人死亡的，他方无权以配偶身份继承遗产；可撤销婚姻的当事人在被继承人死亡前没有提出撤销婚姻的，该婚姻视为合法有效的婚姻，另一方可以配偶身份继承遗产。夫妻协议离婚但尚未办理离婚登记手续，或双方正处于离婚诉讼过程中，或法院作出的离婚判决发生法律效力前，一方死亡的，另一方仍可以配偶身份继承对方遗产。

2. 子女

包括婚生子女、非婚生子女、养子女和形成事实抚养关系的继子女。

3. 父母

包括生父母、养父母和形成事实抚养关系的继父母。

4. 对公、婆或岳父母尽了主要赡养义务的丧偶儿媳和丧偶女婿

我国《民法典》并未规定姻亲间的权利义务关系，但是现实生活中，儿媳与公婆、女婿与岳父母在很多情况下来往密切或共同生活，特别是有些儿媳、女婿在丧偶后还继续维持原来的亲属关系，赡养公婆或岳父母。为体现权利义务相一致的原则，鼓励敬老爱老的优良传统，我国《民法典》第1129条

将对公婆或岳父母尽了主要赡养义务的丧偶儿媳、丧偶女婿作为第一顺序的法定继承人。尽了主要的赡养义务，是指提供了主要的经济来源，或在劳务方面给予了主要的扶助。无论是经济上的供养还是劳务上的扶助，均须具有经常性、长期性，偶尔的寄钱、看望或照顾不能视为尽了主要赡养义务。

（二）第二顺序法定继承人

1. 兄弟姐妹

包括同父同母的全血缘兄弟姐妹、同父异母或同母异父的半血缘兄弟姐妹、养兄弟姐妹，以及形成事实扶养关系的继兄弟姐妹。

2. 祖父母、外祖父母

包括生祖父母、生外祖母，养祖父母、养外祖父母、形成事实抚养关系的继祖父母和继外祖父母。

三、代位继承

代位继承指法定继承中被继承人的子女、兄弟姐妹先于被继承人死亡的，由被继承人子女的直系晚辈血亲、兄弟姐妹的子女代位继承被继承人遗产的法律制度。法律设立代位继承制度的目的，是为了保障先于被继承人死亡的子女的直系晚辈血亲、兄弟姐妹的子女的物质利益，体现了我国继承制度的养老育幼原则以及家族财富的传承。

（一）代位继承的适用条件

1. 被继承人的子女先于被继承人死亡，或被继承人的兄弟姐妹先于被继承人死亡。这是代位继承发生的前提条件和法定事由。由于计划生育和独生子女政策的推行，法定继承人的范围事实上有所缩减，为减少遗产无人继承的情形，《民法典》在原《继承法》的基础上，增加规定"被继承人的兄弟姐妹先于被继承人死亡的，由被继承人的兄弟姐妹的子女代位继承"，扩大了代位继承制度的适用范围。

2. 被代位继承人为被继承人的子女或兄弟姐妹。依《民法典》第1128条被代位继承人只限于被继承人的子女或被继承人的兄弟姐妹。

3. 被代位继承人未丧失继承权。代位继承人继承被继承人的遗产不是基于本身固有的权利，而是代表被代位继承人行使继承权。若被代位继承人丧失继承权，代位继承人便"无位可代"。

4. 代位继承人是被继承人子女的直系晚辈血亲或被继承人兄弟姐妹的子女。被代位继承人是被继承人子女的，代位继承人可以是其子女、孙子女、外孙子女、曾孙子女、曾外孙子女等，不受辈分和代数限制，但以亲等为序，亲等在先的先代位。同一亲等为二人以上的，共同代位继承。被代位继承人是被继承人兄弟姐妹的，代位继承人只能是其子女。

5. 代位继承只适用于法定继承。若被代位继承人享有遗嘱继承权，则该遗嘱会因继承人先于被继承人死亡而失去效力，不发生代位继承。

（二）代位继承的应继份额

代位继承的应继份额，即代位继承的客体，是被代位继承人应得的遗产份额。无论代位继承人的人数多少，代位继承人参加继承时，不是与同一顺序的其他继承人平均分割被继承人的遗产，而是共同继承被代位继承人有权继承的份额。

四、转继承

转继承指继承人在被继承人死亡后、遗产分割前死亡，其所应继承的遗产份额转由其继承人继承的一种连续继承形式。转继承性质上是两个继承连续发生，一并处理的继承方式。

（一）转继承的适用条件

1. 被转继承人于继承开始后、遗产分割前死亡。被转继承人死亡的时间具有特定性，如果先于被继承人死亡或在遗产分割后死亡，均不发生转继承。

2. 被转继承人享有继承权。即被转继承人未丧失继承权，也未在继承开始后、遗产分割前明确表示放弃继承，否则不发生转继承。

（二）转继承与代位继承的区别

转继承与代位继承均存在两个死亡事实，表象上均是被继承人的遗产由继承人的继承人取得，很容易发生混淆，但二者实质上存在显著区别。

1. 性质不同。转继承是连续继承，是两个独立继承在时间链条上的连接；代位继承是替补继承，是代位继承人间接地一次性继承被继承人的遗产。

2. 发生条件不同。转继承的发生基于被转继承人在继承开始后、遗产分割前死亡的事实；代位继承的发生是基于被代位继承人先于被继承人死亡的事实。

3. 主体范围不同。转继承中的被转继承人可以是被继承人的法定继承人、遗嘱继承人或受遗赠人，转继承人亦可以是被转继承人的任何继承人；代位继承中的被代位继承人只限于被继承人的子女或兄弟姐妹，代位继承人亦只能是被继承人子女的直系晚辈血亲或被继承人兄弟姐妹的子女。

4. 适用范围不同。转继承既可适用法定继承，也可适用于遗嘱继承和遗赠等遗产转移方式；代位继承只适用于法定继承。

五、法定继承中的遗产分配

在无法律规定的特殊情形时，同一顺序的法定继承人应按人数平均分配遗产，各继承人的应继承份额相等。为贯彻权利义务相一致和照顾弱者原则，继承法又规定，在以下特殊情况下，同一顺序的法定继承人分配遗产的份额可以不均等：对生活有特殊困难又缺乏劳动能力的继承人，分配遗产时应当予以照顾；对被继承人尽了主要扶养义务或与被继承人共同生活的继承人，分配遗产时，可以多分；有扶养能力和有扶养条件的继承人不尽扶养义务的，分配遗产时，应当不分或者少分；继承人协商同意的，也可以不均等。

除享有合法继承权的法定继承人参与继承外，《民法典》第 1131 条规定："对继承人以外的依靠被继承人扶养的人，或者继承人以外的对被继承人扶养较多的人，可以分给适当的遗产。"何为适当的遗产，法律未作明确规定，需要具体情况具体分析。对于依靠被继承人扶养的人来说，应考虑满足其基本生活需要；对被继承人生前扶养较多的人，则需根据对被继承人生前的扶养情况而定，遗产的份额可能多于继承人的平均份额，也可能少于继承人的平均份额。

公婆诉儿媳遗产继承案件[①]

【案情简介】

单甲系单乙、刘丙之子，胡丁之夫，单戊、单己之父。单甲与胡丁于 1987 年 10 月 26 日结婚。2002 年 6 月 21 日凌晨，单甲因车祸死亡。此后，单乙、刘丙与胡丁因遗产继承问题发生纠纷，经多次协商未果，遂诉至法院。

原告单乙、刘丙诉称：其子单甲因车祸死亡，遗留有家庭财产约 300 万元，均由单甲的妻子、被告胡丁掌管，去除一半作为胡丁个人的财产，尚有约 150 万元的财产可以作为遗产分配，应由单乙、刘丙、胡

---

① 根据"单乙、刘丙诉胡丁、单戊、单己法定继承纠纷案"改编，详情参见《中华人民共和国最高人民法院公报》2006 年第 5 期，第 26 页。

丁、单戊、单己等五位继承人均分，二原告应分得 60 万元左右。单甲死亡后，原告多次与胡丁协商分割遗产，但未达成一致，请求法院依法作出判决。

被告胡丁辩称：首先，其所保管的单甲遗产没有 150 万元。单甲死亡前，因买房、买车及经营生意欠下大量债务，其中一部分债务已由她以夫妻共同财产予以偿还；单甲死亡后，其经营的公司已不能营业，原告起诉中所列的公司财产（主要是化妆品）已基本报废；单甲死亡后的丧葬费用、修车费用等不少于 20 万元。以上三项均应从夫妻共同财产中扣除。其次，被告单戊、单己系其与单甲的子女，均尚未成年，需由其抚养。母子三人只能靠原夫妻共同财产生活，并无其他经济来源。二原告生活富足，不应与孙子女争夺遗产。

法院经审理查明：单甲死亡后遗留的夫妻共同财产计 3934223.23 元，从中扣除被告胡丁偿还的购车贷款、修车款，认定实有 3888306.63 元；另有某公司 34.5% 的股份。上述财产的一半（价值 1944153.32 元的财产及某公司 17.25% 的股份）应当作为单甲的遗产。

法院认为，单甲死亡后，继承开始，原告单乙、刘丙和被告胡丁、单戊、单己作为单甲的法定第一顺序继承人，均有权继承单甲的遗产，单甲的上述遗产应由五人均分，每人应得 388830.66 元的财产及某公司 3.45% 的股份。二原告只主张分得其中 600000 元的财产，依法应予支持。遗产分割应当有利于生产和生活的需要，并不损害遗产的效用。考虑到前述各项遗产均由胡丁使用和经营，且胡丁尚需抚养单戊、单己，故前述各项遗产仍由胡丁继续使用、管理和经营为宜；二原告年龄较大，以分得现金为宜。

据此，法院判决：1. 单乙、刘丙继承单甲在某公司 6.9% 的股份，胡丁给付单乙、刘丙现金 60 万元；2. 单戊、单己各继承单甲在某公司 3.45% 的股份及现金，在二人年满 18 周岁之前，以上财产由其法定代理人胡丁代为管理；3. 单甲其余财产及某公司 20.7% 的股份均归胡丁所有。

遗产分配首先应明确遗产的范围与价值，只能继承被继承人的个人财产或其在共同财产中的份额；其次在分配遗产时要按照物尽其用的原则，尽可能发挥遗产的效用。

第四节　遗嘱继承、遗赠和遗赠扶养协议

一、遗嘱继承

遗嘱继承是指继承人按照被继承人的遗嘱，继承被继承人遗产的继承方式。《民法典》第 1133 条第 1 款规定："自然人可以依照本法规定立遗嘱处分个人财产，并可以指定遗嘱执行人。"自然人通过遗嘱处分其遗产，是自主行使其财产权的表现，继承法确立遗嘱继承制度是对自然人自主意愿的尊重和保护。

（一）遗嘱继承的特征

1. 被继承人所立遗嘱合法有效是遗嘱继承的前提。遗嘱直接表示了被继承人的意愿，也是继承人取得遗产的依据，被继承人所立遗嘱合法有效是继承人依据遗嘱继承遗产的前提条件。

2. 遗嘱继承的开始由两个法律事实构成：被继承人立有合法有效的遗嘱，立遗嘱的被继承人死亡，两者缺一不可。

3. 被继承人在遗嘱中指定的继承人在法定继承人范围之内。遗嘱中指定的取得遗产的人，如果是法定继承人以外的人或者国家、集体，则此种处分遗产的方式属于遗赠而不是遗产继承。

4. 遗嘱继承直接体现着遗嘱人的意愿。立遗嘱人可以在遗嘱中按自己的意愿，确定各遗嘱继承人的继承顺序和遗产份额，一般不受继承法就法定继承所规定的法定继承人的继承顺序和遗产分配原则的限制。

（二）遗嘱继承与法定继承的关系

遗嘱继承和法定继承都是继承人继承被继承人遗产的方式，遗嘱继承人须在法定继承人范围内，被继承人死亡既是法定继承开始的事由，也是遗嘱发生执行效力的事由，因此二者具有密切联系。

遗嘱继承以遗嘱的合法有效存在为前提，如果被继承人没有订立遗嘱或者所立遗嘱无效，当然不发生遗嘱继承。在被继承人立有合法有效的遗嘱的情况下，依《民法典》第 1123 条规定，遗嘱继承（包括遗赠）优先于法定继承。遗嘱未处分的遗产、遗嘱无效部分所涉及的遗产、遗嘱继承人放弃继承以及不能继承的遗产，都按法定继承处理。

二、遗嘱

遗嘱是自然人生前按照法律规定的方式对自己的财产或其他事务作出处分并于其死亡时发生执行效力的一种法律行为。

（一）遗嘱的有效要件

1. 遗嘱人立遗嘱时具有完全民事行为能力。遗嘱是一种处分财产的民事行为，而且是立遗嘱人生前对其死后留下的财产预先进行处分并于其死后发生效力的民事行为，因此，遗嘱人应该具有相应的行为能力。《民法典》第1143条第1款规定："无民事行为能力人或者限制民事行为能力人所立的遗嘱无效。"也就是说，在我国，遗嘱人在立遗嘱时须具有完全民事行为能力。无民事行为能力人所立的遗嘱，即使其本人后来有了民事行为能力，仍属无效遗嘱；遗嘱人立遗嘱时有完全民事行为能力，后来丧失了行为能力，不影响遗嘱的效力。

2. 遗嘱人的意思表示真实。遗嘱应是遗嘱人自己真实意思的表示。受胁迫、受欺诈所立的遗嘱无效。遗嘱被伪造的，伪造的遗嘱无效；遗嘱被篡改的，篡改的内容无效。

3. 遗嘱的内容不违反法律和公序良俗。《民法典》虽然肯定了自然人享有订立遗嘱的自由，但这种自由也必须在法律许可的范围内行使。首先，遗嘱处分的财产应为遗嘱人的个人合法财产，遗嘱处分了属于国家、集体或者他人所有的财产的，该部分内容无效。其次，遗嘱不得剥夺对缺乏劳动能力又无其他生活来源的法定继承人的继承份额，不得取消应当为胎儿保留的继承份额。最后，遗嘱不得违反宪法、民法、婚姻法、继承法等法律的规定，也不得违背社会主义道德准则和善良风俗。

4. 遗嘱的形式必须符合法律规定。遗嘱是要式法律行为。作为记录和传递遗嘱内容的载体，遗嘱的形式是必须符合法律的要求，否则遗嘱无效。

（二）遗嘱的形式

《民法典》根据我国人民的传统习惯和民族特点，在总结实践经验的基础上，规定了自书遗嘱、代书遗嘱、打印遗嘱、录音录像遗嘱、口头遗嘱和公证遗嘱六种形式，并对每种形式都规定了严格的要求，遗嘱人可以根据法律的规定和具体情况选择采用。

1. 自书遗嘱，是遗嘱人生前亲笔书写的遗嘱。自书遗嘱由遗嘱人亲笔书写，不需要见证人在场见证，简便易行，又可节省费用、保守秘密，充分表明遗嘱人的真实意思，因此是遗嘱的法定形式之一。依据《民法典》第1134条，自书遗嘱必须由遗嘱人亲笔书写，签名，并注明制作遗嘱的年、月、日。遗书符合条件的，可按自书遗嘱对待。

2. 代书遗嘱，是由遗嘱人口述内容，他人代为书写的遗嘱。在遗嘱人没有文字书写能力或有其他原因不能亲笔书写遗嘱的情况下，请他人代书是实现遗嘱人立遗嘱意愿的重要途径。制作代书遗嘱时，应当有两个以上见证人在场见证，由其中一人代书，代书人书写的遗嘱要经遗嘱人确认，注明年、月、日，并由代书人、其他见证人和遗嘱人签名。

3. 打印遗嘱，是遗嘱人运用电脑、打印机等设备制作的遗嘱。随着科技的进步，电脑和打印机的运用日益普及，实践中打印遗嘱及其引发的纠纷也越来越多。《民法典》顺应社会现实的变化和需要，新增了打印遗嘱这一遗嘱形式。打印遗嘱易于被伪造和篡改，为确保其体现遗嘱人的真实意愿，《民法典》对其形式做了严格要求，即打印遗嘱应当有两个以上见证人在场见证；遗嘱人和见证人应当在遗嘱每一页签名，注明年、月、日。

4. 录音录像遗嘱，是遗嘱人口述遗嘱内容，以音像方式录制下来的表达遗嘱人意愿的遗嘱形式。录音录像遗嘱具有简便易行、表达准确的特点，但也容易为他人伪造、篡改。制作录音录像遗嘱应由遗嘱人亲自叙述遗嘱的内容，并有两个以上的见证人在场见证。遗嘱人和见证人应当在录音录像中记录其姓名或者肖像，以及年、月、日。

5. 口头遗嘱，是遗嘱人以口头形式设立的遗嘱。口头遗嘱最为简便，但容易失实，难以认定，也易为他人篡改、伪造，所以法律规定，遗嘱人只有在生命垂危或其他危急情况下，无法采取其他形式订立遗嘱时，才可以订立口头遗嘱。订立口头遗嘱必须有两个以上见证人在场见证，见证人必须记录口述遗嘱的年、月、日，如果无法当场记录的，应于事后追记、补记遗嘱人口授的遗嘱内容。危急情况解除后，遗嘱人能够用书面或者录音录像形式立遗嘱的，原先所立的口头遗嘱无效。

6. 公证遗嘱，是依据公证程序和方式所订立的遗嘱。以公证方式订立遗嘱的，须由遗嘱人亲自申请办理公证，在公证员面前亲自书写或口述遗嘱内容。遗嘱人亲笔书写遗嘱的，要在遗嘱上签名或者盖章，并注明年、月、日；遗嘱人口授遗嘱的，由公证人员作出记录，然后向遗嘱人宣读，经过确认无误后，由在场的公证人员和遗嘱人签名盖章，并注明设立遗嘱的年、月、日。公证人员经过审查，认为遗嘱人有遗嘱能力、遗嘱是遗嘱人的真实意思表示，符合法律规定的,出具公证书,公证机关和遗嘱人分别保存公证书。需要说明的是,见证人是遗嘱人在立遗嘱时的证明人,见证人的证明直接关系到遗嘱的效力,因此,法律对见证人的资格也有要求。依照《民法典》第1140条的规定,无民事行为能力人、限制民事行为能力人以及其他不具有见证能力的人;继承人、受遗赠人;与继承人、受遗赠人有利害关系的人不能作为遗嘱见证人。

孙甲与姜乙遗赠纠纷案①

【案情简介】

姜乙与孙丙系舅甥关系。孙丙生病期间,一直由姜乙及其母亲照看、护理。孙丙于2015年8月6日死亡,留有房产一套和住房公积金80420元。孙丙于2015年7月6日、2015年7月29日曾订立两份遗嘱,内容分别为"……在去世后将其名下的住房公积金遗留给原告姜乙……""……在去世后将其名下的房产赠与原告姜乙……"。两份遗嘱均由某律师事务所律师曹某某、王某某以自然人身份进行见证。两份遗嘱内容均为电脑打字,立遗嘱人及见证人名字为其本人亲自签署。孙丙死后,孙丙的儿子孙甲与姜乙因孙丙遗产继承事宜发生纠纷,孙甲将孙丙的住房公积金80420元全部提取出来据为己有。

姜乙遂将孙甲诉至法院,请求法院确认孙丙于2015年7月6日所立遗嘱和2015年7月29日所立遗嘱合法有效;孙丙所有的房屋归其所有;被告返还擅自领取的住房公积金80420元。

被告孙甲辩称:原告要求确认的2015年7月6日及2015年7月29日遗嘱不符合遗嘱的形式要件,属于无效遗嘱;上述遗嘱无法确认是被继承人真实意思表示,故原告诉讼请求不应支持,被告请求依法继承被继承人全部遗产。

原《继承法》中并无打印遗嘱这一遗嘱形式。法院认为,案涉两份遗嘱均为代书遗嘱。本案中,第一,被继承人孙丙在订立两份遗嘱时其本

---

① 参见辽宁省大连市中级人民法院〔2016〕辽02民终3257号民事判决书,来源于中国裁判文书网,http://wenshu.court.gov.cn/website/wenshu/181107ANFZ0BXSK4/index.html?docId=d91e91d9675b4664b1e52c1ea94c0d27,最后访问时间:2020年7月24日。

人意识清醒，思维正常。第二，被继承人在订立两份遗嘱时有曹某某、王某某两位见证人在场见证，符合代书遗嘱中"有两个以上见证人在场见证"的条件。第三，两份遗嘱均注明了年、月、日，均有立遗嘱人孙丙的亲笔签名和代书人曹某某、见证人王某某的亲笔签名，且被告未对上述签名提出异议，该两份遗嘱是被继承人孙丙的真实意思表示。第四，虽然两份遗嘱的内容不是由代书人亲笔书写，而是由代书人用电脑打字形成，但并不影响两份代书遗嘱的形成要件合法性。第五，本案中的两位见证人的职业系律师，但在为被继承人孙丙见证代书遗嘱时是以自然人的身份进行的，两名见证人均在代书遗嘱中签字，且两次见证均未向被继承人孙丙收取费用。综上，两份代书遗嘱均符合代书遗嘱的法定形式要件，其内容是被继承人孙丙的真实意思表示，两份代书遗嘱均合法有效。

法院依法判决：一、确认被继承人孙丙于 2015 年 7 月 6 日所立遗嘱和 2015 年 7 月 29 日所立遗嘱合法有效。二、登记在被继承人孙丙名下的房屋归原告姜乙继承并所有。三、被告孙甲已提取的被继承人孙丙享有的住房公积金 80420 元归被告孙甲所有。

本案若发生在《民法典》实施以后，法院可直接依《民法典》第 1136 条对遗嘱效力作出裁判，而不必将其作为代书遗嘱对待。

(三) 遗嘱的变更与撤销

遗嘱的变更是指遗嘱人依法改变原先所立遗嘱的部分内容。遗嘱的撤销是指遗嘱人废止原先所立遗嘱全部内容的行为。变更、撤销遗嘱也是遗嘱自由原则的体现。《民法典》第 1142 条规定："遗嘱人可以撤回、变更自己所立的遗嘱。"

撤回、变更遗嘱有明示方式与推定方式。遗嘱人以明示方式撤回、变更其遗嘱，通常是另立新的遗嘱，并在新的遗嘱中明确表示撤回或者变更原来的遗嘱。

推定撤回、变更遗嘱的，可以有不同情形：（1）遗嘱人立有数份遗嘱，内容相抵触的，以最后的遗嘱为准。遗嘱人以不同形式立有数份内容相抵触的遗嘱，以最后所立的遗嘱为准。（2）遗嘱人生前的行为与遗嘱的意思表示相反，而使遗嘱处分的财产在继承开始前灭失、部分灭失或所有权转移、部分转移的，遗嘱视为被全部或部分撤回。（3）遗嘱人故意毁损、涂销遗嘱的，推定遗嘱人撤回、变更原来所立遗嘱。

（四）遗嘱的执行

遗嘱的执行是指在遗嘱发生执行的法律效力以后为实现遗嘱人对遗产所作的处分及其他有关事项而采取的必要行为及程序。

遗嘱在遗嘱人死亡后才发生执行效力，遗嘱人不可能自己去执行遗嘱而必须由他人来执行。为了妥善保护遗嘱人、继承人及受遗赠人和其他利害关系人的利益，继承法特设遗嘱执行人制度。

遗嘱执行人由遗嘱人在遗嘱中指定；遗嘱人没有在遗嘱中指定遗嘱执行人或指定的遗嘱执行人不能执行遗嘱时，应由法定继承人为遗嘱执行人；没有法定继承人或者法定继承人不能执行遗嘱的，遗嘱人所在单位或遗嘱人最后居住地的基层组织为遗嘱执行人。

继承法没有明确规定遗嘱执行人的具体事务，从司法实践的需要看，遗嘱执行人应查明遗嘱是否合法真实；召集全体遗嘱继承人和受遗赠人；按照遗嘱内容将遗产最终转移给遗嘱继承人、受遗赠人。总之，遗嘱执行人在执行遗嘱时，既要真正体现遗嘱人的意志，又要保障遗产继承人和受遗赠人的合法权益。

三、遗赠

遗赠是自然人以遗嘱方式将个人合法财产赠与国家、集体或者法定继承人以外的自然人，并于遗嘱人死亡时发生执行效力的单方法律行为。《民法典》第 1133 条第 3 款规定："自然人可以立遗嘱将个人财产赠与国家、集体或者法定继承人以外的组织、个人。"这不仅充分尊重了遗嘱人的意愿，也有利于更好地实现财产的社会价值。

（一）遗赠的法律特征

遗赠以遗嘱的存在为前提，受遗赠人取得的是遗赠人遗产的一部分或全部，所以，遗嘱继承应具有的条件和特征也适用于遗赠，如遗赠是一种单方法律行为，遗赠在遗赠人死亡后发生效力，遗赠人生前可以依法撤回、变更遗赠等。遗赠区别于遗嘱继承的特征在于：受遗赠人与遗嘱继承人的范围不同。遗嘱继承人限于法定继承人范围内的自然人，而受遗赠人不仅可以是法定继承人以外的自然人，也可以是国家、集体或者组织。

（二）遗赠的接受与放弃

遗赠的接受，是指受遗赠人同意受领遗嘱人赠给的遗产的意思表示。遗赠的放弃，则是指受遗赠人不予受领遗嘱人赠给的遗产的意思表示。《民法典》

第 1124 条第 2 款规定,"受遗赠人应当在知道受遗赠后六十日内,作出接受或者放弃受遗赠的表示;到期没有表示的,视为放弃受遗赠。"此与遗嘱继承人接受遗产不同,遗嘱继承人若没有明确表示接受遗产或放弃遗产的,视为接受遗产。

(三)遗赠的执行

遗赠的执行,是指受遗赠人按照遗嘱人的遗嘱取得所赠遗产。遗赠的执行是以遗嘱的合法有效存在为前提的,而且受遗赠人应该是没有丧失受遗赠权或者放弃受遗赠。受遗赠人应在知道受遗赠后六十日内向遗嘱执行人作出接受遗赠的意思表示,请求遗嘱执行人依遗嘱将遗赠物交付其所有。《民法典》第 1162 条规定:"执行遗赠不得妨碍清偿遗赠人依法应当缴纳的税款和债务。"也就是说,清偿遗赠人债务优先于遗赠执行,受遗赠人所得财产应该是遗赠人所欠税款和债务得到清偿后剩余的财产。

四、遗赠扶养协议

遗赠扶养协议,是指受扶养人(亦是遗赠人)和扶养人之间订立的,扶养人承担受扶养人的生养死葬义务,受扶养人将自己的财产于其死后转归扶养人所有的协议。《民法典》第 1158 条规定:"自然人可以与继承人以外的组织或者个人签订遗赠扶养协议。按照协议,该组织或者个人承担该自然人生养死葬的义务,享有受遗赠的权利。"

(一)遗赠扶养协议的法律特征

遗赠扶养协议是我国继承制度中具有创造性的内容,具有鲜明的中国特色,对于养老、扶老,减轻国家、社会的负担,稳定社会秩序都具有重要的意义。其特征主要体现在:

1. 遗赠扶养协议是双方法律行为。遗赠扶养协议是双方当事人在平等协商基础上达成的协议,任何一方不得擅自变更或解除协议。这区别于遗嘱继承和遗赠。

2. 遗赠扶养协议的主体具有特殊性。受扶养人必须是自然人,而且一般是孤寡没有法定继承人的老人。扶养人是法定继承人以外的组织或者个人。

3. 遗赠扶养协议中扶养人的权利只能在受扶养人死亡时实现。遗赠扶养协议是受扶养人生前与扶养人订立并且发生法律效力的协议,扶养人必须于受扶养人生前履行协议规定的义务,但必须等到受扶养人死亡后才能取得其遗产。

4. 遗赠扶养协议在适用上具有优先性。《民法典》第 1123 条规定："继承开始后，按照法定继承办理；有遗嘱的，按照遗嘱继承或者遗赠办理；有遗赠扶养协议的，按照协议办理。"

（二）遗赠扶养协议的效力

遗赠扶养协议对双方当事人均具有约束力。协议合法成立即受法律保护，双方都必须按照协议的约定履行，任何一方都不能随意变更或撤销协议，如果给对方造成损失，则应负赔偿损失的责任。扶养人对受扶养人履行生养死葬的义务，妥善安排受扶养人的生活，不得虐待受扶养人，也不能随意中断对受扶养人的扶养和照顾。扶养人按照协议切实履行自己的扶养义务后，有权按照协议的约定取得被扶养人的遗产。受扶养人应当恪守协议，不得擅自变更或撤销协议。受扶养人不能将协议中约定处分给扶养人的财产，用遗嘱方式及其他手段处分给扶养人以外的人。当然，如果扶养人先于受扶养人死亡或丧失扶养能力，或者受扶养人恢复了劳动能力，受扶养人可以要求终止遗赠扶养协议。

第五节　遗产的处理

一、继承的开始

继承开始是法律确认的引起继承法律关系产生的事实。继承开始，意味着继承人的继承权由期待权转化为既得权，继承人可以依据法律的规定或者被继承人的遗嘱取得被继承人的遗产。

（一）继承开始的时间

继承是因自然人死亡而发生的法律现象，继承从被继承人生理死亡或被宣告死亡时开始。生理死亡即自然死亡，实践中自然人死亡的时间主要以医院出具的死亡证书上记载的时间为死亡时间，当事人有争议的，可诉请人民法院裁决。宣告死亡的，以法院判决中确定的失踪人的死亡日期为继承开始的时间。

相互有继承关系的多个自然人在同一事件中死亡，如果能够确定各自的死亡时间，则在后死亡的自然人继承在先死亡的自然人的遗产当无异议，但如果他们彼此间死亡的先后时间不能确定，则有必要由法律作出特别规定以确定死亡时间。《民法典》第 1121 条规定："相互有继承关系的数人在同一事件中死亡，难以确定死亡时间的，推定没有其他继承人的人先死亡。都有其他继承人，辈份不同的，推定长辈先死亡；辈份相同的，推定同时死亡，相互不发生继承。"

(二) 继承开始时间的法律意义

1. 确定继承人的范围和地位。首先，只有在继承开始时与被继承人具有近亲属关系或扶养关系的人才享有继承权；其次，只有在继承开始时生存且没有丧失继承权的人，才享有继承被继承人遗产的资格，能够作为继承人参与继承法律关系。

2. 确定遗产的范围。遗产是被继承人死亡时遗留的个人财产。在继承开始前，被继承人财产的数额、形态往往处于不断变动之中，遗产范围的确定只能以继承开始时为准。

3. 确定遗产所有权移转的时间。《民法典》第230条规定："因继承取得物权的，自继承开始时发生效力。"

4. 确定遗嘱生效时间。在继承开始之前，遗嘱尚不发生法律效力，遗嘱人可以撤回或者变更遗嘱。继承开始，遗嘱即发生法律效力，同时也就具有了执行力。

(三) 继承开始的地点

继承开始的地点是继承法律关系发生的场所，继承人在此参与继承法律关系、行使继承权，处理继承问题。确定继承开始的地点，对于确定继承纠纷的诉讼管辖、遗产税的征收等具有重要法律意义。我国继承法没有明确规定继承开始的地点，司法实践中采取的是被继承人生前的最后住所地或者主要遗产所在地为继承开始的地点。

二、继承开始的通知

继承开始的通知，是指将被继承人死亡的事实告知继承人、遗嘱执行人等继承利害关系人的行为。《民法典》第1150条规定："继承开始后，知道被继承人死亡的继承人应当及时通知其他继承人和遗嘱执行人。继承人中无人知道被继承人死亡或者知道被继承人死亡而不能通知的，由被继承人生前所在单位或者住所地的居民委员会、村民委员会负责通知。"通知的内容和形式，现行法没有明确规定，一般认为通知的内容应该包括死亡的时间、地点，通知的形式可以是口头、书面、公告、电子等形式。

三、遗产的管理

遗产的管理是由相关主体对遗产进行保管、使用、收益、处分。继承开始后，遗产尚未分割，需要有人对遗产进行保管以防遗产被毁损、灭失、转移、私分等损害继承人、受遗赠人和债权人利益的情况发生。《民法典》新增了遗产管理人制度。依其规定，继承开始后，遗嘱执行人为遗产管理人；没有遗嘱执行人的，继承人应当及时推选遗产管理人；继承人未推选的，由继承人共同担任遗产管理人；没有继承人或者继承人均放弃继承的，由被继承人生前住所地的民政部门或者村民委员会担任遗产管理人。对遗产管理人的确定有争议的，利害关系人可以向人民法院申请指定遗产管理人。

遗产管理人应当履行下列职责：清理遗产并制作遗产清单；向继承人报告遗产情况；采取必要措施防止遗产毁损、灭失；处理被继承人的债权债务；按照遗嘱或者依照法律规定分割遗产；实施与管理遗产有关的其他必要行为。遗产管理人应当依法履行职责，因故意或者重大过失造成继承人、受遗赠人、债权人损害的，应当承担民事责任。

此外，《民法典》第1151条还规定："存有遗产的人，应当妥善保管遗产，任何组织或者个人不得侵吞或者争抢。"

四、遗产债务的清偿

(一) 遗产债务的概念与范围

遗产债务是指被继承人生前所负担、应该由继承人用遗产进行清偿的债务。《民法典》第1159条只规定"分割遗产，应当清偿被继承人依法应当缴纳的税款和债务"，但未具体明确遗产债务的范围。遗产债务是被继承人生前所欠债务，应当与夫妻共同债务或者家庭共同债务区别开来。家庭共同债务、夫妻共同债务应该用家庭共有财产或者夫妻共有财产清偿，当家庭财产或夫妻共有财产不足清偿时，应以家庭成员的个人财产偿还，其中应由被继承人个人负担的部分应作为遗产债务。

(二) 遗产债务的清偿原则

1. 全部继承原则。遗产是被继承人财产权利和财产义务的统一体。继承人接受继承，不仅要接受被继承人的财产权利，也要接受财产义务，也就是说，被继承人继承了被继承人的遗产，就必须承担遗产债务，不能只继承遗产不清偿债务。但是如果继承人放弃继承，则不负责清偿遗产债务。

2. 限定继承原则。限定继承是指继承人对被继承人的遗产债务不负无限清偿责任，仅以继承遗产的实际价值负有限清偿责任。《民法典》第 1161 条规定："继承人以所得遗产实际价值为限清偿被继承人依法应当缴纳的税款和债务。超过遗产实际价值部分，继承人自愿偿还的不在此限。继承人放弃继承的，对被继承人依法应当缴纳的税款和债务可以不负清偿责任。"

3. 保留必留份原则。保留必留份原则是指清偿遗产债务时，应当为特定的继承人保留适当的遗产。《民法典》第 1159 条规定，清偿被继承人的税款和债务"应当为缺乏劳动能力又没有生活来源的继承人保留必要的遗产"。这是继承法扶老育幼精神的体现，既适用于法定继承也适用于遗嘱继承。

4. 清偿债务优先于执行遗赠原则。《民法典》第 1162 条规定："执行遗赠不得妨碍清偿遗赠人依法应当缴纳的税款和债务。"遗赠是被继承人以遗嘱方式将财产于死后赠与国家、集体或者法定继承人之外的组织或者个人，在执行遗赠时，先清偿遗产债务，有利于保护遗产债权人的利益。

（三）遗产债务的清偿方法

我国继承法上没有明确规定遗产债务的清偿方法，司法实践中一般有两种做法：

1. 先清偿债务后分割遗产。遗产管理人首先从遗产中清算出遗产债务，并将相应数额的遗产交付给债权人，之后再根据各继承人应继承的份额分配剩余遗产。

2. 先分割遗产后清偿债务。按照这种清偿方式，共同继承人首先根据他们应继承的遗产份额分割遗产，同时分摊遗产债务，然后各继承人再向债权人清偿。各继承人对债务负连带责任。《民法典》第 1163 条规定："既有法定继承又有遗嘱继承、遗赠的，由法定继承人清偿被继承人依法应当缴纳的税款和债务；超过法定继承遗产实际价值部分，由遗嘱继承人和受遗赠人按比例以所得遗产清偿。"

五、遗产的分割

继承人为一人时，遗产由该继承人全部继承；继承人为数人时，遗产由数个继承人共同继承。继承开始后，继承人即取得遗产所有权，共同继承人对遗产共同共有，但这种共有是一种暂时的共有关系，遗产需在共同继承人之间进行分割。遗产的分割，就是按照法律规定的遗产分割原则，将各继承人应得的遗产份额进行分配，继承人取得应得部分的遗产所有权，从而终止共有关系和继承关系。

（一）遗产分割的原则

1. 自由分割原则。即遗产分割的时间、方法、数额等应尊重继承人的意愿。共同继承人可随时请求分割遗产。

2. 互谅互让、协商分割原则。《民法典》第1132条规定："继承人应当本着互谅互让、和睦团结的精神，协商处理继承问题。遗产分割的时间、办法和份额，由继承人协商确定；协商不成的，可以由人民调解委员会调解或者向人民法院提起诉讼。"这是互谅互让、协商分割原则的集中表述，有利于促进家庭的和睦团结和加强社会主义精神文明建设。

3. 物尽其用原则。在分割遗产时，应当从有利于生产和生活的需要出发，注意充分发挥遗产的实际效用。《民法典》第1156条规定："遗产分割应当有利于生产和生活需要，不损害遗产的效用。不宜分割的遗产，可以采取折价、适当补偿或者共有等方法处理。"人民法院在分割遗产中的房屋、生产资料和特定职业所需要的财产时，应依据有利于发挥其使用效益和继承人的实际需要，兼顾各继承人的利益进行处理。

（二）遗产分割方法

遗产分割方法是遗产分割方案的重要内容，应该从有利于发挥遗产效用和继承人的实际需要出发选择确定具体的分割方法。遗产分割可以采取以下方法：

1. 实物分割。遗产为可分物，而且不会因分割减损价值的，一般应采用实物分割的方法进行分割。

2. 变价分割。遗产不宜进行实物分割，或者共同继承人都不愿意取得的，可采取变卖折价的方式换取价金，各继承人分割价金。

3. 补偿分割。实物分割时，取得实物的继承人就超出自己应继份的部分，对其他继承人予以补偿。

4. 保留共有的分割。继承人愿意采用共有形式而不采用其他方式分割遗产的，可以保持共有关系，不过各继承人的共有份额应该确定下来。保留共有分割遗产的，继承人之间不再是遗产法上的遗产共有关系，而是一般财产法上的共有关系，彼此间的权利义务由物权法调整。

六、无人继承遗产的处理

无人继承遗产，是指自然人死亡后无人继承又无人受遗赠的遗产。出现无人继承遗产，主要是因为自然人死亡时，没有法定继承人、遗嘱继承人或受赠人；法定继承人、遗嘱继承人或受赠人全部放弃继承或者拒绝接受遗赠；法定继承人、遗嘱继承人或受赠人全部丧失继承权或受遗赠权，等等。

我国立法直接确认了无人继承遗产的归属。《民法典》第 1160 条规定："无人继承又无人受遗赠的遗产，归国家所有，用于公益事业；死者生前是集体所有制组织成员的，归所在集体所有制组织所有。"国家或者集体所有制组织取得遗产，也应该在所取得的遗产实际价值范围内清偿死者生前所欠债务，遗产清偿债务后有剩余的，才由国家或集体所有制组织所有。如果有继承人以外的依靠被继承人扶养的人，或者有继承人以外的对被继承人扶养较多的人，国家或者集体所有制组织在处理无人继承遗产时，可以分配给他们适当的遗产。

第七章 法律对家庭中未成年人的保护

家庭是未成年人最重要的生活场所，家庭对未成年人的保护和早期培养教育是其他任何机构、组织所无法替代的。第七次全国人口普查的数据显示，我国0~14岁的未成年人约为2.53亿人，占人口总数的17.95%[1]，是一个体量庞大的群体。随着未成年人保护法律的不断完善及保护工作的发展，中国的婴儿出生死亡率、适龄儿童入学率、青少年身体发育等指标都处于历史上最好的时候。与历史上其他时期相比，目前我国家庭中子女数量较少，家庭能够给未成年人以较好的抚养和监护，集中优质资源培养子女成才。因此，中国的未成年人保护状况总体较好。但也必须承认，受各种因素的影响，有些家庭中未成年人的生存状况不容乐观：2016年，民政部、教育部、公安部在全国范围内联合开展农村留守儿童摸底排查工作，年末公布的统计数据显示：全国不满十六周岁的农村留守儿童数量为902万人。其中，由（外）祖父母监护的805万人，占89.3%；由亲戚朋友监护的30万人，占3.3%；一方外出务工另一方无监护能力的31万人，占3.4%。有36万农村留守儿童无人监护，占4%[2]。也就是说，近百万未成年人监护状况堪忧。此外，发生在家庭中的虐待、性侵、杀害、伤害未成年人的行为及家内儿童意外事件也不时见诸报端。现实表明，我国未成年人保护工作还存在一些短板，需要国家采取政策、法律、保护机制建设等综合手段提升对未成年人的保护力度。

---

[1] 引自第七次全国人口普查主要数据情况：http://www.gov.cn/xinwen/2021-05/11/content_5605760.htm?jump=false，最后访问时间：2021年6月28日。

[2] 《我国农村留守儿童数量刷新为902万人》，央广网，2016年11月14日，http://gongyi.cnr.cn/list/20161114/t20161114_523265209.shtml，最后访问时间：2021年1月28日。

第一节　未成年人保护法律概述

未成年人保护法是保护未成年人合法权益，指导未成年人保护工作的法律规范的总称。我国广义上的未成年人保护法不仅包括国家权力机关制定的旨在保护未成年人权益的专门法律，例如《未成年人保护法》和《预防未成年人犯罪法》，还包括民法、刑法、诉讼法等其他法律法规中保护未成年人权益的相关条款。

早在20世纪90年代初，我国就制定了历史上第一部保护未成年人的专门性法律——《中华人民共和国未成年人保护法》（以下简称《未成年人保护法》），该法于1991年9月4日第七届全国人民代表大会常务委员会第二十一次会议上通过，于1992年1月1日起施行，后根据社会发展和未成年人保护工作的需要进行了三次修订，尤以2020年的第三次修订改动内容最多。修订后的《未成年人保护法》共九章132条，在对未成年人的家庭保护、学校保护、社会保护、司法保护基础上，根据社会发展和未成年人保护的需要，新增加了网络保护、政府保护等内容，引入国家亲权理论，强化了保护未成年人的国家责任，全面提升了对未成年人的保护力度。修订后的《未成年人保护法》以其纲领性、时代性和全面性被称为保护未成年人的"小宪法"。

一、未成年人的界定

不同国家和地区的法律对未成年人的年龄界定不同。世界上绝大多数国家将成年年龄确定为18周岁，未满18周岁的都属于法律上的未成年人。联合国《儿童权利公约》中对儿童的年龄界定为未满18周岁。但是也有些国家的成年年龄高于或者低于18周岁。例如韩国的成人年龄是19岁，新西兰和泰国设定在20岁，而新加坡设定在21岁。在日本，民法及儿童福利法均规定未成年人是指未满20周岁的公民①，柬埔寨、古巴、越南等国法律规定的未成年人指未满16周岁的人。我国《未成年人保护法》第2条规定：本法所称未成年

---

① 《日本下调成年年龄的经济考量》，载《工人日报》2018年3月14日，第8版。2018年3月13日，日本内阁会议通过了《民法》修正案，将法定成年年龄从20岁下调至18岁。新法将于2022年4月1日正式实施。

人是指未满 18 周岁的公民。这一年龄规定与《民法典》相同①，与联合国《儿童权利公约》中规定的儿童年龄也保持一致。具体而言，凡具有中华人民共和国国籍，从出生之日起到未满 18 周岁的全体公民，不分民族、性别、生理状况、家庭背景、是否有违法犯罪记录、是否进行户籍登记，都受未成年人保护法的保护。未成年人的年龄应当按公历计算，从 18 周岁生日后的第二天起，视为已满 18 周岁。

二、未成年人的重要权利

《未成年人保护法》第 3 条规定："国家保障未成年人的生存权、发展权、受保护权、参与权等权利。未成年人依法平等地享有各项权利，不因本人及其父母或者其他监护人的民族、种族、性别、户籍、职业、宗教信仰、教育程度、家庭状况、身心健康状况等受到歧视。"生存权、发展权、受保护权和参与权的规定是对联合国《儿童权利公约》相关规定的呼应，也是中国履行国际义务的体现。"国家保障"的规定则明确了国家在未成年人保护工作中应当履行的责任。

（一）生存权

未成年人的生存权包括生命健康权和生活保障权。生存权是一切权利的基础，没有生存权，其他权利就失去了存在的意义。父母依法履行对未成年子女的监护职责和抚养义务是保障子女生存权的前提和基础，履行法律义务不能依赖为人父母的天性，需要父母后天的不断学习和实践，也需要国家和社会给予相应的支持。《未成年人保护法》第 15 条规定：未成年人的父母或者其他监护人应当学习家庭教育知识，接受家庭教育指导，创造良好、和睦、文明的家庭环境。

（二）发展权

未成年人的发展权是指未成年人拥有在身体、智力、心理、精神、道德等诸方面均得到充分发展的权利。未成年人有权接受有益于身心发展的信息、有受教育权、有游戏娱乐权、有文化与社会生活的参与权，有个性和潜能发展的权利等。未成年人的发展权实现主要依赖于教育，无论是家庭还是学校，不能把未成年人的发展看成是单纯的智力发展，把考试分数当成衡量未成年人发展

---

① 《民法典》第 17 条规定：18 周岁以上的自然人为成年人。不满 18 周岁的自然人为未成年人。

的唯一标准。发展是一个综合概念，要通过培养未成年人独立思考能力、分析能力、创新能力和实践能力，促进未成年学生全面发展。全面发展的未成年人是担当国家发展和民族复兴大任的重要人力资源储备。

（三）受保护权

未成年人的受保护权是指儿童享有免受饥饿、虐待、暴力、歧视、疏忽照料等危害其身心发展的权利。由于未成年人处于特殊的年龄阶段，心理发育不成熟，特别容易受到伤害，因此，未成年人享有受保护的权利。在国家法律中，与成年人相比，对未成年人权益的保护要有所倾斜。例如，对于缺乏监护的困境未成年人和自然灾害、突发事件中监护空缺的未成年人，国家应当承担临时监护责任；外出务工的人员应为未成年子女确定有照护能力的人代为照护等等。

（四）参与权

未成年人的参与权是指儿童享有参与家庭和社会生活的权利，有权对影响他们生活学习的事项发表意见。未成年人不是父母和家庭的附属物和私有财产，而是独立的个体，是家庭和社会中的一分子，与其他公民一样享有基本人权。家庭中的重大决定，特别是与未成年人利益相关的决定，例如父母离异时与哪方共同生活、个人兴趣发展方向等，如果未成年人处于合适年龄，具有表达能力，父母应当征求他们的意见，给他们表达个人想法的机会。父母不能一味将个人意志强加在子女身上，应当注意营造一种平等的家庭氛围，给未成年人以表达机会。

三、保护未成年人工作的基本原则和具体要求

原则是处理问题的准绳，法律条款再详细，也不可能涵盖社会生活中的方方面面。当法律规定不明确时，基本原则可以帮助我们确定解决问题的方向和方法。《未成年人保护法》第4条规定了保护未成年人工作应当遵循的基本原则和具体要求。

（一）保护未成年人基本原则

保护未成年人，应当坚持最有利于未成年人的原则，这一原则高度凝练概括、内涵丰富，是统领未保工作的基本原则。所谓最有利于未成年人原则，有时也被称为"儿童最大利益原则"，联合国《儿童权利公约》中的第3条第1项规定："涉及儿童的一切行为，不论是由公立或私立社会福利机构、法院、行政当局或立法机构执行，均应以儿童的最大利益为一种首要考虑。"公约中

的这一原则在未成年人保护法中以"最有利于未成年人原则"形式确定下来，是中国履行联合国公约规定义务的具体表现。最有利于未成年人原则与儿童最大利益原则的精神内涵是一致的，均指涉及未成年人的一切行为，例如在制定政策、采取措施、建立机制、选择方案时，要优先考虑未成年人。当未成年人利益与成年人利益发生矛盾和冲突，无法兼顾时，要将未成年人的最大利益放在第一位。

(二) 保护工作的具体要求

最有利于未成年人原则在执行过程中应当具体化为如下要求：

1. 给予未成年人特殊、优先保护

未成年人群体之所以要独立出来，单独制定保护法律，就是因为这个群体身心状况与成年人迥异，需要特殊对待、优先保护。所谓特殊保护，即给未成年人提供不同于成年人的特殊保护措施和手段；所谓优先，即将未成年人权益置于其他群体权益之前加以考虑，优先满足未成年人的需求。未成年人保护法规定的"公共场所发生突发事件时，应当优先救护未成年人"就是这一要求的具体体现。给予未成年人特殊、优先保护是人类为拥有更美好的未来而理性作出的利益保护排序，是文明发展到一定阶段的结果。

2. 尊重未成年人人格尊严

人格尊严是人受到来自他人和社会给予的最基本尊重，人之所以为人，是因为有人格尊严，《宪法》第38条规定："中华人民共和国公民的人格尊严不受侵犯，禁止用任何方法对公民进行侮辱、诽谤和诬告陷害。"因此，人格尊严是一项宪法权利，人人享有。有些人，特别是成年人对人格尊严的主体存在误解，认为只有成年人才有人格尊严，儿童年幼无知，无所谓尊严，这是一种错误观念。错误观念必然会导致现实中出现侵害未成年人人格尊严的现象，例如教师辱骂、体罚学生，父母用羞辱、示众等方式管教子女等。《未成年人保护法》规定禁止监护人对未成年人实施家庭暴力；学校、幼儿园的教职员工应当尊重未成年人人格尊严，不得对未成年人实施体罚、变相体罚或者其他侮辱人格尊严的行为。研究证明，一个因父母教育方式不正确而充满自卑感、无价值感、没有人格尊严、没有安全感的孩子，长大后容易形成情绪不稳、残暴、缺乏同情心和反社会人格倾向[①]。因此，家庭、学校、社会均应尊重和保

---

① 茆正洪等：《反社会人格障碍与父母养育方式及相关因素的分析》，载《中国健康心理学杂志》2005年第6期。

护未成年人的人格尊严不受侵犯。

3. 保护未成年人隐私权和个人信息

隐私是当事人不愿意为外界所知晓的个人私密信息。隐私权是公民人格权的重要组成部分，是维系私生活不受外界打扰，维护个人尊严和名誉、保护家庭安宁的重要权利。个人信息是记载在纸或者电子系统中的能反映个人面部及身体生理特征、个人生物信息、住址、职业、财产状况、身份证、银行卡号码等内容的信息。如果隐私或者个人信息泄露，将给所有者造成严重的困扰，甚至威胁到个人的生命安全和财产安全。而未成年人对个人隐私和个人信息的保护能力较弱，因此，未成年人保护法规定，新闻媒体采访报道涉及未成年人事件应当客观、审慎和适度，不得侵犯未成年人的名誉、隐私和其他合法权益；公安机关、人民检察院、人民法院、司法行政部门以及其他组织和个人不得披露有关案件中未成年人的姓名、影像、住所、就读学校以及其他可能识别出其身份的信息。法律对未成年人隐私和个人信息的保护规定，为未成年人成长创造了安宁的法治环境。

4. 适应未成年人身心健康发展的规律和特点

从出生到 18 周岁的未成年人，处于身体发育由弱小到强壮，心理发育从幼稚到成熟的阶段，家庭、学校和社会对未成年人的保护工作应当符合未成年人身心发展的规律和特点，不要脱离儿童群体的实际状况和需求。要因势利导，不可拔苗助长，也不可简单粗暴。例如，在互联网时代，儿童对信息和社交的需求旺盛，为防止儿童接触不良信息，有些家长简单地以禁止上网、摔砸手机的方式进行管教，结果却并不理想。实际上，心平气和地对子女讲清道理，晓以利害，多数孩子可以接受家长对使用电子产品给予时间管理。

5. 听取未成年人的意见

法律规定听取未成年人意见，是实现未成年人参与权的必要保障。《民法典》第 35 条规定：未成年人的监护人履行监护职责，在作出与被监护人利益有关的决定时，应当根据被监护人的年龄和智力状况，尊重被监护人的真实意愿。《未成年人保护法》第 19 条也有类似规定。听取未成年人的意见，尊重未成年人的意愿，做出的各项决定更能满足未成年人的合理需求。

6. 保护与教育相结合

未成年人的保护工作既不能重教育，轻保护，也不能只保护，不教育，两者对未成年人保护工作都很重要，不可偏废。通过教育，使得一般未成年人树立法治意识，提升自我保护能力；促使有错误行为的未成年人纠正不良习惯和行为，防患于未然，预防在先是对未成年人最好的保护；对于那些有不良行为，甚至已经违法犯罪的未成年人，不能歧视厌弃，把他们打入另册，要通过教育、感化、挽救，珍惜他们生命之初宝贵的人性，让他们透过司法程序感受到全社会对他们的宽容和接纳，幡然悔悟，感受到法律的公平正义。对于有严重犯罪行为的未成年人则要依法惩处，促使他们敬畏法律、接受教训、改过自新。对人生观、价值观、世界观处于塑造期的未成年人而言，教育他们遵纪守法走正途是最好的保护。

四、未成年人保护法的主要内容

除了保护未成年人的基本原则和具体要求外，《未成年人保护法》详细规定了对未成年人的六方面保护：家庭保护、学校保护、社会保护、网络保护、政府保护和司法保护。

家庭保护，是指父母或其他监护人对未成年人实施的教育和保护，包括对未成年人生理上的关心照顾和心理上的爱护和教育（本章第二节中有专门论述）。

学校保护，是指有关的学校、幼儿园及其他教育机构依照有关法律的规定，对未成年人实施的教育和专门保护。

社会保护，是指在社会生活环境中，社会各方面对未成年人身体健康以及心理健康方面的保护。

网络保护，是指国家、社会、学校、家庭、网络产品和服务提供者为营造健康、文明、有序的网络环境，保障未成年人在网络空间的合法权益，防止未成年人沉迷网络或者遭受网络欺凌，促进未成年人在互联网时代健康成长而开展的各项保护。

政府保护，是指各级政府中保护未成年人的专门机构和相关职能部门依法履职，对未成年人给予的一般保护和对困境未成年人给予的特殊保护。

司法保护，是指公安机关、人民检察院、人民法院以及监狱、少年犯管教所等机关，依法履行职责，对涉罪未成年人在诉讼程序和教育改造中实施的专门保护活动，对未成年刑事被害人以及婚姻家庭等民事案件的未成年人给予的保护。

中国政府还积极参与国际儿童保护法律的构建，于 20 世纪 90 年代初批准了联合国《儿童权利公约》，成为公约缔约国。公约中的儿童优先、儿童最大利益、国家责任等保护未成年人的基本原则，在中国未成年人保护立法中都有明确体现。目前，我国已经基本形成了以宪法为统领，以未成年人保护法、预防未成年人犯罪法为基础，以部门法为补充的未成年人权利保护法律体系。健全的法律为未成年人的成长和发展铺路引航。

第二节 未成年人家庭保护的主要内容

《未成年人保护法》第二章规定了家庭对未成年人实施保护的具体内容。总体上说，家庭保护包括两方面内容：对未成年人生理上的关心照顾和心理上的爱护教育。生理上的关心照顾是指父母或者其他监护人应当从物质生活方面对未成年人进行养育、照料，保证他们能够健康的发育成长，直至他们能够独立生活为止；心理上的爱护教育是指父母或其他监护人应当为未成年人的成长创造良好的家庭环境，对其进行正确的教育和引导，促使其心理健康发展，正确面对挫折和挑战，以乐观、进取的态度面对人生，成为一个合格的社会人；《未成年人保护法》的其他章节，例如"学校保护""网络保护"等，也有与家庭和监护人有关的内容；《预防未成年人犯罪法》则对监护人如何通过家庭教育和管教预防未成年人违法犯罪作出了具体规定。根据法律规定，家庭对未成年人的保护主要集中在以下几个方面：

一、监护人依法履行监护职责

人们常说家庭是孩子成长的摇篮，父母是孩子第一任教师，这不仅是一种形象的比喻，其实也是法律的要求和规定。《未成年人保护法》第 7 条规定：未成年人的父母或者其他监护人依法对未成年人承担监护职责。所谓监护，是指对未成年人的人身、财产以及其他合法权益的监督和保护。承担监护责任的人叫监护人。监护人不可能天然知道如何进行监护，因此，法律规定国家采取措施指导、支持、帮助和监督未成年人的父母或者其他监护人履行监护职责。监护人也应当主动学习家庭教育知识，了解未成年人不同年龄阶段的成长特点，学会理解，增加耐心和包容，创造良好、和睦、文明的家庭环境，以爱和责任陪伴儿童成长。在履行监护职责方面，法律要求监护人做到：

（1）为未成年人提供生活、健康、安全等方面的保障；

（2）关注未成年人的生理、心理状况和情感需求；

（3）教育和引导未成年人遵纪守法、勤俭节约，养成良好的思想品德和行为习惯；

（4）对未成年人进行安全教育，提高未成年人的自我保护意识和能力；

（5）尊重未成年人受教育的权利，保障适龄未成年人依法接受并完成义务教育；

（6）保障未成年人休息、娱乐和体育锻炼的时间，引导未成年人进行有益身心健康的活动；

（7）妥善管理和保护未成年人的财产；

（8）依法代理未成年人实施民事法律行为；

（9）预防和制止未成年人的不良行为和违法犯罪行为，并进行合理管教；

（10）其他应当履行的监护职责。

在监护过程中，根据未成年人保护法规定，父母或者其他监护人不得使未满八周岁或者由于身体、心理原因需要特别照顾的未成年人处于无人看护状态，或者将其交由无民事行为能力、限制民事行为能力、患有严重传染性疾病或者其他不适宜的人员临时照护，不得使未满16周岁的未成年人脱离监护单独生活。

二、保护未成年人的人身权利

家庭是未成年人出生和成长的最初环境，父母或者其他监护人承担着对未成年人监护和抚养的重任。监护和抚养的第一要务是保障未成年人在家庭中的人身安全。由于诸多原因，我国家庭中的监护问题较多，例如因监护人疏忽导致儿童发生意外事故，此外还有家庭暴力、遗弃、出卖婴儿、性侵等违法犯罪行为。这些行为都在不同程度上损害了家庭中未成年人的合法权利。因此，《未成年人保护法》在"家庭保护"部分有多条保护未成年人身权利的规定，例如，为了减少意外事故，法律要求监护人应当为未成年人提供安全的家庭生活环境，及时排除引发触电、烫伤、跌落等伤害的安全隐患；采取配备儿童安全座椅、教育未成年人遵守交通规则等措施，防止未成年人受到交通事故的伤害；提高户外安全保护意识，避免未成年人发生溺水、动物伤害等事故。为了防止家内违法犯罪和预防未成年人犯罪，法律规定监护人不得实施下列行为：

（1）虐待、遗弃、非法送养未成年人或者对未成年人实施家庭暴力；

（2）放任、教唆或者利用未成年人实施违法犯罪行为；

（3）放任、唆使未成年人参与邪教、迷信活动或者接受恐怖主义、分裂主义、极端主义等侵害；

（4）放任、唆使未成年人吸烟（含电子烟，下同）、饮酒、赌博、流浪乞讨或者欺凌他人；

（5）放任或者迫使应当接受义务教育的未成年人失学、辍学；

（6）放任未成年人沉迷网络，接触危害或者可能影响其身心健康的图书、报刊、电影、广播电视节目、音像制品、电子出版物和网络信息等；

（7）放任未成年人进入营业性娱乐场所、酒吧、互联网上网服务营业场所等不适宜未成年人活动的场所；

（8）允许或者迫使未成年人从事国家规定以外的劳动；

（9）允许、迫使未成年人结婚或者为未成年人订立婚约；

（10）违法处分、侵吞未成年人的财产或者利用未成年人牟取不正当利益；

（11）其他侵犯未成年人身心健康、财产权益或者不依法履行未成年人保护义务的行为。

法律还规定了未成年人监护人的强制报告义务：未成年人的父母或者其他监护人发现未成年人身心健康受到侵害、疑似受到侵害或者其他合法权益受到侵犯的，应当及时了解情况并采取保护措施；情况严重的，应当立即向公安、民政、教育等部门报告。

三、特殊情形下的委托照护

改革开放后，社会人口流动性增大，在农村就出现了留守儿童监护问题。《民法典》第 27 条规定，父母是未成年子女的监护人。父母因外出务工或者其他原因不能履行对未成年人监护职责的，应当委托有监护能力的其他成年人代为监护。《未成年人保护法》第 22 条规定：未成年人的父母或者其他监护人因外出务工等原因在一定期限内不能完全履行监护职责的，应当委托具有照护能力的完全民事行为能力人代为照护。未成年人的父母或者其他监护人在确定被委托人时，应当综合考虑其道德品质、家庭状况、身心健康状况、与未成年人生活情感上的联系等情况，并听取有表达意愿能力未成年人的意见。具有下列情形之一的，不得作为被委托人：

（1）曾实施性侵害、虐待、遗弃、拐卖、暴力伤害等违法犯罪行为；

（2）有吸毒、酗酒、赌博等恶习；

（3）曾拒不履行或者长期怠于履行监护、照护职责；

（4）其他不适宜担任被委托人的情形。

未成年人的父母或者其他监护人应当及时将委托照护情况书面告知未成年人所在学校、幼儿园和实际居住地的居民委员会、村民委员会，加强和未成年人所在学校、幼儿园的沟通；与未成年人、被委托人至少每周联系和交流一次，了解未成年人的生活、学习、心理等情况，并给予未成年人亲情关爱。未成年人的父母或者其他监护人接到被委托人、居民委员会、村民委员会、学校、幼儿园等关于未成年人心理、行为异常的通知后，应当及时采取干预措施。

四、预防未成年人犯罪

未成年人犯罪是一个世界性问题，与环境污染、毒品泛滥并称全球三大公害。我国未成年人犯罪问题一度也比较突出，经过多年的社会综合治理，目前未成年人犯罪数量已经下降①。分析导致未成年人走向违法犯罪道路的诸多因素，家庭教育失当，对子女纵容溺爱、暴力管教、放任自流等是其中重要的原因。"多项研究表明，儿童早期成长环境以及所受的教育与成长后暴力行为有着正相关关系。"② 但是如何进行正确的家庭教育，如何对问题儿童进行早期干预，防患于未然，仍然是摆在家庭、学校和社会面前的一个严峻课题。

1999 年 6 月 28 日全国人大常委会通过了《预防未成年人犯罪法》，这部法律丰富了我国未成年人保护专项法律的内容，使预防未成年人犯罪工作纳入了法制化的轨道。该法于 2012 年和 2020 年进行了两次修订。家庭预防未成年人犯罪，主要在于日常生活中的防微杜渐。未成年人的父母或者其他监护人对未成年人的预防犯罪教育负有直接责任，应当依法履行监护职责，树立优良家风，培养未成年人的良好品行，发现未成年人有不良行为，例如吸烟饮酒、多次旷课逃学，无故夜不归宿、离家出走，沉迷网络，与社会上有不良习性的人交往、进入法律规定未成年人不宜进入的场所等不良行为，或者有结伙斗殴、强拿硬要，非法携带枪支、弹药或者弩、匕首等国家规定的管制器具，殴打、

---

① 引自《中国司法领域人权保障的新进展》，文中披露"自 2002 年以来，未成年人重新犯罪率基本控制在 2% 左右，未成年人犯罪案件数整体呈现下降趋势，未成年罪犯占全部罪犯的比例逐渐下降，2015 年下降到 3.56%"。载新华网，http：//www.xinhuanet.com/politics/2016-09/12/c_1119549617_3.htm，最后访问时间：2020 年 12 月 28 日。

② 王雪梅：《儿童福利论》，社会科学文献出版社 2014 年版，第 208 页。

辱骂、恐吓、或者故意伤害他人身体，吸食、注射毒品，或者向他人提供毒品等严重不良行为的，应当及时干预或者矫治。如果家庭没有能力管教的，应当及时向司法机关报告。在经多方管教无效情况下，可以向教育行政部门提出申请，经专门教育指导委员会评估同意后，由教育行政部门决定送入专门学校接受专门教育。

第三节　家庭中侵害未成年人权益常见问题及处理

一、父母对未成年子女实施家庭暴力问题

家庭暴力是我国长期存在的一个社会问题，成因复杂，受害人多为家庭中的妇女和儿童。由于18岁以下的儿童年龄低幼，自我保护能力差，身体发育不完全，因此，家庭暴力对他们的伤害后果往往更为严重。基于家庭暴力对儿童危害后果的严重性，《未成年人保护法》第17条规定，未成年人的父母或者其他监护人不得虐待、遗弃未成年人或者对未成年人实施家庭暴力。《反家庭暴力法》第12条也规定"未成年人的监护人应当以文明的方式进行家庭教育，依法履行监护和教育职责，不得实施家庭暴力"。同时该法在总则部分的第5条规定对处于家庭暴力中的未成年人给予特殊保护，还在分则部分详细规定了未成年人遭受家庭暴力的强制报告制度、临时庇护制度、依法撤销监护人资格、人身安全保护令等保护制度。

（一）强制报告制度[①]

强制报告制度要求学校、幼儿园、医疗机构、居民委员会、村民委员会、社会工作服务机构、救助管理机构、福利机构及其工作人员在工作中发现无民事行为能力人、限制民事行为能力人遭受或者疑似遭受家庭暴力的，应当及时向公安机关报案。如果上述部门没有履行法定责任造成严重后果的，法律还规定了追责机制，《反家庭暴力法》第35条规定：学校、幼儿园、医疗机构、居民委员会、村民委员会、社会工作服务机构、救助管理机构、福利机构及其工作人员未依照本法第14条规定向公安机关报案，造成严重后果的，由上级主管部门或者本单位对直接负责的主管人员和其他直接责任人员依法给予处

---

① 关于强制报告制度的详细内容参见本书第十二章"家庭暴力的预防和惩戒"。

分。强制报告制度能够提升与未成年人密切接触从业人员的责任心，便于对家暴早发现，早干预。

（二）临时庇护制度

无民事行为能力人、限制民事行为能力人因家庭暴力身体受到严重伤害、面临人身安全威胁或者处于无人照料等危险状态的，公安机关应当通知并协助民政部门将其安置到临时庇护场所、救助管理机构或者福利机构。临时庇护可以使得家暴受害儿童能立即脱离危险环境，人身安全得到妥善保护。

（三）撤销监护人资格制度

对于监护人实施家庭暴力严重侵害被监护人合法权益的，人民法院可以根据被监护人的近亲属、居民委员会、村民委员会、县级人民政府民政部门等有关人员或者单位的申请，依法撤销其监护人资格，另行指定监护人。被撤销监护人资格的加害人，应当继续负担相应的赡养、扶养、抚养费用。撤销监护人资格可以使儿童彻底摆脱父母或者其他监护人的家暴行为。

（四）人身安全保护令制度①

人身安全保护令是人民法院作出的保护当事人人身安全的民事裁定。当事人是无民事行为能力人、限制民事行为能力人，或者因受到强制、威吓等原因无法申请人身安全保护令的，其近亲属、公安机关、妇女联合会、居民委员会、村民委员会、救助管理机构可以代为申请。

上述制度为未成年人保护机构和基层组织、群众迅速救助困境儿童，改善其生存环境，保障其人身安全提供了重要的法律依据。

二、父母虐待未成年子女问题

北京市海淀区法院依法剥夺女童养母监护权②

【案情简介】

李某系甲（女，未成年人）养母。作为监护人，李某长期对甲实施辱骂、殴打等家庭暴力行为，强迫其彻夜捡拾废品导致睡眠严重不足，影

---

① 关于人身安全保护令制度的详细内容参见本书第十二章"家庭暴力的预防和惩戒"。

② 弓凯希：《北京首例民政部门申请撤销监护人资格案审结》，载《人民法院报》2017年11月1日，第三版。

响休息、学习。且李某怠于履行监护职责，放任其男友王某对甲进行暴力殴打，并导致甲多次遭受他人犯罪侵害，处于危困状态，确属依法应撤销其监护人资格的情形。因甲自幼被李某捡拾并办理收养手续，本案中不存在符合法律规定的其他依法具有监护人资格的个人或组织。西城区民政局所属的西城区救助管理咨询站作为临时庇护机构，近一年来对甲给予了临时监护、生活照顾、学习帮助等照顾。

庭审中，北京市丰台区人民检察院作为李某犯罪案的公诉机关就本案支持起诉。作为全市首例检察机关就涉未成年人民事案件支持起诉并参与庭审的案件，海淀法院在申请人一侧靠近审判台位置，专设支持起诉人席位。

根据最有利于未成年人的原则，为维护甲的合法权益，综合考虑其本人意愿，海淀法院依法判决撤销李某作为甲监护人的资格，指定北京市西城区民政局为甲的监护人。该案适用特别程序审理，一审终审，宣判当日案件已生效。海淀法院受理该案后立即开展对未成年被监护人的探访调查和心理抚慰工作，并采取视频保护措施保障其参与诉讼的权利，展现了海淀法院在少年司法工作中的创新举措与人文关怀。

受理案件后，承办法官为了解甲的生活近况和个人意愿，决定到甲接受紧急庇护的场所登门探访。同时为帮助她走出童年的心理阴影，法官专门邀请北京市青少年法律心理咨询中心的心理专家一同前往。考虑到甲课业压力繁重，法官一行于工作日晚上七点赶赴西城区救助站，通过实地考察及与帮扶社工座谈，了解了甲一年来接受紧急庇护期间的生活居住环境及学习、成长情况等。通过面对面的交流谈心，甲向法官袒露了自己的心声，法官也通过耐心的释法说理工作，使甲理解了本案诉讼对其未来生活的意义和影响。心理专家及时洞察了甲不想再面对李某的心理顾虑，对甲予以循循善诱的心理抚慰和支持。甲明确表示愿意出庭参与诉讼，勇敢表达自己的真实意愿。

庭审中，考虑到甲的个人意愿，为使其免受二次伤害，法庭采用专门的视频保护技术，让甲在司法社工的陪同下，在专门的保护室同步参与法庭调查。确保其在不直接面对李某的情况下，最大限度地行使未成年人参与诉讼的权利。

本案中北京市丰台区人民检察院出庭支持剥夺李某监护权的起诉，海淀区法院依法剥夺李某监护权，指定北京市西城区民政局为甲的监护人，在诉讼中为避免女童精神上遭受二次伤害，庭审时让未成年当事人在专门的保护室里同步参与法庭调查等诸多亮点，体现出司法机关对儿童最大利益原则的遵循和对儿童权益依法给予的特殊保护。

案例中的养母李某长期对养女甲实施家庭暴力，其行为构成对未成年人的虐待。虐待未成年人是指经常以殴打、冻饿、限制人身自由、侮辱人格、强迫超体力劳动、有病不给医治的方法，从肉体上和精神上折磨、摧残未成年人的行为。对未成年人的虐待行为有以下特征：

1. 虐待行为具有经常性和连续性。即长期对未成年子女进行肉体折磨和精神摧残。偶尔打骂子女的行为属于家庭暴力，一般不作为虐待处理。

2. 虐待行为发生在父母和未成年子女之间。这里所说的父母包括未成年人的生父母、继父母和养父母。

3. 实施虐待行为的动机多样。例如重男轻女、嫌弃子女残疾、嫌子女妨碍再婚、非亲生子女、子女学习成绩差或有小偷小摸、撒谎等不良习惯等。不管父母的动机如何"正确"，均不影响虐待行为的成立。

享受父母或者其他监护人的抚养、照顾的权利是未成年人的权利，抚养照顾未成年人是父母应尽的义务。虐待未成年人的行为侵犯了未成年人的生命健康权利，为法律所禁止。对不同程度的虐待儿童行为，我国法律规定的处罚如下：

1. 虐待未成年人构成犯罪的，依照《刑法》第260条的规定处理，处二年以下有期徒刑、拘役或者管制。虐待行为导致未成年人重伤、死亡的，处二年以上七年以下有期徒刑；

2. 虐待行为尚不构成犯罪，受虐待的未成年人要求处理的，可由公安机关依照《治安管理处罚法》第45条的规定，对行为人处5日以下拘留或者警告。

3. 父母虐待未成年人经教育不改的，人民法院可以根据有关人员或者有关单位的申请，撤销其监护人资格，另行确定监护人。

依照《刑法》规定，虐待罪属于告诉才处理的犯罪（致使被害人重伤、死亡的除外）。2015年《刑法》修正案（九）对"虐待罪"作出了修正：将《刑法》第260条第三款修改为："第一款罪，告诉的才处理，但被害人没有能力告诉，或者因受到强制、威吓无法告诉的除外。"在《刑法》第260条后增加一条，作为第260条之一："对未成年人、老年人、患病的人、残疾人等负有监护、看护职责的人虐待被监护、看护的人，情节恶劣的，处3年以下有期徒刑或者拘役。"《刑法》修改后，虐待儿童案件可以按照公诉案件处理，公安机关主动立案侦查。同时，虐待罪的犯罪主体也扩大了，由家庭成员扩展到对未成年人负有监护、看护职责的人，例如幼教老师、婴幼儿保姆，进一步提升了刑法对未成年人人身权利的保护力度。

三、家庭成员遗弃未成年人问题

遗弃，是指对于年老、年幼、患病或者其他没有独立生活能力的人，负有扶养义务而拒绝扶养的行为。未成年人出生后，依法享有受抚养的权利；父母选择了生育，便应当承担起抚养、教育子女的义务。但生活中确有少数父母因各种原因遗弃子女。从被遗弃的未成年人中女婴、残疾儿童占绝大多数的情况看，"重男轻女"、害怕巨额医疗费用和日常照料的"累赘"是遗弃未成年人的主要原因。实施遗弃行为的人一般是未成年人的父母或者其他亲属。遗弃未成年人不仅有悖社会主义道德，也是一种违法犯罪行为。法律对遗弃未成年人行为处理如下：

1. 给予行政处罚。父母遗弃未成年人，尚未构成犯罪的，可由公安机关按照《治安管理处罚法》第45条的规定，对行为人处五日以下拘留或者警告。

2. 追究刑事责任。遗弃未成年子女，情节恶劣，构成犯罪的，依照《刑法》的规定，处5年以下有期徒刑、拘役或者管制。所谓"情节恶劣"，主要指未成年人因遭父母遗弃被迫自杀的；因生活没有保障而流离失所的；被告人多次遗弃未成年子女，屡教不改的，等等。如果父母将婴儿弃置于人迹罕至的地方或者危险地带，主观上希望通过遗弃行为达到剥夺婴儿生命的目的，就不能按照遗弃罪处理，而应按故意杀人罪追究行为人的刑事责任。

四、家庭成员对未成年人实施性侵害问题

由于家庭具有私密性，因此发生在家庭中的针对未成年人的违法犯罪行为外界一般难以察觉，家庭成员对未成年人的强奸、猥亵、强迫卖淫等性侵害尤其如此。家内性侵害行为违背基本的人伦道德，给受害儿童造成严重身心伤

害，有些儿童遭受亲属性侵害后产生严重的创伤后应激障碍（PTSD）①，自杀自残。因此，对于家内性侵害未成年人违法犯罪应当依法严惩。

（一）对未成年人实施性侵害涉及的罪名

对未成年人的性侵害，是一类犯罪的总称，具体包括对未成年人实施的强奸罪，强制猥亵、侮辱妇女罪，猥亵儿童罪，组织卖淫罪，强迫卖淫罪，引诱、容留、介绍卖淫罪，引诱幼女卖淫罪等。

（二）法律对性侵害未成年人犯罪的处罚

根据《刑法》第 236 条的规定，奸淫不满 14 周岁的幼女的，以强奸论，从重处罚。所谓奸淫幼女是指同不满 14 岁的幼女发生性交的行为。无论行为人采取什么手段，也不论幼女是否同意，只要是与不满 14 周岁的幼女发生性交行为，即构成强奸罪。依照 2020 年《刑法》修正案（十一）的规定，强奸妇女、奸淫幼女，有下列情形之一的，处十年以上有期徒刑、无期徒刑或者死刑：（1）强奸妇女、奸淫幼女情节恶劣的；（2）强奸妇女、奸淫幼女多人的；（3）在公共场所当众强奸妇女、奸淫幼女的；（4）二人以上轮奸的；（5）奸淫不满 10 周岁的幼女或者造成幼女伤害的；（6）致使被害人重伤、死亡或者造成其他严重后果的。对已满十四周岁不满十六周岁的未成年女性负有监护、收养、看护、教育、医疗等特殊职责的人员，与该未成年女性发生性关系的，处三年以下有期徒刑；情节恶劣的，处三年以上十年以下有期徒刑。

对于发生在家内的针对未成年人的性侵害行为，除了追究行为人刑事责任外，根据《未成年人保护法》第 108 条的规定，人民法院还可以根据有关人员或者单位的申请，依法作出人身安全保护令或者撤销监护人资格。被撤销监护人资格的父母或者其他监护人应当依法继续负担抚养费用。

五、未成年人失学辍学问题

未成年人的受教育权是指未成年人有接受国家法律规定年限义务教育及其他教育的权利。受教育权是未成年人的基本人权。根据《义务教育法》的规定，国家对未成年人实行九年义务教育，年满 6 周岁的儿童，父母或者其他法

---

① 王志阳、汤月芬、施慎逊：《创伤后应激障碍国内研究现状》，载《上海精神医学》2006 年第 6 期。"创伤后应激障碍（Post traumatic stress disorder，PTSD），指在遭遇异乎寻常的威胁或灾难后延迟出现并长期持续的精神障碍。造成这种心灵创伤的应激通常指严重的自然灾害、残酷的战争经历、肉体酷刑或被强奸等。PTSD 在《中国精神障碍分类与诊断标准第 3 版（CCMD-3）》中归在"应激相关障碍"。

定监护人应当送其入学接受义务教育；条件不具备地区的儿童，入学年龄可以推迟到 7 周岁。虽然法律规定父母或者其他监护人应当尊重未成年人的受教育权，不得强迫或者放任义务教育阶段的未成年人失学、辍学，但是还是有部分未成年人因家庭原因未能接受完整的九年制义务教育。为保障未成年人受教育权的实现，防止因监护人的原因导致儿童失学辍学，《未成年人保护法》第 83 条规定：各级人民政府应当保障未成年人受教育的权利，并采取措施保障留守未成年人、困境未成年人、残疾未成年人接受义务教育。对尚未完成义务教育的辍学未成年学生，教育行政部门应当责令父母或者其他监护人将其送入学校接受义务教育。

第八章 法律对家庭中女性权益的保障

第一节 我国妇女发展状况概述

随着社会经济的不断发展、法制建设的不断进步、性别平等观念在社会上的普及和我国妇女社会地位的不断提升,国家对妇女权益的保障日趋完善。根据国家统计局在2018年10月发布的2017年《中国妇女发展纲要(2011—2020年)》统计监测报告的数据显示,中国妇女在政治、健康、教育、经济、社会保障和法律等六个方面均取得了显著的进步。[1]

一、妇女的政治地位状况

妇女地位状况首先表现在政治地位上,我国妇女的政治地位不断提高,主要表现在三个方面:

第一,全国人大代表和政协委员中女性比重不断提高。第十三届全国人民代表大会有女代表742名,占代表总数的24.9%,是历届人大代表中女性比例最高的一届;女常委18人,占常委总数的11.3%。政协第十三届全国委员会中有女委员440人,占委员总数的20.4%,是历届政协委员中女性比例最高的一届;女常委39人,占常委总数的13%。

第二,居民委员会和村民委员会等基层群众性自治组织中参与管理的女性比例不断提高。2017年,我国居民委员会成员中女性比例为49.7%,村委会主任中女性比例为10.7%,分别接近或已实现《中国妇女发展纲要(2011—

---

[1] 本节数据未作特别说明的均来源于国家统计局2017年《中国妇女发展纲要(2011—2020年)》统计监测报告,http://www.stats.gov.cn/tjsj/zxfb/201811/t20181109_1632537.html,最后访问时间:2021年1月28日。

2020年）》所定目标。

第三，女性参与企业经营管理的比重不断提高。2017年，我国企业董事会中女职工董事占职工董事的比重为39.7%，企业监事会中女职工监事占职工监事的比重为41.6%，分别比2010年提高7个和6.4个百分点；企业职工代表大会中女性代表比重为29.3%，比2010年提高0.3个百分点。

二、妇女的健康状况

我国妇女健康水平不断提高，主要体现在孕产妇的健康水平和女性生殖健康水平两个方面。

第一，孕产妇保健水平不断提高，表现在一"高"一"低"两个发展方向。"高"是住院分娩率、系统管理率、建卡率、产前检查率、产后访视率等各项指标均有不同程度的提高。"低"是孕产妇死亡率不断降低，2017年下降至30/10万。但是随着二胎政策的实施，高龄产妇、农村孕产妇的死亡率有所回升。

第二，女性生殖健康水平持续提高。乳腺癌、宫颈癌免费筛查和定期免费妇科疾病检查的范围不断扩大的同时，全面普及妇女健康常识。2017年查出妇女病率相比2010年降低了4.6个百分点。此外，全国所有县（市、区）普遍开展了免费孕前优生健康检查。

三、妇女的受教育状况

我国女性受教育状况改善明显。义务教育阶段我国已基本消除性别差距，女童与男童基本持平；高中以上教育，特别是本科、专科阶段升学比例女性所占比重不断提高，且超过男性。根据教育部《各级各类学校女学生数》统计数据显示①，2017年女性高中教育达50.29%，普通本科和普通专科分别为58.35%和55.80%，硕士、博士则为52.15%、37.85%。综合这些数据可以看出，女性进入高中、考上大学、考上硕士研究生的比例不断扩大，在硕士阶段达到临界值，博士阶段急速下滑。在学校总量和各个阶段人数相对固定的状况下，女性所占比例的扩大意味着女性享受高等教育的可能性明显大于男性，在高中、大学、硕士阶段的淘汰率低于男性。而且这些数据从2013年至今呈

---

① 本部分数据来源于教育部发展规划司统计的《教育发展统计公报》，http://www.moe.gov.cn/s78/A03/ghs_left/s182/，最后访问时间：2021年1月28日。

逐年递增趋势。从 2013 年到 2017 年五年间，女性在硕士、本科、专科、高中占比分别增加了 0.77%、6.6%、4.13%、0.54%。

四、妇女的经济状况

我国妇女经济状况表现为两"升"、一"降"。两"升"是指妇女的就业率和职场平等就业水平不断上升。2017 年，全国女性就业人员占全社会就业人员的比重为 43.5%。公有制企事业单位中女性专业技术人员占比为 48.6%，其中女性高级专业技术人员所占比重为 39.3%，相比 2010 年分别提高了 3.5 和 4 个百分点。执行《女职工劳动保护特别规定》，对女职工在特殊生理期予以特别保护的企业越来越多，使得越来越多的女职工的特殊劳动权益得到保障。一"降"指贫困率不断下降。目前贫困妇女的数量大幅减少，贫困发生率男女已无明显差异。

五、妇女的社会保障状况

我国实行"五险一金"的社会保障体系。其中有专门针对女性生育设立的生育保险。生育保险关系到广大女职工的切身利益，女性参加生育保险的人数迅速增加。女性参加基本医疗保险、基本养老保险、失业保险和工作保险的人数也不断增加，2017 年分别达到 5.2 亿人、3.9 亿人、7950 万人、2801 万人。

六、妇女权益的法律保障情况

我国建立了较为全面的保障妇女权益的法律体系，既有专门保障妇女权益的《妇女权益保障法》，也有一系列单行法对妇女权益作出特别规定。如 2015 年 8 月 29 日第十二届全国人大常委会第十六次会议通过《刑法修订案（九）》，废除了嫖宿幼女罪，加大了对性侵女童犯罪行为的惩罚力度。这是保障女童人身权利在刑事立法领域的重要进步。2015 年 12 月 27 日第十二届全国人民代表大会常务委员会第十八次会议通过《反家庭暴力法》。家庭暴力作为严重危害家庭成员身心健康甚至生命安全的违法行为，受害者多为妇女和儿童，该法的颁布对于保障妇女的人身权利具有重要意义。2018 年 12 月 29 日第十三届全国人大常委会第七次会议通过《农村土地承包法》修正案。为更好地保护农村妇女的土地承包权益，修正案规定土地承包经营权证或林权证等证书应当将具有土地承包权的全部家庭成员列入，进一步明确了妇女应该享有的土地承包权益。"中国妇女已享有中国社会几千年来从未达到、许多发达国家历时数百年方才得到承认的平等权利。"①

第二节　法律对妇女权益的特殊保障

受女性的特殊生理特点和男尊女卑等传统观念的影响，历史上我国妇女社会地位低下。虽然随着社会经济的发展，女性的社会地位有所提升，但是要真正实现男女平等，法律除了为女性提供与男性平等的机会外，还应当作一些倾斜性规定，对妇女权益作特殊保障，这样才能实现实质上的男女平等。为此，我国出台了一系列与妇女权益相关的特殊法律保护制度，如《妇女权益保障法》《农村土地承包法》《民法典（婚姻家庭编）》《女职工劳动保护特别规定》等，涉及妇女的政治权利、文化教育权利、劳动社会保障权利、人身权利、财产权利和婚姻家庭权利。

一、妇女的政治权利保障

《妇女权益保障法》为保证妇女享有与男子平等的选举权和被选举权，规定全国人民代表大会和地方各级人民代表大会的代表中应当有适当数量的妇女代表，而且国家要采取措施逐步提高全国人民代表大会和地方各级人民代表大会的妇女代表的比例。居民委员会、村民委员会成员中，妇女应当有适当的名额。

为打破女性职场面临的"玻璃天花板"现象，《妇女权益保障法》规定，国家机关、社会团体、企业事业单位培养、选拔和任用干部，必须坚持男女平等的原则，并有适当数量的妇女担任领导成员。

二、妇女的文化教育权益保障

女性要提升社会地位，掌握知识是前提和基础。为保障女性享有受教育权利，《妇女权益保障法》规定，学校和有关部门应当执行国家有关规定，保障妇女在入学、升学、毕业分配、授予学位、派出留学等方面享有与男子平等的权利。学校在录取学生时，除特殊专业外，不得以性别为由拒绝录取女性或者

---

① 引自1994年6月国务院新闻办公室发布的政府白皮书《中国妇女的状况》。

提高对女性的录取标准。父母或者其他监护人必须履行保障适龄女性儿童少年接受义务教育的义务。除因疾病或者其他特殊情况经当地人民政府批准的以外，对不送适龄女性儿童少年入学的父母或者其他监护人，由当地人民政府予以批评教育，并采取有效措施，责令送适龄女性儿童少年入学。政府、社会、学校应当采取有效措施，解决适龄女性儿童少年就学存在的实际困难，并创造条件，保证贫困、残疾和流动人口中的适龄女性儿童少年完成义务教育。除学历教育之外，在继续教育方面，女性也享有与男性平等的权利。

三、妇女的劳动和社会保障权益保障

特殊生理特点和传统观念的影响使得女性在就业方面一直面临性别歧视问题。为消除这种歧视，保障妇女平等享有劳动和社会保障权益，我国法律做出特别规定。

（一）平等就业权

为保证妇女与男性有平等的就业权利，《妇女权益保障法》在录用条件、薪酬以及晋级等方面做出规定。要求各单位在录用职工时，除不适合妇女的工种或者岗位外，不得以性别为由拒绝录用妇女或者提高对妇女的录用标准。各单位在录用女职工时，应当依法与其签订劳动（聘用）合同或者服务协议，劳动（聘用）合同或者服务协议中不得规定限制女职工结婚、生育的内容。实行男女同工同酬，妇女在享受福利方面享有与男子平等的权利。在晋职、晋级、评定专业技术职务等方面，应坚持男女平等，不得歧视妇女。

（二）基于生理特点对女职工予以特殊保护

由于女性承担着生育任务，为保证女职工自身和下一代的身心健康，减少并解决女职工在劳动中因生理特点造成的特殊困难，我国法律对女职工的劳动和社会保障权益作出特别规定。

1. 职业禁忌

用人单位应根据女性特点保护妇女在工作和劳动时的安全和健康，不得安排不适合妇女从事的工作和劳动。为此，国家制定法律专门列举了女职工禁忌从事的劳动范围。女职工禁忌从事的劳动范围包括：矿山井下作业；体力劳动强度分级标准中规定的第四级体力劳动强度的作业；每小时负重6次以上、每次负重超过20公斤的作业，或者间断负重、每次负重超过25公斤的作业。法律对处于经期、已婚待孕期、孕期、哺乳期等特殊时期的女职工也分别规定了不同的禁忌从事的劳动范围。

2. 四期特殊保护

妇女在经期、孕期、产期、哺乳期受特殊保护。

（1）任何单位不得因结婚、怀孕、产假、哺乳等情形，降低女职工的工资，辞退女职工，单方解除劳动（聘用）合同或者服务协议。

（2）怀孕 7 个月以上的女职工，用人单位不得延长劳动时间或者安排夜班劳动。

（3）孕期产前检查，所需时间计入劳动时间。

（4）女职工生育享受产假。生育是女性承担的人类繁衍的天职，在女性普遍就业的情况下，更长时间的产假既是孕产期妇女的需求，也是其所在家庭的需求。我国妇女的产假时间主要由两部分构成，一是《女职工劳动保护特别规定》规定的 98 天假期（不含难产增加的 15 天以及每多生育一个婴儿增加的 15 天）；二是《人口与计划生育法》规定的奖励假期。因此，我国产假时间的计算方式为"国家规定假期 98 天+生育奖励假"。这使得女职工实际享受的产假超过 98 天。但是各地差异较大，128 天至 365 天不等。

其他产假规定：难产的，增加产假 15 天；生育多胞胎的，每多生育 1 个婴儿，增加产假 15 天。女职工怀孕未满 4 个月流产的，享受 15 天产假；怀孕满 4 个月流产的，享受 42 天产假。

（5）哺乳期特殊保护。对哺乳未满 1 周岁婴儿的女职工，用人单位不得延长劳动时间或者安排夜班劳动。用人单位应当在每天的劳动时间内为哺乳期女职工安排 1 小时哺乳时间；女职工生育多胞胎的，每多哺乳 1 个婴儿每天增加 1 小时哺乳时间。

（6）安全卫生设施建设。女职工较多的用人单位应当根据女职工的需要，建立女职工卫生室、孕妇休息室、哺乳室等设施，妥善解决女职工在生理卫生、哺乳方面的困难。

四、妇女的人身权利保障

几千年遗留下来的一些陋习使得我国妇女的人身权益仍然经常被侵害。因此，《妇女权益保障法》宣示性地规定，"妇女的生命健康权不受侵犯，禁止溺、弃、残害女婴，禁止歧视、虐待生育女婴的妇女和不育妇女，禁止用迷信、暴力手段残害妇女，禁止虐待、遗弃老年妇女，禁止拐卖、绑架妇女和收买被拐卖、绑架的妇女，禁止卖淫、嫖娼，妇女的肖像权、名誉权和人格尊严受法律保护"。同时，国家针对性侵、家庭暴力以及性骚扰等侵犯妇女人身权利的行为,制定专门立法予以特殊保障,如制定《反家庭暴力法》通过专门立法反对家庭暴力、删除《刑法》"嫖宿幼女罪"保障幼女人身权利、制定《女职工劳动保护特别规定》明确禁止职场性骚扰、《民法典》增加性骚扰的认定标准以及机关、企业、学校等单位防止和制止性骚扰的义务等。为严厉打击拐卖妇女儿童的犯罪行为,我国相关部门还通过开展各种专项行动,加大拐卖人口犯罪"买方市场"的整治力度,从源头减少拐卖人口案件的发生。2011—2017年,公安机关共破获拐卖妇女案件超过1.6万起,破获拐卖儿童案件近1.2万起。①

五、妇女的财产权利保障

我国《宪法》规定妇女享有与男子平等的财产权。但是妇女的土地承包经营权和继承权等权利受传统观念或习俗的影响,经常受到损害。因此《妇女权益保障法》《农村土地承包法》《民法典》等法律针对妇女财产权益易受侵害的情形做出特别规定。

(一) 妇女的土地承包经营权保障

《妇女权益保障法》规定,妇女在农村土地承包经营、集体经济组织收益分配、土地征收或者征用补偿费使用以及宅基地使用等方面,享有与男子平等的权利。但是实践中以户为单位的承包主体,以村规民约为依据的承包政策,使得农村妇女的土地承包权益,特别是出嫁女、离异女的合法权益,被许多农村集体经济组织通过村民自治章程、村规民约等方式侵害。于是,2018年12月29日修订的《农村土地承包法》再次强调,"农户内家庭成员依法平等享有承包土地的各项权益",并规定"土地承包经营权证或者林权证等证书应当将具有土地承包经营权的全部家庭成员列入"。这些特别规定将有利于保障妇女土地承包经营权的实现。

(二) 妇女的继承权保障

《妇女权益保障法》规定,妇女享有的与男子平等的财产继承权受法律保护。在同一顺序法定继承人中,不得歧视妇女。"嫁出去的女儿,泼出去的水",妇女要遵守"三从四德",这些传统观念既是错误的,又是对妇女

---

① 数据来源于国家统计局,2017年《中国妇女发展纲要(2011—2020年)》统计监测报告,http://www.stats.gov.cn/tjsj/zxfb/201811/t20181109_1632537.html,最后访问时间:2021年1月28日。

平等继承权的严重侵害。《民法典》进一步规定"继承权男女平等",具体表现为夫妻继承权平等,儿子、女儿继承权平等,兄弟姐妹继承权平等,丧偶儿媳与丧偶女婿继承权平等。同时,为保障妇女独立的法律地位,《妇女权益保障法》强调"丧偶妇女有权处分继承的财产,任何人不得干涉";《民法典》规定:丧偶儿媳对公婆尽了主要赡养义务的,作为第一顺序法定继承人。

六、妇女的婚姻家庭权利保障

妇女在婚姻家庭中的权利保障内容最为丰富,既涉及人身权利,也涉及财产权利;既有夫妻之间的权利义务,也有与子女之间的权利义务。

(一) 人身权利保障

妇女享有婚姻自由权,包括结婚自由和离婚自由。禁止任何人干涉妇女的婚姻。

对怀孕妇女的特殊保护。女方在怀孕期间、分娩后一年内或者终止妊娠后六个月内,男方不得提出离婚。但是女方提出离婚的,或者人民法院认为确为有必要受理男方离婚请求的,不在此限。

母亲的监护权受法律保护。父母双方对未成年子女享有平等的监护权。父亲死亡、丧失行为能力或者有其他情形不能担任未成年子女的监护人的,母亲的监护权任何人不得干涉。

离婚时子女抚养权的归属照顾女方。离婚时,女方因实施绝育手术或者其他原因丧失生育能力的,处理子女抚养问题,应在有利于子女权益的条件下,照顾女方的合理要求。

(二) 财产权利保障

妇女依法享有夫妻共同财产权利且不受双方收入状况的影响。离婚时,如果夫妻双方不能协商解决共有房屋的分割且双方又没有约定的,由法院本着照顾女方和子女权益的原则判决。

一般来说女方在家庭中承担更多的家务劳动,公平保障妇女的权益就要认可家务劳动的价值。《民法典》第1088条规定,"夫妻一方因抚育子女、照料老人、协助另一方工作等负担较多义务的,离婚时有权向另一方请求补偿,另一方应当予以补偿"。相比原《婚姻法》,《民法典》将夫妻采用法定共同财产制的,也纳入适用离婚经济补偿的范围,加强了对家庭负担较多义务一方权益的保护。①

若女方离婚时生活困难，《民法典》规定有负担能力的另一方应当给予适当帮助。

第三节　家庭成员侵害妇女权益常见法律问题

从妇女权益受侵害的案件类型看，最主要的还是发生在家庭内部，家庭成员侵害妇女权益的情形最多，主要涉及家庭暴力、赡养、重婚、隐匿转移财产等方面。

一、妇女遭受家庭暴力问题

家庭暴力是一个严重的家庭问题和社会问题，不仅影响到婚姻家庭生活的稳定，而且严重损害妇女、儿童等家庭弱势成员的合法权益。根据最高人民法院公布的 2017 年《司法大数据专题报告之离婚纠纷》数据显示②，家庭暴力是导致离婚的重要因素之一，14.86%的夫妻因家庭暴力向法院申请解除婚姻关系，列所有离婚理由中第二位。女性是家庭暴力的主要受害者，在全国离婚纠纷涉及家庭暴力的一审审结案件中，有 91.43%的案件是男性对女性实施家暴。在全国离婚纠纷涉及家暴的一审审结案件中，家暴方式主要以殴打、打骂和辱骂为主。"持续性、经常性的家庭暴力，构成虐待。"③ 关于家庭暴力的具体问题可以参见本书第十一章"家庭暴力的预防和惩戒"。

二、老年妇女赡养问题

在社会保障体系不健全的背景下，家庭成员要承担起赡养责任。从最高人民法院统计的赡养纠纷案件来看，赡养问题仍是家庭易产生纠纷、家庭成员合

---

① 原《婚姻法》第 40 条规定："夫妻书面约定婚姻关系存续期间所得的财产归各自所有，一方因抚育子女、照料老人、协助另一方工作等付出较多义务的，离婚时有权向另一方请求补偿，另一方应当予以补偿。"即离婚补偿只适用于夫妻实行约定财产制的情形。

② 参见最高人民法院网大数据专题《司法大数据专题报告之离婚纠纷》，http：//www.court.gov.cn/fabu-xiangqing-87622.html，最后访问时间：2021 年 1 月 28 日。

③ 引自最高人民法院关于适用《中华人民共和国婚姻法》若干问题的解释（一）第一条规定。

法权益易受侵害的重要问题。最高人民法院统计的司法大数据显示，2016 年和 2017 年，全国赡养纠纷年度一审审结案件量基本持平，每年 2.66 万件左右，其中绝大部分案件是由于原告身体不佳或经济能力较差，占比达 85.50%；而且主要发生在父母子女之间，此类案件占比为 98.2%，其中被告为儿子的占比为 58.34%。① 除被告身份特征外，最高人民法院没有对其他数据作进一步的性别统计。但是结合赡养问题主要发生在父母子女之间，女性预期寿命长于男性，我们可以合理地推测老年妇女的赡养问题更加突出，农村老年妇女的赡养问题更为严重。长期的二元经济影响，我国社会保障城乡差异大，性别差异明显。许多农村老年妇女一辈子从事农业劳动，年老后丧失劳动能力又没有其他经济来源，只能依靠子女赡养。若子女不履行赡养义务，还有可能构成遗弃。所谓遗弃，是指家庭成员中负有赡养、扶养、抚养义务的成员对需要赡养、扶养和抚养的成员不履行其应尽义务的违法行为。

三、已婚男性与他人同居或重婚问题

已婚男性重婚或与他人同居，在现实生活中通常被人们称为"包二奶"。该行为严重侵害了妇女的合法权益。首先，《民法典》第 1041 条规定，"婚姻家庭受国家保护。实行婚姻自由、一夫一妻、男女平等的婚姻制度。保护妇女、未成年人、老年人、残疾人的合法权益"。"包二奶"行为既侵害了我国一夫一妻制的婚姻关系，又破坏了两个家庭，是对家人及子女的不负责任。其次，我国实行夫妻共同财产制，即婚姻关系存续期间，夫妻任何一方取得的财产，除法定情形外，均归夫妻共同所有。"包二奶"的丈夫未经妻子的同意，将夫妻共同财产擅自处分给其他女子，本质上属于无权处分，损害了妻子的合法财产权益。最后，我国《民法典》第 1043 条规定，夫妻应当互相忠实，互相尊重，互相关爱。若已婚男性有"包二奶"行为，则他违反了夫妻间相互忠实的义务。

四、离婚时男方隐藏、转移夫妻共同财产问题

夫妻法定共同财产制的实行使得有些人在离婚时想尽办法隐藏或转移共同财产，以此分割更多的财产。随着离婚率的不断走高及近些年私人财产的不断

---

① 参见最高人民法院网大数据专题《司法大数据专题报告之赡养纠纷》，http://www.court.gov.cn/fabu-xiangqing-87632.html，最后访问时间：2021 年 1 月 28 日。

增加，这种情况愈演愈烈。现实生活中由于男性往往是家庭财产的主要收入来源，掌握并控制着家庭财产，所以相比较而言，丈夫隐藏、转移财产的情况更多。

隐藏财产的典型做法是，有离婚打算的一方，在取得财产时有意识地隐瞒对方，并在离婚协议中故意加上"各自名下存款归各自所有"或"其他所有财产归某某所有"的内容，不写清双方的存款数额或具体财产情况，达到隐瞒和少分女方财产的目的。转移财产的情形较为复杂，且财产类型不同，转移财产的方法亦不同，此处以转移房产和股权为例。房屋产权人通过与第三人事先串通，将房屋以赠与或买卖的方式转让给第三人，待将来离婚后再将房产予以返还或以第三人名义出售后返还售房款。转移股权与转移房产的方式一致，将股权转让全受让人名下，离婚后再返还给原股东。对于不参与公司经营管理的配偶一方，很难掌握另一方配偶的股权情况，更不了解公司的真实资产情况，所以转移股权是移转夫妻共同财产中最难被发现的一种方式。此外，还有伪造夫妻共同债务侵吞夫妻共同财产的情形。这些都是对财产的合法所有人权益的侵害，一旦查明事实，侵权人都应当承担相应的法律责任。

第四节　家庭成员侵害妇女权益的法律责任

针对家庭成员侵害妇女合法权益的行为，我国《民法典》《刑法》《治安管理处罚法》和《反家庭暴力法》等法律均规定了对妇女的救助措施和侵权人应承担的法律责任。本书在婚姻家庭法律、家庭暴力的预防和惩戒、家事纠纷解决途径等章节中对家庭成员侵害妇女合法权益的救助措施和法律责任均有重点论述，此处仅针对上一节中提到的"家庭成员侵害妇女权益常见法律问题"涉及的救助措施及法律责任作一简要阐述。

一、子女不履行赡养义务

成年子女不履行赡养义务的，无劳动能力或生活困难的老年妇女，有要求子女给付赡养费的权利。老年妇女可以直接要求子女给付赡养费，也可以要求居民委员会、村民委员会以及所在单位予以劝阻、调解，还可以直接向法院提起诉讼。

根据我国《刑法》第261条和《治安管理处罚法》第45条的规定，对于年老、年幼、患病或者其他没有独立生活能力的家庭成员，负有赡养、扶养、抚养义务的人拒绝履行赡养、扶养、抚养义务的，构成遗弃。对于遗弃没有独立生活能力的被扶养人的，公安部门可以对行为人处5日以下拘留或者警告；情节恶劣的，构成遗弃罪，国家可以依法追究其刑事责任，处5年以下有期徒刑、拘役或者管制。

二、已婚男性与他人同居或重婚

男性重婚或与他人同居的，受害人可以采取以下救助措施并要求行为人承担相应的法律责任：

1. 受害人可以要求离婚。重婚和有配偶者与他人同居是法定离婚事由；

2. 受害人可以要求离婚损害赔偿。因重婚或有配偶者与他人同居导致离婚的，无过错方有权在离婚时提出损害赔偿；

3. 受害人可以依照刑事诉讼法的有关规定，向人民法院提起诉讼，依重婚罪，追究重婚者或有配偶与他人同居者的刑事责任。

需注意的是，虽然重婚罪、虐待罪、遗弃罪属于自诉案件，受害人可以依照刑事诉讼法的有关规定，向人民法院自诉；但是对于情节比较严重，影响恶劣的，即使受害人不起诉，公安机关亦应当依法侦查，人民检察院应当依法提起公诉。

周某诉张某离婚后损害责任纠纷案[①]

【案情简介】

2003年原告周某与被告张某登记结婚，婚后生育一女一子。2013年7月，张某提起与周某离婚之诉，经法院调解离婚，调解书主要内容为，双方自愿离婚，张某一次性给付周某人民币38000元，双方互不再追究。而2013年5月，张某与案外某女生育一女。周某诉称离婚后才发现此事，现起诉要求张某赔偿精神损害赔偿金3万元。

河南省滑县人民法院经审理认为，依据《中华人民共和国婚姻法》第4条规定："夫妻应当互相忠实，互相尊重；家庭成员间应当敬老爱

[①] 来源：最高人民法院网，《最高人民法院2015年12月4日公布婚姻家庭纠纷典型案例》第12个案件"周某诉张某离婚后损害责任纠纷案"，http://www.court.gov.cn/zixun-xiangqing-16211.html，最后访问时间：2021年2月6日。

幼，互相帮助，维护平等、和睦、文明的婚姻家庭关系"；第46条规定，导致离婚的，无过错方有权请求损害赔偿；最高人民法院《关于适用〈中华人民共和国婚姻法〉若干问题的解释》第28条 婚姻法第46条规定的"损害赔偿"，包括物质损害赔偿和精神损害赔偿。被告张某在与原告婚姻关系存续期间，与他人有不正当男女关系的行为，并生育一女，导致离婚，应当承担相应的民事赔偿责任，应当支持原告提出损害赔偿请求，即判令被告张某给付原告周某精神损害赔偿人民币15000元。宣判后，双方均未提出上诉。

夫妻互相忠实，不仅是传统美德，也是法定义务。对婚姻不忠实，是难以容忍的不诚信，它不仅破坏了夫妻关系，拆散了家庭，也伤及无辜的子女，而且败坏了社会风气，是法律所禁止的行为。因此，在离婚后发现被告的婚姻存续期间的出轨行为，请求精神损害赔偿，人民法院依法予以支持，以彰显法律的公正和道德力量。

三、离婚时隐藏、转移共同财产

《民法典》第1092条规定，"夫妻一方隐藏、转移、变卖、毁损、挥霍夫妻共同财产，或者伪造夫妻共同债务企图侵占另一方财产的，在离婚分割夫妻共同财产时，对该方可以少分或者不分。离婚后，另一方发现有上述行为的，可以向人民法院提起诉讼，请求再次分割夫妻共同财产"。

李某（女）诉孙某（男）离婚后财产纠纷案[①]

【案情简介】

孙某和李某原来是夫妻，两人于2004年因感情不和协议离婚，双方在协议中约定：婚生子孙小某离婚后由女方抚养，孙某定期给付李某抚养费和教育费；现住公房及房屋内所有物品归女方所有；现金、存款上双方不存在共同财产，离婚时互不干涉，不需再分割；男方经营的公司、所有

[①] 最高人民法院网，《最高人民法院2015年12月4日公布婚姻家庭纠纷典型案例》第7个案件"李某诉孙某离婚后财产纠纷案"，http：//www.court.gov.cn/zixun-xiangqing-16211.html，最后访问时间：2021年2月6日。

的汽车等财产,离婚后属男方。2014年,李某在作为孙小某的法定代理人依据"离婚协议"要求孙某付抚养费时,发现孙某现住房是其与李某婚姻关系存续期间购买,孙某在离婚时对该房屋进行了隐瞒。故李某以此为由起诉到法院要求判决涉案房屋全部归自己所有。

被告孙某辩称,李某的起诉期早已超过两年的诉讼时效,而且当时双方因为感情不和,从2001年便已经开始分居。涉案的房屋是其在分居期间完全用个人的财产购买的,应属于个人财产。同时,离婚协议中的公房在离婚时已经取得完全产权,与公房相比,现住房在离婚时价值较小,而且购买此房也告诉过李某,故对于该房屋完全没有隐藏的动机和必要。况且,双方在离婚协议中明确约定"所有的汽车等财产,离婚后属男方",自己的现住房理应属于个人财产,因此不同意李某的诉讼请求。

北京市昌平区人民法院经过审理认为,涉案房屋系在双方婚姻关系存续期间购买,为夫妻共同财产,应当予以分割,判决房屋归孙某所有,孙某给付李某房屋折价款140万元。判决后,孙某、李某均不服,向北京市第一中级人民法院提起上诉。

北京市第一中级人民法院经过审理认为,虽然双方在离婚协议中有"男方经营的公司,所有的汽车等财产,离婚后属男方"的约定,但在房产价值远大于汽车的常识背景下,以"等"字涵盖房屋,违背常理,故该房为双方婚姻关系存续期间购买,应属于双方共同财产。对于孙某所提的李某诉讼已过诉讼时效的上诉理由,因孙某未能提供证据证明李某在诉讼时效结束之前已经知道该套房屋的存在,故李某表示其作为孙小某的法定代理人在2014年起诉孙某给付抚养费的案件中才知道有该套房屋的解释较为合理。对于房屋的分割问题,原审法院参照李某提出的市场价格及周边地区房屋的市场价值酌情确定房屋的市场价格并无不妥,同时原审法院结合孙某隐匿财产存在过错、涉案房屋登记在孙某名下等因素,判决房屋归孙某所有,孙某给付李某折价款100余万元,并无不当。综上,北京市第一中级人民法院最终驳回了两人的上诉,维持了原判。

随着社会文明的发展,从一而终的传统婚姻观念已经悄然发生改变,在法院最直接的体现便是受理离婚相关的案件越来越多。离婚过程中,男女双方往往将感情失利的不快转移到对共同财产的锱铢必较。因此,法院在审理涉及财产分割的离婚案件中,对双方共同财产依法予以公平分割,无疑能促使双方理智对待离婚，好合好散。在调处涉嫌隐瞒夫妻共同财产案件时明察秋毫，既是对失信一方的惩罚，也是对另一方合法权益的维护，有利于社会的和谐稳定。本案中，在案证据能够证明孙某的现住房是其在与李某婚姻存续期间用夫妻共同财产购买的，而且其主张购买该房屋已经告知李某缺乏证据支持，因此法院将涉案房屋认定为夫妻共同财产，并依法进行了分割。同时，对于隐瞒财产的分割比例问题，需要法院依据过错大小、具体案情等综合认定，故本案中李某以孙某隐瞒夫妻共同财产存在错误为由，要求涉案房屋全部归自己所有的诉讼请求亦未得到支持。

第九章 法律对家庭中老年人权益的保障

第一节 我国老年人及社会老龄化概述

在银色浪潮席卷全球的今天，不少发展中国家开始步西方发达国家的后尘，迈入了老龄化社会。根据第五次全国人口普查数据显示，我国早在1999年也加入了老龄化社会的行列。老龄化已然成为21世纪不可逆转的世界性趋势，这固然是社会进步的表现，但与老龄型社会相随相生也产生了许多问题，日益引起了人们的广泛关注。

一、老年人的概念和特征

（一）老年人的概念

"老年人"是个常见而较复杂的概念。从人的一生看，生命的周期是个渐变的过程，从中年到老年的分界线往往很模糊。加之每个人的身体状况、心理年龄、精神状态等各不相同，难以适用同样的标准作划分。从这个意义上说，"老年人"的含义因人而易。因此，各国和国际组织通行的作法是以年代年龄来作为界定的标准。这里所说的"年代年龄"，是指出生年龄，即个体离开母体后在地球上生存的时间。但各国对老年人的年龄界定并不统一，西方不少发达国家以65周岁作为划分尺度。在我国，不同朝代的老年人的年龄起算点也有差异，《文献通考·户口考》记载："晋以六十六岁以上为老，隋以六十岁为老，唐以五十五岁为老，宋以六十岁为老。"我国现行的《老年人权益保障法》第2条规定，"本法所称老年人是指六十周岁以上的公民"，这一法定标准的确立是本章界定老年人含义的法律基础，不仅与我国"六十花甲"的传统观念和现行的退休制度相协调，而且也适应了社会主义初级发展阶段经济和社会发展的需求。

(二) 老年人的特征

老年人具有不同于其他年龄段人群的生理、心理特点，这种生理与心理的特殊性客观上使老年人需要来自家庭和社会更多的关注和关心。

1. 老年人生理上的弱势地位

年岁增长意味着人体在成熟期以后会出现机体的生理机能和形态上一系列退行性变化，免疫功能逐渐下降，适应能力也开始减退。常见的情形是：老年人的肌肉、心肺等储备力较青壮年时较低，容易出现机体疾病；老年人对内外环境的适应性大大降低，不能有效地调整自身的"内环境"，对外界环境的抵抗力也日益减弱，往往会导致感染疾病。

2. 老年人心理上的脆弱性

伴随着生理功能的衰弱，老年人的心理活动也在发生着相应的变化。思维能力不如以前活跃，情绪不稳定，遇事易着急等。活动能力的下降、生活环境和社会角色的改变也会对老年人的性格产生不良影响，多年来养成的行为习惯、生活模式会因离退休、遭受重大变故而受到冲击等。

二、社会老龄化的现状分析

根据第七次全国人口普查结果显示，我国60周岁及以上老年人口26402万人，占总人口的18.7%，其中65周岁及以上人口19063万人，占总人口的13.5%。且我国老年人口比重还在不断上升中。

(一) 我国社会老龄化的现状特点

1. 老龄化速度快于世界老龄化速度

据联合国预测，1990—2020年世界老龄人口平均年增速度为2.5%，同期我国老龄人口的递增速度为3.3%，世界老龄人口占总人口的比重从1995年的6.6%上升至2020年的9.3%，同期我国由6.1%上升至11.5%，无论从增长速度和比重都超过了世界老龄化的速度和比重。中国的社会老龄化是个规模大且发展迅速的过程。发达国家老龄化进程一般长达几十年至100多年，如美国用了60年，英国用了80年，瑞士用了85年，法国用了115年。相较之下，我国从"少年中国"到"老年中国"，仅用了18年（1981—1999年），而且老龄化的速度还在加快。

2. 老年人口高龄化趋势明显，老年人口全球最多

在人口学中，60～69岁为低龄老年人口，70～79岁为中龄老年人口，80岁以上为高龄老年人口。我国大陆人均预期寿命为76.7岁，80岁以上高龄老

年人口以每年 5.4% 的速度增长，是老年人口平均增长率的 1.7 倍。我国人口基数大，加之伴随着多年来的改革开放，人民群众生活水平日益提高，医疗卫生条件得到明显改善，人口预期寿命日益延长，老年人口逐年增加，占世界老年人口总数的 1/5，占亚洲老年人口的 1/2，已成为全世界老年人口最多的国家。高龄老人生活自理能力差，丧偶和患病的机率高，女性多于男性。这部分老年人口不仅需要经济上的供养，也需要生活上的照料。如何解决好我国老年人口尤其是高龄人口问题，对于中国和世界都意义重大。

3. 老年人口在区域分布上不均衡

数据显示，东部经济发达地区和大中城市人口已经进入老龄化阶段。如上海市老年人口 2000 年已达 238 万人，占总人口的 18.5%，到 2025 年将达到最高峰 468.8 万人，占总人口的 32.7%；北京市 2000 年老年人口为 188 万人，占总人口的 14.6%，到 2025 年将会猛增到 416 万人，老年人口的比例接近 30%。① 而在中西部地区，人口老龄化的程度低于东部。另外，就静态而言，在二孩政策全面实施前，农村婴儿出生率高于城市，因此农村老龄化程度低于城市；但就动态而言，随着现代化、城市化进程的加快，农村的年轻人越来越多地从乡下涌到城市，农村老人经常无人照料和看护，因此城乡老龄化的程度正在接近。

（二）社会老龄化带来的影响

老年人口规模不断扩大，高龄化速度持续加快，加之在区域分布上的不均衡，必然会对我国经济、社会、家庭等各方面产生深远影响。主要表现在：

1. "未富先老"，人口老龄化加重了我国的经济压力

发达国家人口老龄化伴随着城市化和工业化，呈渐进的步伐。其 60 岁以上老龄人口达到 1% 时，人均国内生产总值一般在 1 万美元以上。发达国家的人口是"先富后老"，而我国是"未富先老"，2000 年时人均国内生产总值才 856 美元，属于刚刚迈过最低收入门槛的中等收入国家。从实质上看，人口老龄化程度并不是社会经济压力的决定因素，但老龄人口保障必须有充分的经济基础和社会资源。欲实现一国社会经济的可持续发展，就必须正视并妥善处理好人口老龄化和可持续发展之间的关系。当前我国的经济发展特别是在经济欠发达区域，尚无法较好应对人口老龄化所带来的问题。相关学者预测，在未来

---

① 陆杰华、郭冉：《从新国情到新国策：积极应对人口老龄化的战略思考》，载《国家行政学院学报》2016 年第 5 期。

40 年，我国会达到人口老龄化高峰，也是经济压力的高峰期，社会发展会受到空前的压力。①

2. 人口老龄化对社会稳定的影响

随着城镇化进程的不断加快，我国农村劳动力不断向城市转移，这在一定程度上弥补了城市缺乏青壮年群体的不足，但也使城市在资源、就业、社会保障等方面受到了较大的冲击。与此同时，由于农村生产力大量转移，致使农村的生产力日益匮乏，农村老年人空巢现象极为严重。这些农村老龄人口经济收入微薄，生产能力和技能缺乏，加之农村社会保障还不到位，致使对他们的赡养问题很难得到有效解决，势必会对社会公共安全和农村社会稳定构成潜在的威胁。

3. 人口老龄化对家庭养老方式和传统孝文化的影响

我国传统的养老方式以家庭为主，"421"的家庭结构模式（即四个老人，夫妻双方和一个孩子）意味着两个成年子女要承担赡养四个老人的义务，这无形中加重了家庭成员的养老负担。而且受现代生活方式和观念的影响，同居一室的家庭养老方式正在弱化，不少老年人的物质尤其是情感需求得不到相应的满足。如上文所述，这种现象在农村尤为严重。而在我国传统文化中，"百善孝为先"，孝文化中包含着极其浓厚的尊老思想，孝不仅意味着对老年人物质上的供养，还包括精神上的关怀。但承担赡养义务的子女由于我国计划生育政策的实施不少为独生子女，"上有老下有小"，中间还有工作上的压力，难以在多角色之间形成很好的兼顾和转换，普遍存在力不从心的状况，对老年人的赡养往往从以前的"用心"慢慢变成"用钱"的物质模式。这种模式仅仅注重对老年人物质方面的供养，背离了传统孝文化的精髓。

第二节 老年人的各项合法权益

老年人的合法权益是指老年人依据宪法和法律应当享有的各种权利和利益。老年人的权益不单包含一般公民普遍所拥有的权益，如与人身权有关的生命健康、名誉、荣誉、姓名、婚姻自由等，尚有物权、债权、知识产权等与财

---

① 陆杰华、郭冉：《从新国情到新国策：积极应对人口老龄化的战略思考》，载《国家行政学院学报》2016 年第 5 期。

产有关的权利；而且也包括根据老年人的特点和需求所特殊享有的权益，包括从国家和社会获取特殊照顾的权利、被赡养权和扶助的权利、共享社会发展成果的权利、退休权、社会优待的权利，以及宪法和法律规定的其他权益。

一、保障老年人权益的法律法规

从法律层面看，我国老年人权益保护经历了一个逐步发展的过程，可分为三个阶段。第一阶段是从1949年至1980年代以前，这一阶段不存在真正意义上的保障老年人权益的专门法规，老年人权益保护具有初创性，立法相对简单粗糙，《宪法》《民法通则》《继承法》《劳动法》等基本法律性文件主要关注"老有所养"和"老有所医"的问题。第二阶段是以联合国于1982年召开的第一次老龄问题世界大会为起点，开始关注老年人权益保障的专门性问题，中国老龄问题全国委员会（1995年更名为中国老龄协会）作为第一个老龄工作机构于同年正式批准成立。自此老龄工作发展明确了方向，老年人权益保障事业开始朝着法制轨道稳步发展。第三阶段是自1996年第八届全国人大常委会通过的第一部专门性法律《中华人民共和国老年人权益保障法》至今。这部法律历经四次修订，不仅填补了多年来老年人权益保障立法方面的空白，而且为老年人权益保障工作的继续开展奠定了基础。特别是2015年、2018年修订的《老年人权益保障法》，从老年人的现实需求出发，增加了精神需求、宜居环境和社会优待方面的规定，完善了有关养老机构的条款，顺应了老龄社会法制建设的新形势。一言以蔽之，随着法制的不断进步和完善，我国陆续颁布了一系列涉及老年人养老保障、医疗卫生、老龄服务、老年文化教育等方面的法律法规和政策，逐渐形成了以宪法和有关基本法律为基础，以《老年人权益保障法》为主体，以相关法律、行政法规、地方性法规、部门规章、规范性文件为补充的老年人权益保障的法律框架。主要体现在以下几个方面：

首先，在我国宪法和法律中都有老年人权益保障方面的相关规定。《宪法》第45条规定了老年人享有从国家和社会获得物质帮助的权利，《民法典》第26条、第1041条、第1067条和第1074条对老年人享有的赡养权利作出了明确规定，在第1125条则从对不尽赡养义务的继承人惩罚的角度保障了老年人的这一权利。需要提及的是，《刑法修正案（八）》第49条第2款对老年人也有特殊规定："审判的时候已满七十五周岁的人，不适用死刑，但以特别残忍手段致人死亡的除外。"这也是对老年人生命的体恤和尊重。《劳动法》第73条规定了劳动者在退休后依法享受社会保险待遇的权利。以上这些不同类别的部门法从不同的角度，广泛地规定了老年人所享有的权利，使老年人的合法权益于法有据，有法可依。

其次，为落实宪法和法律等上位法的规定，国务院行政法规、法规性文件和部委规章中对老年人权益保障也做了相应规定。在全国老龄工作委员会所收录的《老年法》法律法规汇编中，有190多项国务院行政法规、法规性文件和部委规章。如：《城市居民最低生活保障条例》《关于加强老年卫生工作的意见》《关于加强老年人文化工作的意见》《关于做好老年教育工作的通知》《老年人建筑设计规范》《赡养协议公正细则》《关于对老年服务机构有关税收政策问题的通知》《老年人社会福利机构基本规范》《社会福利机构管理暂行办法》等。这些法规、规章和政策性文件相对于法律而言有较大的灵活性和可操作性，适用性更强。

最后，1996年《老年人权益保障法》颁布后，各地相继出台了一系列与之配套的地方性法规和老龄政策措施。目前，全国已有31个省、自治区、直辖市根据《老年人权益保障法》制定或修订了实施办法或《老年人权益保障条例》等地方性法规，细化了《老年人权益保障法》中许多倡导性和原则性规定，增强了《老年人权益保障法》的针对性和可操作性。各省还根据国务院下发的《"十三五"国家老龄事业发展和养老体系建设规划》《关于制定和实施老年人照顾服务项目的意见》等重要老龄政策法规文件，制定了本地关于加强老龄工作的意见和老龄事业发展规划。各地在老年人基本养老、基本医疗、生活扶助、优待服务以及司法保护等方面也出台了很多单项法规政策。这些政策法规的颁布实施使我国老龄事业发展日渐步入规范化和法制化的轨道，有力地推动了我国老龄事业法制化的进程。

二、老年人的一般合法权益

老年人的合法权益从法律范畴上看，主要有两大类：一是国家法律规定的一切公民应享有的基本权利，如政治权利、人身权利、财产权利、劳动权利、文化教育权利等，二是国家根据老年人的特点和需要规定的老年人所享有的特殊权益。

老年人的一般合法权益主要包括但不限于以下几个方面：

（一）人身权利

人身权利是指公民依法享有的，与公民自身不可分离的，不具有直接财产内容的民事权利。与其他公民一样，老年人的人身权利内容很丰富，主要包括生命健康权、人身自由权、姓名权、名誉权、肖像权、荣誉权等。其中的生命健康权于老年人的重要性不言而喻，这是一项基础性的权利，是享有其他权利的前提和关键。为切实保障老年人的健康权，要大力普及老年人健康知识，鼓励医疗机构对老年人开展义诊服务。《老年人权益保障法》第51条规定："国家和社会采取措施，开展各种形式的健康教育，普及老年保健知识，增强老年人自我保健意识。"第57条规定："有条件的地方，可以为老年人设立家庭病床，开展巡回医疗、护理、康复、免费体检等服务。提倡为老年人义诊。"为维护老年人的健康权，排除他人的非法侵害，《老年人权益保障法》也从相对方义务的角度对老年人的健康权给予了保障。该法第3条规定："禁止歧视、侮辱、虐待或者遗弃老年人。"第70条规定："任何单位和个人不得安排从事危害其身心健康的劳动或者危险作业。"

（二）财产权利

民法上的财产权，是指以财产利益为内容、直接体现某种物质利益的权利，如所有权、债权、继承权、知识产权中的财产权等。目前，老年人财产权的保护已经成为了一个严重的社会问题。由于社会转型与结构变迁，住房、医疗、教育等成为许多家庭的主要支出。城市化的发展使得大量人口涌入城市，房价不断攀升，很多老年人的毕生积蓄被用来支付晚辈的房款。这种做法导致的结果是房产所有权属于子女或孙辈，与老年人无关。一旦子女等不孝，老年人连基本的生活都会成为问题。法律必须对此作出回应，切实保护好老年人的财产权利，任何形式的侵犯老年人财产权利的行为，均在禁止之列。我国《宪法》第13条明确规定："公民的合法的私有财产不受侵犯。国家依照法律规定保护公民的私有财产权和继承权。"《老年人权益保障法》也对侵犯老年人财产权利的各种行为予以禁止。该法第22条规定："老年人对个人的财产，依法享有占有、使用、收益和处分的权利，子女或者其他亲属不得干涉，不得以窃取、骗取、强行索取等方式侵犯老年人的财产权益。老年人有依法继承父母、配偶、子女或者其他亲属遗产的权利，有接受赠与的权利。子女或者其他亲属不得侵占、抢夺、转移、隐匿或者损毁应当由老年人继承或者接受赠与的财产。老年人以遗嘱处分财产，应当依法为老年配偶保留必要的份额。"此外，《民法典》在第十四章新增设的居住权凸显了房屋的居住属性，也为老年人晚年居有定所提供了相应的法律保障。

（三）婚姻自由权利

婚姻是老年人生活中的重要组成部分，关系着老年人的身心健康。婚姻自由权是我国法律赋予公民的权利，老年人的婚姻自由同样受法律保护。除了宪法和婚姻法的规定外，《老年人权益保障法》第21条规定："老年人的婚姻自由受法律保护。子女或者其他亲属不得干涉老年人离婚、再婚及婚后的生活。赡养人的赡养义务不因老年人的婚姻关系变化而消除。"这里的子女包括亲生子女和养子女、继子女，其他亲属是指除子女外和老年人有血缘关系或姻亲关系的亲属。老年人依法享有婚姻自由权利，任何人都不得加以干涉，即使亲生子女也无权干涉和指责。现实生活中，困扰老年人较多的是再婚时来自子女的干涉。其实，老年期恋爱、结婚，不仅有利于老年人自身的身心健康，还有利减轻子女的负担，利于社会的发展。是否再婚是老年人的权利，无论再婚还是独身，家庭成员和社会都应该尊重他们的权利，从道义上给予支持，从法律上予以保护，给他们提供实现权利的便利。

三、老年人的特殊合法权益

老年人作为一个特殊群体，由于其生理与心理的特点，其合法权益容易受到不法侵害，因而保障老年人合法权益就成了《老年人权益保障法》的首要目的。该法第3条规定："老年人有从国家和社会获得物质帮助的权利，有享受社会服务和社会优待的权利，有参与社会发展和共享发展成果的权利。"结合《老年人权益保障法》的其他相关条文，我们把老年人的特殊合法权益归纳为以下几个方面：

(一) 获得物质帮助的权利

物质帮助权利是指公民因年老、疾病等原因丧失劳动能力或者暂时丧失劳动能力而不能获得必要的物质生活资料时，有向国家和社会主张物质性援助的权利。物质帮助权是一种特殊主体才有权享受的权利，老年人是享有这项权利的主体之一。它涵盖国家的帮助和社会的帮助两个方面。

根据《老年人权益保障法》第28~33条的规定，国家的帮助包括：国家通过基本养老保险制度，保障老年人的基本生活。国家通过基本医疗保险制度，保障老年人的基本医疗需要。享受最低生活保障的老年人和符合条件的低收入家庭中的老年人参加新型农村合作医疗和城镇居民基本医疗保险所需个人缴费部分，由政府给予补贴。国家逐步开展长期护理保障工作，保障老年人的护理需求；对生活长期不能自理、经济困难的老年人，地方各级人民政府根据失能程度情况给予护理补贴。国家对经济困难的老年人给予基本生活、医疗、居住或者其他救助。老年人无劳动能力、无生活来源、无赡养人和扶养人，或者其赡养人和扶养人确无赡养能力或者扶养能力的，由地方各级人民政府依照有关规定给予供养或者救助。对流浪乞讨、遭受遗弃等生活无着的老年人，由地方各级人民政府依照有关规定给予救助。地方各级人民政府在实施廉租住房、公共租赁住房等住房保障制度或者进行危旧房屋改造时，应当优先照顾符合条件的老年人。国家建立和完善老年人福利制度，根据经济社会发展水平和老年人的实际需要，增加老年人的社会福利。国家鼓励地方建立80周岁以上低收入老年人高龄津贴制度。国家建立和完善计划生育家庭老年人扶助制度等。

根据《老年人权益保障法》第35~36条的规定，社会的帮助包括：国家鼓励慈善组织以及其他组织和个人为老年人提供物质帮助。老年人可以与集体经济组织、基层群众性自治组织、养老机构等组织或者个人签订遗赠扶养协议或者其他扶助协议。负有扶养义务的组织或者个人按照遗赠扶养协议，承担该老年人生养死葬的义务，享有受遗赠的权利。

（二）享受社会服务和社会优待的权利

《老年人权益保障法》第四章、第五章分别对老年人享受社会服务和社会优待的权利做了详细规定。

老年人享受社会服务的权利主要包括以下内容：

1. 在社区养老服务方面，地方各级人民政府和有关部门应当采取措施，发展城乡社区养老服务，鼓励、扶持专业服务机构及其他组织和个人，为居家的老年人提供生活照料、紧急救援、医疗护理、精神慰藉、心理咨询等多种形式的服务。对经济困难的老年人，地方各级人民政府应当逐步给予养老服务补贴。

2. 在养老服务设施建设方面，地方各级人民政府和有关部门、基层群众性自治组织，应当将养老服务设施纳入城乡社区配套设施建设规划，建立适应老年人需要的生活服务、文化体育活动、日间照料、疾病护理与康复等服务设施和网点，就近为老年人提供服务。

3. 在资金投入、扶持措施方面，各级人民政府应当根据经济发展水平和老年人服务需求，逐步增加对养老服务的投入。各级人民政府和有关部门在财政、税费、土地、融资等方面采取措施，鼓励、扶持企业事业单位、社会组织或者个人兴办、运营养老、老年人日间照料、老年文化体育活动等设施。《老年人权益保障法》第40~49条还专门就养老机构的用地、设立条件、服务标准和评估制度等事项做了详细规定。

4. 在老年医疗卫生服务方面，各级人民政府和有关部门应当将老年医疗卫生服务纳入城乡医疗卫生服务规划，将老年人健康管理和常见病预防等纳入国家基本公共卫生服务项目。鼓励为老年人提供保健、护理、临终关怀等服务。国家鼓励医疗机构开设针对老年病的专科或者门诊。医疗卫生机构应当开展老年人的健康服务和疾病防治工作。

5. 在老年医学、健康教育方面，国家采取措施，加强老年医学的研究和人才培养，提高老年病的预防、治疗、科研水平，促进老年病的早期发现、诊断和治疗。国家和社会采取措施，开展各种形式的健康教育，普及老年保健知识，增强老年人自我保健意识。

6. 在发展老龄产业方面，国家采取措施，发展老龄产业，将老龄产业列入国家扶持行业目录。扶持和引导企业开发、生产、经营适应老年人需要的用品和提供相关的服务。

老年人享受社会优待的权利主要包括以下内容：

1. 县级以上人民政府及其有关部门根据经济社会发展情况和老年人的特殊需要，制定优待老年人的办法，逐步提高优待水平。对常住在本行政区域内的外埠老年人给予同等优待。这对打破一些城市对老年人的地域歧视，具有重要意义。

2. 在领取养老金、结算医疗费用等方面，各级人民政府和有关部门应当为老年人及时、便利地领取养老金、结算医疗费和享受其他物质帮助提供条件。

3. 在办理房屋权属关系变更、户口迁移等涉及老年人权益的重大事项时，各级人民政府和有关部门应当就办理事项是否为老年人的真实意思表示进行询问，并依法优先办理。

4. 在法律诉讼方面，老年人因其合法权益受侵害提起诉讼交纳诉讼费确有困难的，可以缓交、减交或者免交；需要获得律师帮助，但无力支付律师费用的，可以获得法律援助。鼓励律师事务所、公证处、基层法律服务所和其他法律服务机构为经济困难的老年人提供免费或者优惠服务。

5. 在就医方面，医疗机构应当为老年人就医提供方便，对老年人就医予以优先。有条件的地方，可以为老年人设立家庭病床，开展巡回医疗、护理、康复、免费体检等服务。提倡为老年人义诊。

6. 在日常生活服务方面，提倡与老年人日常生活密切相关的服务行业为老年人提供优先、优惠服务。城市公共交通、公路、铁路、水路和航空客运，应当为老年人提供优待和照顾。

7. 在公共文化设施的利用方面，博物馆、美术馆、科技馆、纪念馆、公共图书馆、文化馆、影剧院、体育场馆、公园、旅游景点等场所，应当对老年人免费或者优惠开放。对于农村老年人，《老年人权益保障法》还专门在第60条规定：农村老年人不承担兴办公益事业的筹劳义务。

（三）参与社会发展和共享发展成果的权利

《老年人权益保障法》第66条至第72条规定了老年人有参与社会发展和共享发展成果的权利。在制定法律、法规、规章和公共政策，涉及老年人权益重大问题时，应当听取老年人和老年人组织的意见。老年人和老年人组织有权向国家机关提出老年人权益保障、老龄事业发展等方面的意见和建议。国家为老年人参与社会发展创造条件。根据社会需要和可能，鼓励老年人在自愿和量力的情况下，从事传授文化和科技知识，提供咨询服务，依法参与科技开发和应用，依法从事经营和生产活动，参与维护社会治安、协助调解民间纠纷等社会活动。老年人还有继续受教育的权利。国家发展老年教育，把老年教育纳入终身教育体系，鼓励社会办好各类老年学校。各级人民政府对老年教育应当加强领导，统一规划，加大投入。此外，国家和社会应采取措施，开展适合老年人的群众性文化、体育、娱乐活动，丰富老年人的精神文化生活。

（四）获得家庭赡养与扶养的权利

生存权是每个社会成员所享有的基本权利，是行使其他权利的先决条件。老年人要在社会上生存，首先就要解决"老有所养"的问题。《老年人权益保障法》第13条规定："老年人养老以居家为基础，家庭成员应当尊重、关心和照料老年人。"可见，我国老年人的养老问题主要依靠家庭解决，对老年人负有养老义务的主要是两类人：赡养人和扶养人。

赡养人是指老年人的子女以及其他依法负有赡养义务的人。这里的子女不仅包括婚生子女，也包括非婚生子女，甚至还包括养子女和受继父继母抚养教育长大的继子女。除子女外，赡养人还包括老年人的孙子女和外孙子女。《民法典》第1074条第2款规定："有负担能力的孙子女、外孙子女，对于子女已经死亡或者子女无力赡养的祖父母、外祖父母，有赡养的义务。"赡养人应当履行对老年人经济上供养、生活上照料和精神上慰藉的义务，照顾老年人的特殊需要。赡养人的配偶应当协助赡养人履行赡养义务。具体而言，包括以下几个方面：

1. 赡养人应当使患病的老年人及时得到治疗和护理；对经济困难的老年

人，应当提供医疗费用。对生活不能自理的老年人，赡养人应当承担照料责任；不能亲自照料的，可以按照老年人的意愿委托他人或者养老机构等照料。

2. 赡养人应当妥善安排老年人的住房，不得强迫老年人居住或者迁居条件低劣的房屋。老年人自有的或者承租的住房，子女或者其他亲属不得侵占，不得擅自改变产权关系或者租赁关系。老年人自有的住房，赡养人有维修的义务。

3. 赡养人有义务耕种或者委托他人耕种老年人承包的田地，照管或者委托他人照管老年人的林木和牲畜等，收益归老年人所有。

4. 家庭成员应当关心老年人的精神需求，不得忽视、冷落老年人。与老年人分开居住的家庭成员，应当经常看望或者问候老年人。用人单位应当按照国家有关规定保障赡养人探亲休假的权利。

5. 赡养人不得以放弃继承权或者其他理由，拒绝履行赡养义务。赡养人不履行赡养义务，老年人有要求赡养人付给赡养费等权利。赡养人不得要求老年人承担力不能及的劳动。

6. 经老年人同意，赡养人之间可以就履行赡养义务签订协议。赡养协议的内容不得违反法律的规定和老年人的意愿。基层群众性自治组织、老年人组织或者赡养人所在单位监督协议的履行。

除赡养人外，扶养人也负有对老年人的法定义务。《老年人权益保障法》第 23 条和《民法典》第 1059 条、第 1075 条都规定了老年人与配偶有相互扶养的义务，若一方不履行扶养义务时，需要扶养的一方，有要求对方付给扶养费的权利。除配偶外，由兄、姐扶养的弟、妹成年后，有负担能力的，对年老无赡养人的兄、姐也有扶养的义务。扶养人若不履行扶养义务，基层群众性自治组织、老年人组织或者扶养人所在单位应当督促其履行。

需要提及的是，由于老年人的智能、体能是在逐渐衰减，在其神志清醒时，应当尊重老年人的个人意愿，允许其为自己选择监护人。为此，《民法典》第 33 条和《老年人权益保障法》第 26 条都规定了意定监护制度，即：具有完全民事行为能力的老年人，可以在近亲属或者其他与自己关系密切、愿意承担监护责任的个人、组织中事先协商，以书面形式确定自己的监护人。协商确定的监护人在老年人丧失或者部分丧失民事行为能力时，履行监护职责。这一制度的设立，充分考虑了被监护人的个人意愿，实质上是对老年人自我决定权的尊重，让老年人在丧失或部分丧失民事行为能力时，能够借助监护人的监护，保障自己的合法权益，适应了我国老龄化社会发展和老年人生活与权益保障的需要。

第三节　家庭成员侵害老年人权益的常见问题及处理

"无救济则无权利",老年人依法享有的各项权益只有得到切实的保障,才能变成现实的权利。《老年人权益保障法》在"法律责任"部分专章对此作了规定,以有效遏制侵害老年人权益的各种违法行为的发生。根据《老年人权益保障法》第73条和第74条的规定,老年人合法权益受到侵害时,有两种法律救济途径。一是被侵害人或者其代理人有权要求有关部门处理,二是依法向人民法院提起诉讼。人民法院和有关部门,对侵犯老年人合法权益的申诉、控告和检举,应当依法及时受理,不得推诿、拖延。对于不履行保护老年人合法权益职责的部门或者组织,其上级主管部门应当给予批评教育,责令改正。国家工作人员违法失职,致使老年人合法权益受到损害的,由其所在单位或者上级机关责令改正,或者依法给予处分;构成犯罪的,依法追究刑事责任。具体而言,可以分为以下几个方面:

一、家庭成员因赡养、扶养或者住房、财产等发生纠纷

《老年人权益保障法》第75条规定:"老年人与家庭成员因赡养、扶养或者住房、财产等发生纠纷,可以申请人民调解委员会或者其他有关组织进行调解,也可以直接向人民法院提起诉讼。人民调解委员会或者其他有关组织调解前款纠纷时,应当通过说服、疏导等方式化解矛盾和纠纷;对有过错的家庭成员,应当给予批评教育。人民法院对老年人追索赡养费或者扶养费的申请,可以依法裁定先予执行。"人民调解委员会是依法设立的调解民间纠纷的群众性组织,村民委员会、居民委员会设立人民调解委员会,企业事业单位根据需要设立人民调解委员会。除了人民调解外,调解还包括人民调解委员会以外的其他组织的调解,比如妇女组织、老年协会等,这些组织也可以依法对老年人与家庭成员间的纠纷进行调解。此外,村民委员会、居民委员会也可以直接对老年人与家庭成员之间的上述纠纷进行调解。在调解时,要采取说服和疏导等方式进行,对于有过错的家庭成员,适当给予批评教育,促使其从主观上认识到自身的错误,最大限度地有效化解家庭成员之间的矛盾,维护老年人家庭的和谐稳定。

与调解相比，诉讼是解决纠纷的重要途径。它既不同于群众自治性组织性质的人民调解委员会以调解方式解决纠纷，也不同于由民间性质的仲裁委员会以仲裁方式解决纠纷，它是由人民法院代表国家行使审判权解决民事争议的一种活动。老年人遇到《老年人权益保障法》第75条所列的纠纷时，老年人、无诉讼行为能力老年人的法定代理人可以委托他人代为诉讼，解决老年人因行动不便等原因在调查取证、了解案情方面存在的困难。鉴于老年人是弱势群体，《老年人权益保障法》和《民事诉讼法》都规定，人民法院对老年人追索赡养费或者扶养费的申请，可以依法裁定先予执行。这类案件事实清楚，当事人之间的是非责任显而易见，若不先予执行将严重影响老年人的正常生活，故只要老年人主动提出书面申请，被申请人又有履行能力，人民法院就可裁定先予执行，以保障老年人日常生活的顺利进行。

二、子女干涉老年人婚姻自由

《老年人权益保障法》第21条规定："老年人的婚姻自由受法律保护。子女或者其他亲属不得干涉老年人离婚、再婚及婚后的生活。"干涉老年人婚姻自由的行为方式、种类多种多样。具体而言，有以下几种情形：

1. 对于情节显著轻微的，首先应当由有关单位给予批评教育。这里的有关单位主要包括老年人组织，行为人所在的居民委员会、村民委员会，或者行为人的工作单位。

2. 如果通过殴打、虐待老年人的方式干涉老年人婚姻自由的，根据《治安管理处罚法》第43条的规定，殴打他人的，或者故意伤害他人身体的，处5日以上10日以下拘留，并处200元以上500元以下罚款；情节较轻的，处5日以下拘留或者500元以下罚款。虐待家庭成员，被虐待人要求处理的，处5日以下拘留或者警告。

3. 如果行为人以捆绑、禁闭等暴力手段干涉老年人行使婚姻自由权利，情节严重构成犯罪的，处二年以下有期徒刑或者拘役。致使被害人死亡的，处二年以上七年以下有期徒刑。这里所说的"致使被害人死亡"，主要是指行为人使用暴力干涉他人婚姻自由的犯罪行为致使被害人自杀身亡等。对于这类犯罪，在没有致使被害人死亡的情况下，只有被害人向司法机关提出控告的才处理，对于被害人不控告的，司法机关不能主动处理，追究行为人的刑事责任。但如果被害人受强制或者威吓而无法告诉的，人民检察院和被害人的近亲属也可以告诉。

三、拒绝赡养、扶养老年人

根据《老年人权益保障法》第 24 条和第 76 条的规定，赡养人、扶养人不履行赡养、扶养义务的，基层群众性自治组织、老年人组织或者赡养人、扶养人所在单位应当督促其履行并给予批评教育。如果该负有赡养义务或者扶养义务的人是公务员，则依据《行政机关公务员处分条例》第 29 条的规定，应该由其所在单位或者是有权的监察机关给予警告、记过或者记大过处分；情节较重的，给予降级或者撤职处分；情节严重的，给予开除处分。根据《治安管理处罚法》第 45 条第 2 项的规定，扶养人遗弃没有独立生活能力的被扶养人的，处 5 日以下拘留或者警告。情节恶劣的，构成遗弃罪，处 5 年以下有期徒刑、拘役或者管制。这里的"情节恶劣"，主要是指由于遗弃造成被害人重伤、死亡等严重的后果，有遗弃行为屡教不改，或者遗弃手段特别恶劣等。

四、虐待老年人

虐待家庭成员是指经常用打骂、冻饿、禁闭、强迫过度劳动、有病不给治疗等方法，摧残、折磨家庭成员，尚不够刑事处罚的行为。若老年人被虐待，在其提出请求后，居民委员会、村民委员会以及施虐者所在单位应当予以劝阻、调解，这是一种对违法行为及时予以制止的义务。

此外，根据《治安管理处罚法》第 45 条第 1 项的规定，老年人被家庭成员虐待，若其要求处理，可对虐待人处 5 日以下拘留或者警告。需要说明的是，只有老年人要求处理时，公安机关才能予以处罚。这样规定主要是考虑到老年人和行为人之间具有特定的亲属关系和经济关系，一旦行为人被处罚，老年人可能就会失去经济来源，生活陷入困境。但是，当虐待家庭成员情节恶劣，比如虐待的动机卑鄙、手段残忍，虐待年老、年幼、病残的家庭成员，长期虐待家庭成员屡教不改等，则构成虐待罪。根据《刑法》第 260 条的规定，处 2 年以下有期徒刑、拘役或者管制。如果没有造成被害人重伤、死亡的严重后果，则遵循不告不理的原则，告诉才处理。如果被害人受到强制或者威吓而无法告诉的，人民检察院和被害人的近亲属也可以告诉。如果致使被害人重伤、死亡的，则要由司法机关主动依法对行为人追究刑事责任，不受被害人是否告诉的限制，对行为人处以 2 年以上 7 年以下有期徒刑。

五、侵犯老年人财产权益

"盗窃"是指以非法占有为目的，秘密窃取公私财物的行为。"诈骗"是指以非法占有为目的，用虚构事实或者隐瞒真相的方法，骗得公私财物的行为。"抢夺"是指以非法占有为目的，公然夺取公私财物的行为。"侵占"是指以非法占有为目的，将代为保管的他人财物、遗忘物或者埋藏物非法占为己有，数额较大，拒不交还的行为。"勒索"是指以非法占有为目的，对公私财物的所有人、保管人使用威胁或者要挟的方法，勒索公私财物的行为。"故意损毁公私财物"是指非法毁灭或者损坏公共财物或者公民私人所有的财物的行为。《老年人权益保障法》第77条规定："家庭成员盗窃、诈骗、抢夺、侵占、勒索、故意损毁老年人财物，构成违反治安管理行为的，依法给予治安管理处罚；构成犯罪的，依法追究刑事责任。"这是关于侵犯老年人财产权益的法律责任的规定。以上这些行为若情节轻微，仅违反了《治安管理处罚法》的规定，则处5日以上10日以下拘留，可以并处500元以下罚款；情节较重的，处10日以上15日以下拘留，可以并处1000元以下罚款。如果情节严重，构成犯罪的，则依据《刑法》第264条、第266条、第267条、第270条、第274条和第275条的规定追究相应的刑事责任。需要提及的是，行为人若构成侵占罪，告诉的才处理。

六、侮辱、诽谤老年人

"侮辱"是指使用暴力或者以其他方法，公然贬损他人人格，破坏他人名誉的行为。"诽谤"是指故意捏造并散布虚构的事实，足以贬损他人人格，破坏他人名誉的行为。《老年人权益保障法》第78条规定："侮辱、诽谤老年人，构成违反治安管理行为的，依法给予治安管理处罚；构成犯罪的，依法追究刑事责任。"这是关于侮辱、诽谤老年人的法律责任的规定。依据《治安管理处罚法》第42条的规定，公然侮辱他人或者捏造事实诽谤他人的，处5日以下拘留或者500元以下罚款；情节较重的，处5日以上10日以下拘留，可以并处500元以下罚款。行为人如果以暴力或者其他方法公然侮辱老年人或者捏造事实诽谤老年人，情节严重的，依照《刑法》第246条的规定，处3年以下有期徒刑、拘役、管制或者剥夺政治权利。需要注意的是，对于侮辱罪和诽谤罪，和侵占罪一样，刑法同时又规定"告诉的才处理"。

子女对未尽抚养义务的父母仍应履行赡养职责①

【案情简介】

牛某（1945年出生），女，原系江苏省淮安市淮安区某乡镇农村居民，其与该乡镇居民戚某生有二子一女。1984年，牛某与戚某发生矛盾后离婚并带走所生一女，所生二子仍随戚某生活。1986年1月，牛某与同镇居民刘某结婚，牛某所生一子、一女亦随同生活。2000年8月，牛某与刘某离婚后独自生活，并于2012年10月向法院诉请要求刘某的一子一女履行赡养义务，法院调解二人每人每年给付牛某赡养费970元。2016年4月，牛某又向法院诉讼要求原自己所生二子及刘某的一子一女每人每月给付赡养费1000元。

法院审理认为，赡养父母是子女应尽的义务，不因任何事由而发生改变，子女不履行赡养义务时，无劳动能力或生活困难的父母有要求子女给付赡养费的权利。原告牛某作为亲生母亲，因年老丧失劳动能力，所生二子理应承担赡养义务，不能以原告未对其尽抚养义务为由提出不应承担赡养费。原告虽与刘某离婚，但与刘某所生一子一女共同生活多年，双方之间已经形成事实上的抚养关系，在原告丧失劳动能力后，该二人仍有承担赡养原告的法定义务，但考虑到本地人均生活水平的提高、物价上涨及2012年与刘家一子一女达成每人每年承担970元的赡养费的情况，遂依照《中华人民共和国婚姻法》第21条第1、3款、《中华人民共和国老年人权益保障法》第14条之规定，判决四被告每人每月承担牛某生活费200元。

本案的争议焦点是母亲因与父亲离婚而出走，致未能履行对未成年子女的实际抚养义务，而在母亲与他人缔结新的婚姻关系，又与新家庭的两个未成年子女形成具有抚养关系的继子女与继父母关系，且继子女已经部分履行赡养义务的情况下，未受抚养的子女是否仍应承担赡养义务职责。法院认为成年子女

---

① 《江苏：淮安区人民法院发布老年人权益保护典型案例》，载搜狐网，https://www.sohu.com/a/115587123_188842，最后访问时间：2020年7月8日。

对于因离婚而未能尽抚养义务的父亲或母亲的赡养责任，不能因其与他人缔结新的婚姻关系并由已经形成抚养关系的继子女承担了部分赡养义务而免除，理应与该继子女共同承担赡养职责。需要说明的是，此案例所涉及的法律规定与现行民法典是一致的。

第十章　法律对家庭中残疾人权益的保障

第一节　我国残疾人状况概述

"看一个社会的解放程度要通过妇女来观察；看一个社会的希望程度要通过儿童来观察；看一个社会的公正程度要通过穷人来观察；看一个社会的文明程度要通过身体障碍人来观察。"[1] 作为人类一个特殊的群体，残疾人存在于每个社会之中，其数量众多、特性突出、需要特别帮助。由于残疾导致贫困，造成健康和教育等机会的丧失，使得残疾人及其家属受到排斥与歧视，并使问题愈加突出。[2] 密切关注残疾人的生存与发展状况，更好地维护他们的正当权益也日益成为我国以及全球人权事业进行中非常重要的任务。

一、残疾人的概念和分类

2006年，联合国大会在通过的《残疾人权利公约》第1条规定："残疾人包括肢体、精神、智力或感官有长期损伤的人，这些损伤与各种障碍相互作用，可能阻碍残疾人在与他人平等的基础上充分和切实地参与社会。"这个定义不仅认为"残疾"是人的"肢体、精神、智力或感官有长期损伤"的一种状态，而且更加关注和强调"这些损伤与各种障碍相互作用"对人参与社会生活的影响和可能带来的消极后果，认为身心损伤和各种障碍之间的相互作用"可能阻碍残疾人在与他人平等的基础上充分和切实地参与社会"。与《残疾人权利公约》相比，《中华人民共和国残疾人保障法》（以下简称《残疾人保

---

[1] 徐显明：《在残疾人社会保障与服务国际论坛上的致辞》，载中国残疾人事业发展研究会编：《残疾人社会保障与服务研究》，华夏出版社2010年版，第10页。

[2] 根据世界卫生组织的数据，世界上受残疾影响的人数已超过10亿人，约占世界人口的15%。

障法》）对残疾人的界定与之有所不同。《残疾人保障法》第 2 条规定："残疾人是指在心理、生理、人体结构上，某种组织、功能丧失或者不正常，全部或者部分丧失以正常方式从事某种活动能力的人。残疾人包括视力残疾、听力残疾、言语残疾、肢体残疾、智力残疾、精神残疾、多重残疾和其他残疾的人。残疾标准由国务院规定。"可见，我国的《残疾人保障法》更多地是从人的身心结构、组织、功能的异常和丧失等对人"以正常方式从事某种活动能力"的影响来界定"残疾"，是从医学视角对"残疾"及其失能本质作出的概括。考虑到概念使用要与我国现行法律规定相一致，故本章对"残疾人"的界定以我国《残疾人保障法》的表述为准。

2011 年 5 月 1 日，我国首个关于残疾种类和等级划分的国家标准《残疾人残疾分类和分级》（GB/26341-2010）正式实施。依此国家标准，残疾人按不同残疾可分为七大类，各类残疾按残疾程度又分为四级，残疾一级为极重度，残疾二级为重度，残疾三级为中度，残疾四级为轻度。

1. 视力残疾

视力残疾包括盲及低视力，是指各种原因导致双眼视力低下并且不能矫正或双眼视野缩小，以致影响其日常生活和社会参与。

2. 听力残疾

听力残疾是指各种原因导致双耳不同程度的永久性听力障碍，听不到或听不清周围环境声及言语声，以致影响其日常生活和社会参与。

3. 言语残疾

言语残疾是指各种原因导致的不同程度的言语障碍，经治疗一年以上不愈或病程超过两年，而不能或难以进行正常的言语交流活动，以致影响其日常生活和社会参与。包括：失语、运动性构音障碍、器质性构音障碍、发声障碍、儿童言语发育迟滞、听力障碍所致的言语障碍、口吃等。3 岁以下不定残。

4. 肢体残疾

肢体残疾是指人体运动系统的结构、功能损伤造成的四肢残缺或四肢、躯干麻痹（瘫痪）、畸形等导致人体运动功能不同程度丧失以及活动受限或参与的局限。肢体残疾主要包括：上肢或下肢因伤、病或发育异常所致的缺失、畸形或功能障碍；脊柱因伤、病或发育异常所致的畸形或功能障碍；中枢、周围神经因伤、病或发育异常造成躯干或四肢的功能障碍。

5. 智力残疾

智力残疾是指智力显著低于一般人水平，并伴有适应行为的障碍。此类残疾是由于神经系统结构、功能障碍，使个体活动和参与受到限制，需要环境提供全面、广泛、有限和间歇的支持。智力残疾包括在智力发育期间（18岁之前），由于各种有害因素导致的精神发育不全或智力迟滞；或者智力发育成熟以后，由于各种有害因素导致智力损害或智力明显衰退。

6. 精神残疾

精神残疾是指各类精神障碍持续一年以上未痊愈，由于存在认知、情感和行为障碍，以致影响其日常生活和社会参与。

7. 多重残疾

多重残疾是指同时存在视力残疾、听力残疾、言语残疾、肢体残疾、智力残疾、精神残疾中的两种或两种以上残疾。

二、我国残疾人概况

近年来，随着社会经济的不断发展，我国残疾人事业发展迅速，残疾人权益得到相应保障，但也同时凸显了一些亟待解决的问题。

（一）残疾人事业取得的成就

《2019年残疾人事业发展统计公报》显示，在康复方面，2019年，1043.0万名残疾儿童及持证残疾人得到基本康复服务，其中包括0~6岁残疾儿童18.1万人；314.5万名的残疾人得到了各类辅助器具适配服务。在教育方面，中国残联、教育部等部门制定实施《第二期特殊教育提升计划（2017—2020年）》，并正式印发《残疾人参加普通高等学校招生全国统一考试管理规定》，开展残疾人高等融合教育试点工作，将《国家通用手语常用词表》《国家通用盲文方案》纳入国家语委语言文字标准体系，残疾人受教育权得到了更好保障，进一步提高了特殊教育发展水平；《"十三五"残疾青壮年文盲扫盲行动方案》继续实施，4.3万名残疾青壮年文盲接受了扫盲教育。在就业方面，全国城乡持证残疾人就业人数为855.2万人，盲人按摩事业稳步发展，按摩机构持续增长。在社会保障方面，截至2019年年底，残疾居民参加城乡社会养老保险人数为2630.7万人，接受居家服务的残疾人有93.9万人，9941个残疾人托养服务机构为22.4万名残疾人提供了托养服务。在扶贫开发方面，残疾人生产生活状况得到进一步改善，贫困残疾人得到有效扶持，农村残疾人接受实用技术培训50.9万人次，康复扶贫贴息贷款扶持6190名农村残疾人，全国共完成10.4万户农村贫困残疾人危房改造。在维权方面，截至2019年年底，全国成立残疾人法律救助工作协调机构2201个，建立残疾人法律救助工作站 2021 个；各级残联维权组织建设进一步加强，残疾人事业法律法规体系更加完善，无障碍环境建设取得新成果，残疾人维权工作全面开展。

（二）残疾人事业发展面临的挑战

毋庸讳言，我国残疾人事业依然面临着诸多困难和挑战，需要我们给予更多的关注和妥当应对。

1. 残疾人数量大，贫困者居多

我国不仅是人口大国，而且也是残疾人口大国，残疾人口目前已有 8500 多万名，涉及 2.6 亿个家庭。由于受身体条件限制，许多残疾人面临着难以与其他社会成员平等发展的困境。据中国残联扶贫办 2016 年的不完全统计，在东部发达地区，残疾贫困人口占当地贫困人口的 80%~90%；在中部地区，残疾贫困人口占当地贫困人口的 70~80%；在西部地区，残疾贫困人口占当地贫困人口的 60%~70%。贫困残疾率呈现出西部、中部和东部依次逐渐增高的态势。①

2. 残疾人受教育水平普遍较低

识字关系着每个人的自尊、机遇和发展前景。早在 2006 年，第二次全国残疾人抽样调查数据表明，我国 15 岁及以上残疾人文盲率为 43.29%。2015 年全国残疾人基本服务状况和需求专项调查显示，我国残疾人文盲率大幅下降，但残疾人文盲人口绝对数大、类别多、特性突出，多为贫困家庭和贫困人口，是弱势群体中的弱势群体。残疾人受教育比例低，受教育程度低，这不仅影响他们自身本来就受限的生活能力，也限制了他们对社会活动的参与程度。

3. 残疾人的就业形势严峻

主要体现在三个方面：一是残疾人就业不广泛。就业人数与健全人相比比例小，就业的行业分布范围狭窄。二是残疾人就业不稳定。在劳动力供大于求的大环境下，残疾人就业更加重了不稳定性。三是残疾人就业层次低。残疾人就业的层次较低，这种低层次的就业带来了低水平的物质生活。

4. 无障碍设施不完善

目前，无障碍设施发展不平衡，在某些地方还无法充分保障残疾人合理便利使用，进而无法有效实现残疾人融入社会生活的目标。此外，无障碍设施建

---

① 高向东、王新贤、王晶：《中国贫困残疾人口的空间分布研究》，载《人口与经济》2020 年第 3 期。

设还存在覆盖面不全、功能不完善，已建成的设施配套性、系统性不够，管理维护也不到位等问题。

5. 残疾人保障理念有待提高

作为人权事业的一部分，残疾人权益保障经过改革开放40年的发展得到了社会的关注，尊重和保障残疾人权益已逐渐成为人们的自觉行动。但社会生活中仍存在不尊重残疾人甚至歧视残疾人的现象。以名称为例，虽然从"残废"到"残疾"，从"残疾人"到"残疾人士"，名称在不断变化，但根本的问题应是在人的尊严的保护上寻求共识，使尊重残疾人成为人们的一种基本生活方式。①

第二节 残疾人在家庭中的各项合法权益

残疾人的合法权益是指残疾人依据宪法和法律应当享有的各种权利和利益。为发展残疾人事业，保障残疾人平等地充分参与社会生活，共享社会物质文化成果，我国颁布实施了一系列保护残疾人合法权益的法律法规，使残疾人不仅在政治、经济、文化、社会和家庭生活等方面享有同其他公民平等的权利，而且也因其自身特点和需求而享有一些特殊权益。

一、保障残疾人权益的法律法规

2006年，联合国大会通过了《残疾人权利公约》及其任择议定书。《残疾人权利公约》是人类历史上第一部系统性保护残疾人权利的国际法律文件，涵盖残疾人生命、家庭、教育、健康、就业、人身安全、获得司法保护、参与政治和公共生活等各方面的权利。我国积极倡导、支持联合国制定《残疾人权利公约》并于2007年成为首批签署国，全国人民代表大会常务委员会随后正式批准了该公约，国内法中的相关条款也随之做了修订，实现了国内法与公约的衔接，表明了中国政府积极促进残疾人事业的坚定决心。

就国内法而言，我国目前已形成以宪法为依据，以刑事、民事、行政等法律为基础，以残疾人保障法为主导，以残疾人教育条例、残疾人就业条例等行

---

① 韩大元：《中国残障人权益保障：理念、体系与挑战》，载《人权》2018年第2期。

政法规为配套，以优惠和扶助残疾人的地方法规为补充，全面保障残疾人权利和促进残疾人事业发展的法律体系。

（一）宪法及其相关法

作为根本大法的宪法，从宏观上规定了"中华人民共和国公民在法律面前一律平等"，"国家尊重和保障人权"，这为尊重残疾人的人格尊严反对歧视残疾人奠定了基础。宪法第45条还规定残疾人的"物质帮助权、劳动权和生活教育权"。《全国人民代表大会和地方各级人民代表大会选举法》第39条"选民如果是文盲或者因残疾不能写选票的，可以委托他信任的人代写"也明确规定了残疾人的选举权这一重要的政治权利。这类宪法性法律文件确立了对残疾人权利的保护，为构建我国残疾人法律体系奠定了基础。

（二）专门性的残疾人权益保障法律

1990年12月28日，第七届全国人大常委会第十七次会议通过了《中华人民共和国残疾人保障法》。这是我国第一部也是唯一一部专门保护残疾人权益的法律，它对残疾人的定义、保障措施、权利义务及保障范围作出了明确的规定，是我国残疾人事业和残疾人权益保障的一座里程碑。自颁布实施的十多年间，《残疾人保障法》对促进残疾人事业发展和残疾人权益保障发挥了重要作用。随着改革开放和现代化建设的不断深入和快速发展，《残疾人保障法》立法之初的经济、社会条件都发生了很大的变化，部分条款已不适宜或者严重滞后，有的条款规定得过于原则，操作性不强，在实际中难以得到有效的贯彻落实。2008年4月24日，在我国已于2007年签署了联合国《残疾人权利公约》的背景下，第十一届全国人民代表大会常务委员会第二次会议对《残疾人保障法》进行了修订，进一步强调反歧视原则，强化对残疾人的权利保障和特别扶助，在康复、教育、就业、文化生活、社会保障、无障碍环境等方面，都增加了对残疾人的优惠和扶助措施，进一步明确了政府的责任和违反法律的处罚规定，为残疾人事业发展和残疾人权益维护提供了更好的法律保障。2018年10月26日，第十三届全国人民代表大会常务委员会第六次会议再次对《残疾人保障法》进行修订。伴随着立法的不断完善，我国残疾人权益的保护也进入了新阶段。

（三）其他涉及残疾人权益保障的法律

我国现行法律中涉及残疾人保障的有近70部，在民法、商法、行政法、经济法、社会法、刑法、诉讼法及非诉讼程序法中都有关于残疾人权益的规定。在涉及残疾人受教育权方面，我国的《教育法》第39条、《义务教育法》

第 19 条、《高等教育法》第 9 条和《职业教育法》第 15 条、第 32 条等教育类法律中都有关于残疾人受教育权方面的保障条款。在涉及残疾人劳动和社会保障方面，《劳动法》第 73 条、《就业促进法》第 29 条等法律中有保障残疾人劳动权和社会保障权的相应条款。在涉及残疾人司法事项方面，主要体现在《刑法》第 18、19 条、《刑事诉讼法》第 35 条和《治安管理处罚法》第 13、14 条等法律条文中。此外，《民法典》第 128 条、第 1100 条和《广告法》第 10 条等法律也都有涉及残疾人其他权利保障的条款。

（四）行政法规

国务院是制定行政法规的主体。自《残疾人保障法》实施以来，国务院制定发布了《残疾预防和残疾人康复条例》《残疾人教育条例》《残疾人就业条例》《无障碍环境建设条例》等一系列有关残疾人权益保障的配套行政法规，对保障残疾人康复、教育、就业和加快发展无障碍环境建设，促进残疾人参与社会生活作了规定。

（五）地方性法规

地方性法规的制定主体呈现出多样化的特点。主要包括：省、自治区、直辖市的人民代表大会及其常务委员会，设区的市的人民代表大会及其常务委员会，省、自治区的人民政府所在地的市的人民代表大会及其常务委员会，经济特区所在地的市的人民代表大会及其常务委员会和国务院已经批准的较大的市的人民代表大会及其常务委员会。1990 年《残疾人保障法》颁布实施后，全国多个省、自治区、直辖市和部分较大的市结合本地实际，分别制定了残疾人保障法实施办法。2008 年，《残疾人保障法》修订后，浙江、山西、北京等省、自治区、直辖市修改了本地的残疾人保障法实施办法或制定了残疾人保障条例。

（六）部门规章和政府规章

部门规章的制定主体是国务院所属的各部、委、行、署，2012 年住房和城乡建设部、国家质检总局联合发布的《无障碍设计规范（GB50763-2012）》就属于部门规章。政府规章的制定主体除省、自治区、直辖市和设区的市、自治州的人民政府外，还包括省、自治区的人民政府所在地的市，经济特区所在地的市和国务院已经批准的较大的市的人民政府。全国绝大多数的省、自治区、直辖市和较大的市的人民政府都制定了相应的保障残疾人权益的规范性法律文件。

二、残疾人作为普通公民所享有的基本权利

残疾人作为公民，当然享有我国公民所普遍享有的法定基本权利，这是残疾人体面而有尊严的生活的基础。根据《宪法》和《民法典》的有关规定，残疾人在政治、经济、文化、社会和家庭生活等方面享有同其他公民平等的权利，平等地享有选举权和被选举权、表达自由权、监督权、宗教信仰自由、人身权、住宅权、劳动权、休息权、生存权、发展权、受教育权等权利，凡是一般公民所能享有的权利，残疾人同样应当享有，这是法治社会的应有之义。但是，与普通公民相比，基于残疾人的身心特点和特别需要，我们还需要强调这一群体的特殊性，使其享有法定特殊权利以"补足"他们与常人之间的差距，避免被边缘化，真正实现全面融入社会生活的目标。

三、残疾人的特殊合法权益

根据《残疾人权利公约》和我国《残疾人保障法》等规范性法律文件的规定，残疾人的特殊合法权益主要包括以下几个方面：

（一）康复权

残疾人的康复权是人类社会发展到一定阶段赋予残疾人特别保护的权利之一，以享有康复服务为核心。残疾人康复权的权利主体是各类残疾人个体及其群体，义务主体则主要是各级人民政府、社会和残疾人家庭。保障残疾人实现康复权的目标是促进他们的生理和心理功能恢复到尽可能好的水平，以便在身体、心理等方面最大限度地正常成长，享有普通公民应有的各项权利。从我国相关法律对残疾康复保障内容而言，残疾人康复权主要包括残疾诊断与医学治疗、功能康复训练、辅助器具验配、心理康复和康复救助五个方面。伴随着人们对康复认识和理念的演进，康复服务内容会不断地发展变化，残疾人康复权概念也会不断发展和演变。

（二）受教育权

残疾人教育是国家教育事业的组成部分。和普通公民一样，受教育权既是残疾人的权利也是一项义务。除上文所提的教育类法律对残疾人教育有专门规定外，《残疾人保障法》第3章对残疾人教育权的规定主要内容包括：相关单位职责、依特性实施教育、发展方针、办学渠道、普通教育方式、特殊教育方式、成人教育、师资以及辅助手段等。在《残疾人保障法》的指导下，国务院制定并修订的《残疾人教育条例》第2条第1款明确规定，"国家保障残疾

人享有平等接受教育的权利,禁止任何基于残疾的教育歧视",该条例对残疾人教育的发展目标和理念、入学安排、教学规范、教师队伍建设以及保障和支持等方面进行了进一步的完善。

(三) 劳动就业权

残疾人就业,是指符合法定就业年龄有就业要求的残疾人从事有报酬的劳动。为了促进残疾人就业,充分保障残疾人的劳动权利,修订后的《残疾人保障法》进一步明确"禁止基于残疾的歧视","国家保障残疾人劳动的权利",以及"在职工的招用、转正、晋级、职称评定、劳动报酬、生活福利、休息休假、社会保险等方面,不得歧视残疾人"。此外,残疾人劳动就业,实行集中与分散相结合的方针,除了规定在福利企业集中就业以外,《残疾人保障法》还首次明确规定国家实行按比例安排残疾人就业的制度,① 并采取优惠政策和扶持保护措施,使残疾人劳动就业逐步普及、稳定、合理。2011 年以后,我国又创立了辅助性就业和公益性就业两种残疾人就业方式。

(四) 文化生活权

残疾人享有平等参与文化生活的权利。残疾人文化、体育、娱乐活动应当面向基层,融于社会公共文化生活,适应各类残疾人的不同特点和需要,使残疾人广泛参与。政府和社会要采取多种措施,丰富残疾人的精神文化生活,要鼓励、帮助残疾人从事文学、艺术、教育、科学、技术和其他有益于人民的创造性劳动。

(五) 社会保障权

作为弱势群体的残疾人依法有权从国家和社会获得生活保障,享受集体福利,这一权利要依靠国家、社会的帮助才能实现。《残疾人保障法》第 6 章集中规定了残疾人依法加入社会保险、享受社会救助以及其他帮扶措施,体现了残疾人社会保障的一般需要。残疾人社会保险是残疾人社会保障体系的核心和基本组成部分,主要是在残疾人患病、年老、失业、工伤、生育等特殊情况下

---

① 残疾人按比例就业是指依据《残疾人保障法》和《残疾人就业条例》的有关规定,机关、团体、企业、事业单位和民办非企业单位,应当按照一定比例安排残疾人就业,并为其选择适当的工种和岗位。用人单位安排残疾人就业的比例不得低于本单位在职职工总数的 1.5%。具体比例由省、自治区、直辖市人民政府根据本地区的实际情况规定。省、自治区、直辖市人民政府可以根据实际情况规定。用人单位安排残疾人就业达不到其所在地省、自治区、直辖市人民政府规定比例的,应当按照年度差额人数和上年度本地区职工年平均工资计算交纳残疾人就业保障金。

保障其基本生活需要。要落实城镇贫困残疾人个体参加基本养老保险补贴政策，鼓励并组织个体就业残疾人参加社会保险；帮助农村残疾人参加农村社会养老保险；残疾人及其所在单位应当按照国家有关规定参加社会保险。在残疾人社会救助制度方面，各级人民政府对生活确有困难的残疾人，要通过多种渠道给予生活、教育、住房和其他社会救助。同时，对于那些无劳动能力、无扶养人或者扶养人不具有扶养能力、无生活来源的残疾人，要按照规定予以供养。此外，公共服务机构应当为残疾人提供优先服务和辅助性服务。

（六）无障碍环境权

无障碍环境权是指残疾人享有设施建设、信息交流和社区服务无障碍的权利。设施建设无障碍包括：城市道路、公共建筑和居民区的规划、设计、建设应方便残疾人通行和使用。如城市的大中型公共场所的公共停车场和大型居住区的停车场，应当按照无障碍设施工程建设标准设置并标明无障碍停车位。无障碍停车位为肢体残疾人驾驶或者乘坐的机动车专用。新建、改建和扩建建筑物、道路、交通设施，不符合国家有关无障碍设施工程建设标准，或者对无障碍设施未进行及时维修和保护造成后果的，有关主管部门要依法处理。信息和交流的无障碍主要包括：公共服务、公共传媒应当为听力、言语和视力残疾人提供信息服务，使用手语、盲文等进行交流。比如播出电视节目时配备字幕、解说，制作适合不同年龄层次和不同接受能力的残疾人读物等。社区服务无障碍主要包括：完善报警、医疗急救等紧急呼叫系统，方便残疾人等社会成员报警、呼救。组织选举的部门应当为残疾人参加选举提供便利，为视力残疾人提供盲文选票等。这些针对性的措施和规定，保障了众多残疾人真正得以享有与其他社会成员平等参与社会生活的权利并保护其不受侵害。

第三节　救助措施和法律责任

残疾人是社会特殊困难群体，需要全社会格外关心、加倍爱护。当他们的合法权益受侵害时，应给予及时的救助并对相关侵权人予以惩处，让其承担相应的法律责任。需要说明的是，在保障残疾人权益方面，救助措施和法律责任相辅相成，缺一不可。救助措施针对的是权益受损的残疾人，侧重于对残疾人权益进行事先、事中的维护，使他们在遇到侵权行为时能够获得及时的救助，避免受到更大的伤害。法律责任则直接针对侵权人，侧重于事后救济，有关部门、司法机关需要一定的时间通过法定程序来追究侵权人的法律责任，打击和制裁各种侵害残疾人权益的违法行为。总之，救助措施和法律责任二者在维护残疾人权益方面是各有侧重，互为补充，构成了一个有效维护残疾人权益的全过程和整体网络。以下主要从救助措施角度来论述对残疾人合法权益的维护和保障。

一、向残疾人组织投诉

残疾人组织是指中国残疾人联合会及其地方组织以及其他残疾人民间组织。残疾人的合法权益受到侵害时，可以向残疾人组织进行投诉，以维护自己的合法权益。残疾人组织在维护残疾人权益方面承担着重要的责任，主要包括：

1. 有权就残疾人权益受侵害行为要求有关部门或者单位查处，有关部门或者单位应当依法查处，并予以答复。以《残疾人保障法》第63条规定为例，若有关教育机构违反法律规定，拒不接收残疾学生入学，或者在国家规定的录取要求以外附加条件限制残疾学生就学的，残疾人组织有权要求相关部门或单位查处并予以答复。有关主管部门应责令改正，并依法对直接负责的主管人员和其他直接责任人员给予处分。

2. 对残疾人通过诉讼维护其合法权益需要帮助的，应当给予支持。如残疾人组织可以应要求协助残疾人向人民法院提出司法救助申请；主动担负起为残疾人提供法律救助服务的职责，对残疾当事人做好诉讼引导、答疑解惑、释法说理等工作；积极配合人民法院联系、聘请辅助人员为残疾当事人提供手语、盲文等诉讼辅助服务，方便残疾人参加诉讼活动。

3. 对侵害特定残疾人群体利益的行为，有权要求有关部门依法查处。《残疾人保障法》第62条规定："违反本法规定，通过大众传播媒介或者其他方式贬低损害残疾人人格的，由文化、广播电视、电影、新闻出版或者其他有关主管部门依据各自的职权责令改正，并依法给予行政处罚。"残疾人组织对此类违法行为就有权要求有关部门依法查处，避免侵害特定残疾人群体利益的行为再次发生。

二、有权要求有关部门依法处理

当残疾人的合法权益受到侵害时，残疾人有权要求与侵权事件有关的主管部门依法处理。如在职工招用方面歧视残疾人，侵害了残疾人的劳动就业权，残疾人就有权要求劳动和社会保障部门予以处理，责令改正。同时，《残疾人保障法》第61条规定："违反本法规定，对侵害残疾人权益行为的申诉、控告、检举，推诿、拖延、压制不予查处，或者对提出申诉、控告、检举的人进行打击报复的，由其所在单位、主管部门或者上级机关责令改正，并依法对直接负责的主管人员和其他直接责任人员给予处分。国家工作人员未依法履行职责，对侵害残疾人权益的行为未及时制止或者未给予受害残疾人必要帮助，造成严重后果的，由其所在单位或者上级机关依法对直接负责的主管人员和其他直接责任人员给予处分。"

三、依法向仲裁机构申请仲裁

残疾人可以就侵犯自身权益的违法行为，依据《仲裁法》《劳动争议调解仲裁法》《农村土地承包法》等法律申请仲裁。具体为：

第一，对于民事纠纷，可以依《仲裁法》申请民事仲裁。仲裁一般是当事人根据他们之间订立的仲裁协议，自愿将其争议提交由非司法机构的仲裁员组成的仲裁庭进行裁判，并受该裁判约束的一种制度。仲裁不同于诉讼，需要双方自愿，同时也异于强制调解，是一种特殊调解。根据《仲裁法》的规定，民事仲裁实行仲裁终局制度，当事人对仲裁裁决不服的，不能向人民法院提起诉讼。

第二，对于劳动争议，应该依据《劳动争议调解仲裁法》的规定向劳动争议仲裁机构申请劳动仲裁。这一方面方便当事人快速解决纠纷，另一方面也可以缓解法院审判的压力。申请劳动仲裁后，仲裁机构不予受理，或者对仲裁裁决不服的，当事人可以依法向人民法院提起民事诉讼。

第三，对于农村土地承包纠纷，可以依据《农村土地承包法》向农村土地仲裁机构申请仲裁。农村土地承包仲裁机构的仲裁不是向法院提起诉讼的前置程序，当事人对此有选择权。申请仲裁后，当事人若对仲裁裁决不服，还可以向法院提起诉讼。

四、依法向人民法院提起诉讼

残疾人的合法权益受到侵害时，可依据侵害行为的性质，直接向人民法院提起民事诉讼、行政诉讼或者刑事自诉。如对于侵害残疾人人身权、财产权、婚姻家庭权益的违法行为，受害人可以依法提起民事诉讼；对于行政机关侵害残疾人权益的行为，包括直接侵权的和间接以不作为的方式侵权的违法行为，受害的残疾人可以依法提起行政诉讼；对于受到遗弃、家庭暴力、虐待等，情节严重构成犯罪的，受害人可以向法院提起刑事自诉，请求法院追究有关人员的刑事责任。

为切实保障残疾人合法权益，《残疾人保障法》第60条规定："对有经济困难或者其他原因确需法律援助或者司法救助的残疾人，当地法律援助机构或者人民法院应当给予帮助，依法为其提供法律援助或者司法救助。"2018年7月，最高人民法院和中国残联联合发布《最高人民法院中国残疾人联合会关于在审判执行工作中切实维护残疾人合法权益的意见》（法发〔2018〕15号），运用各项措施，加强对涉诉残疾人的援助和救助。具体措施如下：

1. 人民法院从受理涉残疾人案件开始，要在立案、审理等环节给涉残疾人案件盖上"绿色印章"，方便残疾当事人进行各项诉讼活动；对交通不便涉残疾人案件，可由人民法庭直接立案；积极采用网上立案、上门立案、电话立案等绿色通道快速立案；采用相对灵活的审判工作机制，推广车载法庭、就地审理、上门调解等巡回审判模式；利用小额诉讼、督促程序、先予执行程序等多种诉讼程序帮助残疾人尽快实现其合法权益；加大执行力度，及时实现残疾人合法权益；及时为残疾被告人指定辩护人；对于经济确有困难的残疾当事人，应当依法为其缓、减、免诉讼费用，及时作出司法救助决定。

2. 人民法院要依法严厉惩处以暴力、威胁或者非法限制人身自由等手段强迫残疾人劳动，以暴力、胁迫手段组织残疾人乞讨，组织未成年残疾人进行盗窃、诈骗、抢夺、敲诈勒索等犯罪；依法对残疾被告人从宽量刑，对于刑事案件中的残疾被告人，犯罪情节轻微依法不需要判处刑罚的，可以免于刑事处罚。

3. 人民法院要加强同残联等人民团体、政府有关部门以及残疾人所在单位、社区、居民委员会、村民委员会等的沟通协作，共同做好维护残疾人合法权益工作；积极开展诉前调解、委托调解、多元调解，借助人民调解委员会、基层司法所、公安交通、劳动保障等组织的力量，合力化解纠纷；在审判执行工作中发现存在侵害残疾人合法权益的行为，应当向有关职能部门通报或提出司法建议等。

哄骗精神病人签卖房协议无效①

【案情简介】

王某自幼患有癫痫,成年后出现精神障碍。3年前他和陈某相识并发展为朋友关系。当陈某得知王某名下有一套住房后,多次以小恩小惠哄骗取得他的信任。一次酒后,陈某拿出单方起草的房屋买卖协议书让王某签字并摁手印,其中约定王某所有的房屋以低价转让给陈某之女。后来,王某的妹妹得知哥哥售房一事,便向法院提起诉讼,要求确认双方签订的房屋买卖协议无效。

法院审理认为,王某具有长期癫痫病史,属于精神残疾人,被鉴定为限制民事行为能力人,遂作出民事判决,宣告王某属于限制民事行为能力人,确认其与被告签订的房屋买卖协议无效。

我国《民法典》第21条第一款规定:"不能辨认自己行为的成年人为无民事行为能力人,由其法定代理人代理实施民事法律行为。"第22条规定:"不能完全辨认自己行为的成年人为限制民事行为能力人,实施民事法律行为由其法定代理人代理或者经其法定代理人同意、追认;但是,可以独立实施纯获利益的民事法律行为或者与其智力、精神健康状况相适应的民事法律行为。"从上述规定可以看出,以精神状况为标准,将已达到法定完全民事行为能力年龄的精神病人因受智力水平或精神症状的影响而区分为无民事行为能力人和限制民事行为能力人两种情形。无民事行为能力的精神病人缺乏判断能力和自我保护能力,不能正确做出主客观相一致的行为,也不能预见自己行为的法律后果,只能由法定代理人才能代理其民事活动。而限制民事行为能力的精神病人虽缺乏判断和自我保护能力,但没有完全丧失判断认识和自我保护能力,故实施的民事法律行为由其法定代理人代理或者经其法定代理人同意、追认。

---

① 陶玉荣、张兆利:《保障残疾人士权益,法律呵护共享关爱》,载《民主与法制时报》,2018年5月17日第6版。

第十一章　国家对困难家庭的救助

第一节　社会救助概述

在古代社会，赈灾济贫被统治者认为是稳定社会秩序、维护统治权力的一个手段，是来自统治者的施舍和恩赐，少有制度保障。现代社会，人类逐渐认识到，"贫困是人类社会发展中的客观现象，也是各国政府需要认真对待并着力解决的社会问题"。① 贫穷的根源有多种，并且成因越来越社会化，单凭市场和个人不可能消除普遍意义上的贫困。现代宪法一般认为，生存权和发展权是重要的人权，获取社会救助是公民的一项基本权利，相应地，进行社会救助就是国家和社会不容推卸的责任。社会救助制度通常被视为纯粹的政府行为，是一种完全由政府运作的最基本的再分配或转移支付制度，其责任或义务通常以立法方式加以确认。

一、社会救助权的概念

作为公民的一项基本权利，社会救助权已被许多国家用宪法的形式予以确认。我国《宪法》第45条规定：中华人民共和国公民在年老、疾病或者丧失劳动能力的情况下，有从国家和社会获得物质帮助的权利。国家发展为公民享受这些权利所需要的社会保险、社会救济和医疗卫生事业。国家和社会保障残废军人的生活，抚恤烈士家属，优待军人家属。国家和社会帮助安排盲、聋、哑和其他有残疾的公民的劳动、生活和教育。宪法上述规定为制定我国的社会

---

① 郑功成主编：《贫富差距与和谐社会——第二届中欧论坛分论坛综述》，载《社会保障研究》2007年第2期（总第6期），中国人民大学社会保障研究中心，中国劳动社会保障出版社2007年版，第64页。

救助法律提供了立法来源。社会救助权是公民在无法维持国家规定的最低生活水平或陷入需要救助的情形下，可从国家和社会获取满足其最低生活需要的物质援助和社会服务的权利。① 社会救助的目的是维持人的基本生存需要、维护人性尊严、保护人的生命和人格的完整，是缓解或者消除贫困问题的制度与政策。因此，社会救助权是一种维持社会弱势群体能够体面生活的权利，从范围上讲，社会救助权属于社会保障权的一项子权利，具体图示如下：

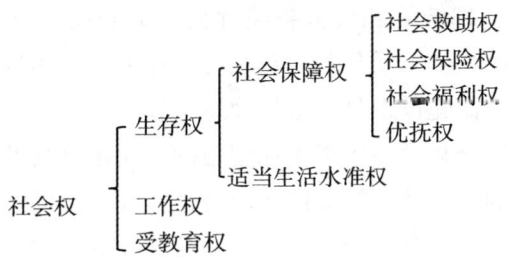

从类型上看，社会救助包括国家救助和社会救助两个层面的内容，由于我国的社会救助事业主要是以国家为主导展开的，因此，对家庭的社会救助主要是指国家对家庭的救助。作为社会权的一种，社会救助权对公民而言是一项基本权利。

二、我国社会救助体系的建立和发展现状

为保障困难群众可以维持基本的生活，自20世纪90年代开始，我国以建立最低生活保障为重点的国家救助机制开始建立，这种面向困难群体的分配倾斜政策逐步扩展到医疗和住房领域并且法制化。1993年，上海在全国率先建立城镇居民最低生活保障制度；1997年，全国各省市城镇拉开建立城镇居民最低生活保障制度的序幕，1999年10月1日《城市居民最低生活保障条例》正式施行；2003年和2005年，国家分别开展了农村医疗救助和城镇医疗救助工作；2006年，以财政供养为基础的新型农村五保供养制度开展；2007年，国务院发文在全国建立农村最低生活保障制度；2011年，国家开始全面推进保障性安居工程建设；2014年，根据《宪法》关于社会救助的有关规定，国

---

① 杨思斌：《社会救助权的法律定位及其实现》，载《社会科学辑刊》2008年第1期。

务院颁布了《社会救助暂行办法》（以下简称《暂行办法》），以行政法规的形式建构了一个政府与社会力量相结合、分工负责、相互衔接、协调实施的具有中国特色的社会救助体系。

《暂行办法》建立了以最低生活保障、特困人员供养、受灾人员救助、医疗救助、教育救助、住房救助、临时救助等为制度主体，以社会力量参与为补充的社会救助制度体系，搭建了一个比较合理的社会救助制度框架，推进社会救助的规范化与法制化，使得我国的社会救助制度走向成熟。《暂行办法》是1949年建国以来第一部统筹和规范各项社会救助制度的行政法规，破除了社会救助制度上以往的城乡二元分割，在制度设计上充分体现了以人为本的立法理念，在国家救助法律建设中具有里程碑意义。

但是，目前的社会救助还属于生存型救助，无论是救助的形式还是救助的内容都呈现出明显的济贫性、补缺性和消极性特征，救助的理念和目标仍然停留在保证受助者的基本生存方面，对于培育受助者的自立、自强、自助精神，提升受助者的自我发展能力，最终实现助人自助方面的规定较少。

三、社会救助的基本对象

如前所述，公民享有社会救助权，但实际上各国在救助制度的设计上多以家庭为单位来确定社会救助的标准和范围，这是因为二战后的工业化和城市化逐渐使家庭失去传统的社会保障功能，福利国家的社会政策开始注重弥补家庭功能的不足。我国社会救助制度也主要是以家庭为单位来进行救助的。《暂行办法》第9条规定，国家对共同生活的家庭成员人均收入低于当地最低生活保障标准，且符合当地最低生活保障家庭财产状况规定的家庭，给予最低生活保障；再如第47条规定，国家对因火灾、交通事故等意外事件，家庭成员突发重大疾病等原因，导致基本生活暂时出现严重困难的家庭，或者因生活必需支出突然增加超出家庭承受能力，导致基本生活暂时出现严重困难的最低生活保障家庭，以及遭遇其他特殊困难的家庭，给予临时救助。在灾害救助、医疗救助、教育救助等方面的救助措施虽然是针对个人，但实质上最终受益的是这些个人所在的家庭。

家庭作为父母子女和一定范围内亲属的生活共同体，具有非常重要的意义和作用，家庭关乎个人的幸福与文明的培育，进而承担着塑造人格，培育社会道德，形成善良风俗的功能。家庭作为国家治理的最基本单位，不仅与人们的生活息息相关，还关乎国家政权和社会秩序的稳定，其重要性是任何一种组织都无法替代的。家庭贫困会直接威胁家庭成员的生存权，对这类家庭进行社会救助符合社会共同利益。

四、我国现行社会救助制度的特点

作为我国第一部统筹各类社会救助制度的行政法规，《暂行办法》对我国的社会救助制度体系和救助管理作出了全面系统的制度规定，是我国统筹构建社会救助制度体系的重要标志。

（一）以人为本的立法理念

作为社会主义国家，我国政府对贫困人群予以高度关注和支持，社会救助制度的立法着眼点在于贫困民众的基本生活需求得到满足，合法权益得以实现。《暂行办法》中的许多条款以方便贫困者申请社会救助为宗旨。比如，最低生活保障和特困人员供养的申请程序上，考虑到申请者本人的实际困难，《暂行办法》规定本人或者家庭成员申请有困难的，可以委托居委会或者村委会代为申请，这可以有效避免一部分因各种原因无法由本人提出申请的贫困者被排斥在制度之外的情况。类似的规定还有很多，这里不再赘述。

（二）救助内容全面

《暂行办法》对城乡居民最低生活保障、特困人员供养、受灾人员救助、医疗救助、教育救助、住房救助、就业救助、临时救助八方面内容进行了制度安排以及操作实施上的规定，切实保障困难群众获得社会救助的权利，基本涵盖了公民在社会生活中的基本需求。

（三）救助手段的法制化和常态化

《暂行办法》不仅明确了社会救助的各项内容和范围，并且强调通过监督管理加强和改进社会救助，如规定了社会救助各参与方在社会救助管理实施过程中的责任和义务，责、权、利相结合，使社会救助部门牢固树立依法行政的社会救助观，社会救助工作的制度化、规范化、标准化建设，规范各级政府的救助行为、提升公民特别是社会救助对象的法律意识和权利意识。

第二节　城乡困难家庭最低生活保障

最低生活保障，是指国家对家庭人均收入低于当地政府公告的最低生活标准的人口给予一定现金资助，以保证该家庭成员基本生活所需的社会保障制度。主要特点有：（1）是保证基本生活的生活费用补贴。（2）是为贫困家庭提供的一种救济。（3）具有临时性，享受最低生活保障的人口或家庭，如果收入有所增加，超过了规定的救济标准，则不再享受最低生活保障救济。

1999年10月1日，我国城市居民最低生活保障制度在全国全面建立。2002年党的十六大会议上提出"有条件的地区探索建立农村低保制度"，党的十六届五中全会提出建设社会主义新农村以后，农村最低生活保障制度迅速在全国各地推广开来，2007年底在全国建立起农村最低生活保障制度，至此，我国城乡最低生活保障制度全面建立，这是我国社会救助发展历史上的一个重要里程碑。2014年，《社会救助暂行办法》的正式颁布，标志着我国将社会救助上升为根本性、稳定性的法律制度。从制度建立之初的"城市低保"到现在的"全民低保"，低保制度作为一项重要的救助制度，已经走向科学化、规范化、标准化和法制化。

一、满足城乡最低生活保障的家庭条件

由于我国长期实行计划生育政策，几代人组成的大家庭越来越少，父母和子女组成的核心家庭逐渐成为家庭类型的主流，单亲和独居家庭比例也逐渐升高，家庭规模更趋向小型化。传统家庭应对风险时的互助功能因家庭规模小型化而被削弱，家庭抵御贫困的能力显著下降，在面对失业、年老、疾病等风险时极易陷入贫困。

根据我国《暂行办法》第9条规定，低保家庭需满足以下条件："共同生活的家庭成员人均收入低于当地最低生活保障标准，且符合当地最低生活保障家庭财产状况规定的家庭，给予最低生活保障。"从各地有关低保的具体规定看，户籍状况、家庭收入和家庭财产是各地在认定最低生活保障对象的三个基本条件，具体分析如下：

第一，从户籍状况看，各地基本都明确要求申请低保的家庭成员应与申请人在同一户籍。多数省份根据城乡居民的户籍性质适用不同的最低生活保障标准，但在一些经济发达省市，城乡并轨，城乡家庭适用同一最低生活保障标准，并且对户籍的要求有所放宽。比如，北京市规定，持有外地户籍的居民与本市居民结婚后并在本市定居半年以上，且家庭收入和财产状况符合《北京市社会救助家庭经济状况认定指导意见（试行）》规定的，也可纳入本市城乡居民最低生活保障范围。

第二，共同生活的家庭成员人均收入要低于当地城乡居民最低生活保障标准。

关于"最低生活保障标准",根据《国务院关于进一步加强和改进最低生活保障工作的意见》的要求,在我国,设区的市和县级政府要科学制定本地的最低生活保障标准,健全救助标准与物价上涨挂钩的联动机制,综合运用基本生活费用支出法、恩格尔系数法、消费支出比例法等测算方法,动态、适时调整最低生活保障标准,最低生活保障标准应低于最低工资标准;省级人民政府可根据区域经济社会发展情况,研究制定本行政区域内相对统一的区域标准,逐步缩小城乡差距、区域差距。目前,个别地方已经实现城乡低保统一标准,但绝大多数地区还是执行城乡两个不同标准。

关于"共同生活的家庭成员",我国法律目前没有统一的规定,各地的规定略有不同。比如,北京市《关于进一步加强社会救助家庭经济状况认定工作的指导意见》(2018年12月6日发布)规定,共同生活的家庭成员范围是:配偶、父母和未成年子女、已成年但不能独立生活的子女以及其他具有法定赡养、抚养、扶养义务关系并长期共同居住的人员;《江苏省居民最低生活保障工作规程》规定,共同生活的家庭成员是指具有法定赡养、抚养、扶养关系并且长期共同生活(含长期或者阶段性在外务工)的成员,具体包括:夫妻;父母与子女(养子女、继子女、非婚生子女);祖父母、外祖父母与父母双亡的未成年孙子女、外孙子女;孙子女、外孙子女与子女死亡的祖父母、外祖父母;兄、姐与父母双亡或者父母无能力抚养的未成年弟、妹;其他经县级以上人民政府民政部门认定的共同生活的成员。另外,江苏省还规定,存在法定赡养、抚养、扶养关系并且长期共同生活的分户籍家庭,视为共同生活的家庭成员;户籍已迁出但仍由其家庭供养的全日制在校就读学生,视为共同生活的家庭成员。可以看出,江苏省关于共同生活的家庭成员的范围要大于北京市。2021年1月1日实施的《民法典》有关于家庭成员的规定,其第1045条第3款规定:配偶、父母、子女和其他共同生活的近亲属为家庭成员。建议未来的《社会救助法》对"共同生活的家庭成员"应予以明确并应适当扩大"家庭成员"范围,比如生活无着的老人、未成年人、残疾人长期被与之不存在法定赡养、抚养、扶养关系的旁系血亲照顾,这样的家庭如果符合社会救助条件,也应予以救助。

关于"家庭收入",根据《暂行办法》规定,家庭收入是指共同生活的家庭成员的全部货币收入和实物收入,包括法定赡养人、扶养人或者抚养人应当给付的赡养费、扶养费或者抚养费，但不包括优抚对象按照国家规定享受的抚恤金、补助金。各地在执行《暂行办法》时予以了具体化，多数省份认为，家庭收入是指共同生活的家庭成员在规定期限内（有的地方规定是申请日之前的 12 个月内，如，北京；有的地方要求是申请日之前的 6 个月内，如江苏，各地规定不一）的全部可支配收入或者纯收入，包括扣除缴纳的个人所得税及个人按规定缴纳的社会保障性支出后的工资性收入、经营性净收入、财产性收入和转移性收入等现金和实物收入。家庭人均收入是指家庭收入除以共同生活的家庭成员人数所得到的平均数。

第三，符合当地最低生活保障家庭财产状况规定。除了前述条件外，家庭财产状况也是民政部门在进行低保审批时特别予以关注的方面。有关家庭财产状况的认定办法，《暂行办法》授权各省、自治区、直辖市或者设区的市级人民政府按照国家有关规定自行制定。以北京市为例，根据北京市的相关规定，家庭财产是指家庭成员拥有的全部货币财产和实物财产等内容，主要包括现金、存款及有价证券、机动车辆、房屋等；申请北京市城乡最低生活保障或城乡低收入家庭认定的，家庭拥有应急之用的货币财产总额，原来要求是人均应不超过 24 个月城市低保标准之和，自 2019 年 1 月 1 日起适用新的标准：2 人及 2 人以下户家庭，人均不超过上年度本市居民人均消费支出的 1.2 倍；3 人及 3 人以上户家庭，人均不超过上年度本市居民人均消费支出。[①] 北京市的这一新标准更贴合物价变化和本地消费水平，对低保家庭的救助更合理。各地关于家庭财产的认定标准各有不同，这里不再赘述。

另外，各地基本都定期跟踪低保家庭的经济状况变化情况，形成最低生活保障对象有进有出、补助水平有升有降的动态管理机制。根据民政部有关规定的要求，各地都应建立最低生活保障家庭人口、收入和财产状况定期报告制度，并根据报告情况分类、定期开展核查，将不再符合条件的及时退出保障范围。对于无生活来源、无劳动能力又无法定赡养、抚养、扶养义务人的"三无人员"，可每年核查一次；对于短期内收入变化不大的家庭，可每半年核查一次；对于收入来源不固定、成员有劳动能力和劳动条件的最低生活保障家庭，原则上实行城市按月、农村按季核查。

---

① 见 2018 年 12 月 6 日北京市民政局颁布的《关于进一步加强社会救助家庭经济状况认定工作的指导意见》

二、申请程序

（一）提出书面申请

由共同生活的家庭成员向户籍所在地的乡镇人民政府、街道办事处提出书面申请；家庭成员申请有困难的，可以委托村民委员会、居民委员会代为提出申请。

（二）初审

乡镇人民政府、街道办事处通过入户调查、邻里访问、信函索证、群众评议、信息核查等方式，对申请人的家庭收入状况、财产状况进行调查核实，提出初审意见，在申请人所在村、社区公示后报县级人民政府民政部门审批。

（三）审查批准

县级人民政府民政部门经审查，对符合条件的申请予以批准，并在申请人所在村、社区公布；对不符合条件的申请不予批准，并书面向申请人说明理由。

第三节 对困难家庭的专项社会救助

除了对城乡困难家庭的最低生活保障外，我国政府还考虑到困难家庭可能遭遇到一些重要危机时需要特别的支持。因此，《暂行办法》又规定了国家对困难家庭的专项救助，主要体现在以下几个领域中。

一、医疗救助

医疗负担沉重是我国城乡困难家庭面临的最大难题。医疗救助对缓解困难家庭医疗负担发挥了重要作用。所谓的医疗救助，是指通过政府拨款和社会捐助等多渠道筹资建立基金，对城乡低保家庭、特困供养人员、县级以上人民政府规定的其他特殊困难人员给予医疗费用补助的救助制度。一般采取以下救助方式：（1）对救助对象参加城市居民医保或农村新农合的个人缴费部分给予补贴；（2）对救助对象经基本医保、大病医保和其他补充医保支付后，个人及其家庭难以承担的符合规定的基本医疗自负费用，给予补助。至于医疗救助的标准，则是由县级以上人民政府按照本地经济社会发展水平和医疗救助资金情况确定、公布。例如北京医疗救助标准为居民医疗保险参保人个人缴费部分由所在区县财政全额负担；同时北京医疗救助内容还包括减免医疗费用、门诊救助、住院救助、重大疾病救助等。申请医疗救助的申请人向乡镇人民政府、街道办事处提出申请，经审核、公示后，由县级人民政府民政部门审批。

二、教育救助

知识改变命运，教育是减轻乃至消除贫困的最有效方法之一。个人因为受教育程度低、工作能力差、就业经验不足，往往会削弱其在劳动力市场的竞争力。因此，通过为贫困家庭成员提供经济支援来消除贫困家庭可能会因为收入不足而丧失的教育机会，增进家庭中个人的人力资本，促进家庭最终脱贫是非常必要的手段。我国的教育救助是指国家和社会为保障适龄人口获得接受教育的机会，在不同阶段向最低生活保障家庭成员、特困供养人员等符合条件的人员提供物质和资金援助的制度。其特点是采取减免相关费用、发放助学金、给予生活补助、安排勤工助学等方式实施，保障教育救助对象基本学习、生活需求。低保家庭子女申请教育救助，应当按照国家有关规定向就读学校提出，按规定程序审核、确认后，由学校按照国家有关规定实施。

三、住房救助

住房救助是指政府向低收入家庭和其他需要保障的特殊家庭提供现金补贴或直接提供住房的一种社会救助项目。其实质就是由政府承担住房市场费用与居民支付能力之间的差额，解决部分居民对住房支付能力不足的问题。根据住房城乡建设部、民政部、财政部《关于做好住房救助有关工作的通知》（建保〔2014〕160号）的规定，住房救助对象是指符合县级以上地方人民政府规定标准的、住房困难的最低生活保障家庭和分散供养的特困人员。城镇住房救助对象，属于公共租赁住房制度保障范围。农村住房救助对象，属于优先实施农村危房改造的对象范围。住房救助方式主要是通过配租公共租赁住房、发放低收入住房困难家庭租赁补贴、农村危房改造等方式实施。对城镇住房救助对象，要优先配租公共租赁住房或发放低收入住房困难家庭租赁补贴，其中对配租公共租赁住房的，应给予租金减免，确保其租房支出可负担。对农村住房救助对象，应优先纳入当地农村危房改造计划，优先实施改造。

城镇家庭可通过乡镇人民政府、街道办事处或者直接向住房保障部门提出申请，经县级民政部门确认申请家庭的最低生活保障及特困供养人员资格，由住房保障部门负责审核家庭住房状况并公示。经审核符合规定条件的，应当纳入城镇住房保障轮候对象范围，优先给予保障。当然，对于住房救助对象家庭资格有一定的复核程序，不再符合住房救助条件但符合公共租赁住房保障对象条件的，可继续承租公共租赁住房，同时相应调整租金。

农村居民（家庭）应向户籍所在地的乡镇人民政府提出申请。乡镇人民政府对申请人的最低生活保障或特困供养人员资格、住房状况进行确认、调查核实并公示后，报县级人民政府住房城乡建设部门会同民政部门审批。对经审批决定纳入住房救助范围的，应将其作为农村危房改造对象优先纳入当地农村危房改造计划。

四、就业救助

就业救助是指国家对最低生活保障家庭中有劳动能力并处于失业状态的成员，通过贷款贴息、社会保险补贴、岗位补贴、培训补贴、费用减免、公益性岗位安置等办法，给予就业帮助和优惠。"授人以鱼不如授人以渔"，通过就业救助，可以更好地使贫困家庭成员获得一定的工作机会和工作技能，参与社会生活，也促进家庭脱贫。但是，需要注意的是，现阶段，我国社会救助制度中的其他专项救助都以"低保"作为门槛或资格，"低保"标准具有高含金量。一些"低保"户为守住"低保"资格而宁愿放弃就业或选择隐性就业，形成长期的福利依赖，结果导致就业激励不足。

五、临时救助

临时救助制度指国家对遭遇突发事件、意外伤害、重大疾病或其他特殊原因导致基本生活陷入困境，其他社会救助制度暂时无法覆盖或救助之后基本生活暂时仍有严重困难的家庭或个人给予的应急性、过渡性的救助。根据困难情形，临时救助对象可分为急难性救助对象和支出型救助对象。急难性救助对象主要包括因火灾、交通事故等意外事件，家庭成员突发重大疾病及遭遇其他特殊困难等原因，导致基本生活暂时出现严重困难，需要立即采取救助措施的家庭和个人；支出型救助对象主要包括因教育、医疗等生活必须支出突然增加超出家庭承受能力，导致基本生活一定时期内出现严重困难的家庭，原则上其家庭人均可支配收入应低于当地上年度人均可支配收入，且家庭财产状况符合当地有关规定。急难性救助应在各项救助之前实施，支出性救助应在各项救助之后实施。①

第四节　对我国社会救助法律的完善建议

一、我国社会救助制度存在的问题

本节在谈到存在的问题时，主要是以最低生活保障制度为观察对象，这是因为在我国的社会救助制度设计上，低保资格往往成为获得其他救助的前提条件。

（一）低保家庭识别困难

1. "低保家庭"标准各地不一致。前面提到北京和江苏对低保家庭的范围规定不太一样，实际上我国各地在救助家庭的选择和救助标准上有较大的差异，不同类型的家庭在社会救助中获得的待遇不尽相同。

2. 贫困人口的家庭收入难以核定且缺乏定期审核。目前，对于农村低保户的核查主要还是以走访和打听为主，并没有形成一套行之有效的具体操作方法。对城市的贫困人口而言，主要是对家庭经济状况的核查，这就包括了家庭收入和家庭财产的审查，但在具体的操作中却存在着较大的困难。尤其是对于家庭财产的调查，不管是非生活必需的高档消费品还是日常消费水平，概念都过于笼统，致使在具体的核查过程中存在着问题。对于申请者所持有的各项资产的核查，更是需要包括金融、社保、工商等多个部门的配合，这无疑也增加了低保对象识别的困难。而农村低保家庭的识别则更加困难。

（二）低保政策的负向激励性导致低保家庭过度依赖低保收入

我国城乡低保制度属于"补差"低保，即对共同生活的家庭成员人均收入低于当地最低生活保障标准的差额进行补偿。为了能够拿到更多低保金，一些低保家庭选择安于现状，不愿意工作，即所谓的低保的负向激励。尤其是在具体的政策执行中，低保与很多其他的社会救助政策挂钩，只有拿到低保资格才能享受到其他的相关救助，这种福利捆绑使有些贫困人员即使能够凭借自己的劳动实现脱贫，也会由于"一保尽保，一退尽退"思想，不愿意退出低保，

---

① 见 2018 年 1 月 23 日的《民政部、财政部关于进一步加强和改进临时救助工作的意见》。

产生了严重的福利依赖。

（三）城乡低保标准有差距且低保标准普遍偏低

城乡二元低保标准出现的原因当然与我国城乡经济发展不均衡有关，随着经济发展，未来城乡采用统一标准来进行最低生活保障是发展的必然趋势。另外，由于财政支付能力的限制以及"恩赐思想"的影响，各地制定的"低保"标准均比较低，许多地区的"低保"标准仅仅能保障贫困居民的"食品支出"，较低的"低保"标准无法为其他如衣着、住房、交通、教育、医疗等支出提供保障。科学合理地制定符合当地实际且有具有一定保障能力的低保标准，有利于明确救助对象和保障范围，将有限的财政资金用于城市贫困和收入人群的基本生活。保障标准过低，无法保障公民的生存权，影响减贫效果和社会公平的实现；保障标准过高，不但会滋生懒惰，降低低保对象的就业意愿，还会增加政府的财政负担。

（四）低保管理体制影响低保政策的有效执行

低保政策的实施需要包括民政、人社、财政等多个部门的相互配合才能落实好。一方面基层负责低保政策执行的专业人员严重不足，另一方面，低保管理系统条块分割，低保虽由各地的民政部门负责，但在具体的操作中，基层领导起到了至关重要的作用。不管是在城市社区还是农村中，社区主任和村干部"一言堂"的现象突出。为了得到低保资格，人们普遍会找到自己的"熟人"疏通关系，但这些人往往并不一定贫困。但实际情况却是横向各部门由于没有直接领导关系且各部门自身的利益诉求和追求的价值目标不一致，难以形成合力。

（五）《暂行办法》法律位阶较低

《暂行办法》属于行政法规，在设定行政处罚和制裁措施时具有局限性。尽管《暂行办法》在第十二章明确了违反本办法所要承担的法律责任，其中，对救助机构和工作人员在工作中有违法行为的，主要是进行行政处分，如没收违法所得、对主管领导和其他直接责任人给予处分等；对受助者违规救助的，主要是进行行政处罚，例如对骗取救助资金的人员给予停止救助、追回其违法所得，并可以处以一定金额罚款，对于违反治安管理行为的予以治安管理处罚。然而，仔细分析《暂行办法》中的相关条文可以发现，其对违法行为的惩罚力度偏小，弱化了法律的威严性。如第 66 条规定"对不符合救助条件的救助申请予以批准的"，该工作人员及主管责任人员最多就是承担行政处分，前些年一些地方骗保问题普遍存在，这与对相关行政机关工作人员违法行为的惩处力度不大也有关系；而第 68 条规定对骗取救助资金的人员"可以处非法获取的救助款额或者物资价值 1 倍以上 3 倍以下的罚款"，这样的规定，使得违法者的违法成本很小，对制裁骗保行为起不到应有的法律威慑力。

二、我国社会救助法律存在的问题及完善建议

管某诉青岛市黄岛区民政局停发最低生活保障金纠纷一案①

【案情简介】

管某系黄岛区藏南镇范家洼村农民，无民事行为能力人。2009 年 7 月 1 日，其家庭经原胶南市民政局审批，被纳入最低生活保障范围。2017 年 7 月，青岛市黄岛区民政局在互联网上的"青岛民政全业务平台-救助平台"对其家庭的财产状况进行查询核实，结果为：原告"家庭人均存款余额"超出标准，遂于 2017 年 7 月 27 日作出"社会救助不予审批告知书"，并于 2017 年 8 月 4 日向原告送达。管某不服诉至法院。庭审过程中，黄岛区民政局自行撤销了上述"社会救助不予审批告知书"，并向管某及其法定代理人王某分别送达了"最低生活保障金停发告知书"，告知原告及其法定代理人停发原因、法律法规依据、如有异议提交证据的时间、地点等内容。次日，黄岛区民政局又向管某及其法定代理人王某送达了"最低生活保障金停发通知书"。一审判决确认黄岛区民政局向管某送达上述告知书的程序违法，驳回管某要求撤销青岛市黄岛区民政局作出的"最低生活保障金停发通知书"的诉讼请求，并驳回管某的其他诉讼请求。管某认为黄岛区民政局无证据证明管某家庭金融超标，一审法院也未予查明上诉至青岛中院。青岛中院二审维持原判。

（一）民政机关救助行为的程序合法性有待加强

本案中，黄岛区民政局存在多处程序违法的情形。（1）在平台查询出结果后，没有对相对人进行任何的告知和听取相对人申辩，就直接作出了"社会救助不予审批告知书"。这违背行政法上的程序正当原则。尽管《暂行条

---

① 北大法宝 http：//www.pkulaw.cn/Case/，最后访问时间 2018 年 11 月 23 日，最后访问时间：2021 年 1 月 28 日。

例》并没有就民政部门的相关程序作出规定，但是，行政法的基本原则之一程序正当原则要求在对利害关系人作出不利行政决定前，应告知其原因并听取其申辩。(2) 本案中的黄岛民政局在文书名称上存在不规范的问题，本案中不存在管某申请救助需要民政局批准的问题，民政局作出的"社会救助不予审批告知书"存在明显瑕疵。(3) 紧接着民政局撤销前述"告知书"后次日作出"最低生活保障金停发告知书"，当事人的申辩权没有时间保障。

针对这个问题，建议修订《暂行办法》，完善民政机关在审批各类救助申请时的程序规定，并明确规定程序违法的法律后果和责任承担。其次，应尽快将《暂行办法》上升为法律，以解决目前法律位阶低造成的各种弊端。

(二) 低保家庭的家庭财产认定上存在漏洞

本案中，黄岛区民政局只是在青岛市民政部门统一设立的互联网查询平台上进行了查询，并根据查询结果来决定是否继续救助，是不合适的。市场经济下，个人经济行为比较自由，不受地域限制，资产持有形态多样，再加上网络时代，线上金融活动和其他的经济活动也比较多样化，因此个人的财产状况比较复杂，仅仅以当事人在户籍所在地的地域性民政平台的查询结果来判断其是否满足本地低保家庭财产总额有失偏颇。

针对这个问题，建议尽快在全国范围内建立统一的家庭财产查询平台，以防止因信息不畅出现救助对象偏差。

(三) 低保家庭的法律义务不具有可操作性

《暂行办法》第13条规定："最低生活保障家庭的人口状况、收入状况、财产状况发生变化的，应当及时告知乡镇人民政府、街道办事处。县级人民政府民政部门以及乡镇人民政府、街道办事处应当对获得最低生活保障家庭的人口状况、收入状况、财产状况定期核查。最低生活保障家庭的人口状况、收入状况、财产状况发生变化的，县级人民政府民政部门应当及时决定增发、减发或者停发最低生活保障金；决定停发最低生活保障金的，应当书面说明理由。"可见，低保家庭有法律义务及时告知相关部门其家庭人口和经济状况发生变化，但是，实践中，低保家庭往往不主动履行该项法律义务，根据法学理论，有义务就应该有制裁，当事人不履行义务就应该承担不利的法律后果。

建议修订《暂行条例》，合理设置低保家庭的法律义务和法律责任，对不履行法律规定的义务，应明确其应该承担的不利后果；对于骗取低保的行为，应规定更为严厉的制裁措施和威慑手段，比如将其纳入"失信人"；骗取低保数额较大的，必要时承担法律责任等。

(四)需要明确规定"家庭"是社会救助法律文书的送达对象

本案中,黄岛区民政局向管某的法定代理人王某送达最低保障金停发停发通知书遭到管某等人的质疑。前面提到,最低生活保障金是以家庭为救助对象的,因此,在法律文书制作上应明确某某家庭为文书送达对象,本案中尽管法院认为由于原告管某系无民事行为能力人,民政局向其法定代理人送达告知书并无不当,但如果能从制度上明确规定相关法律文书是针对整个家庭的,就更科学合理。

第十二章 家庭暴力的预防和惩戒

2010年全国妇联和国家统计局组织的第三期中国妇女社会地位调查数据显示，我国24.7%的女性在婚后遭受过不同形式的家庭暴力①。与十年前第二期中国妇女社会地位抽样调查结果（16%）相比呈上升趋势。家庭暴力已成为影响和破坏婚姻家庭幸福的重要因素，影响着社会的稳定与和谐，成为亟待解决的社会问题。

第一节 《反家庭暴力法》的立法背景及主要内容

相比一般的暴力行为，家庭暴力具有一定的特殊性。首先，家庭暴力具有隐蔽性。家庭暴力通常发生在家庭内部，受"家丑不可外扬"传统文化观念的影响，受害人很少向外界求助，外人难以知晓。同时民众或执法人员一般也认为家庭暴力是"两口子之间的事""家务问题"，不愿或认为不能介入。其次，家庭暴力的发生具有周期性，且暴力逐步升级。通常家庭暴力案件不会只发生一次，大多呈周期性，且周期间隔逐渐缩短，暴力程度逐步加重。最后，家庭暴力具有习得性。一般来说，从小目睹或遭受家庭暴力的人，更容易学会使用暴力处理与配偶及其他家庭成员的关系，也更能忍受暴力。因此，家庭暴力的防治不同一般暴力的制止，需要专门立法。

一、《反家庭暴力法》的立法背景

以1995年第四次世界妇女大会为契机，我国反家庭暴力立法经历了从法

---

① 宋秀岩：《新时期中国妇女社会地位调查研究》，中国妇女出版社2013年版，第950页。

律无明确规定到制定国家级专门立法的发展历程。第四次世界妇女大会在北京召开之前，受"清官难断家务事""法不入家门"等传统思想影响，家庭暴力大多被当作家庭私事，通常在家庭内部，以民间调解等手段处理。1995年第四次世界妇女大会首次将"家庭暴力"概念引入我国学界并进入公众视野。1996年，湖南省长沙市出台我国第一个反对家庭暴力的地方性规定。2000年，湖南省人大常委会通过了我国第一部反对家庭暴力的地方性法规，"家庭暴力"概念首次出现在中国法律体系中，之后全国28个省（区）市相继出台反家庭暴力专门法规或政策。2001年修订的《婚姻法》是我国第一次在国家级立法中对家庭暴力作出明确规定。此后，《妇女权益保障法》、《未成年人保护法》、《残疾人保障法》和《老年人权益保障法》通过修改，相应增加了针对家庭暴力的规定。2008年起，全国妇联开始向全国人大和全国政协提出制定专门反家庭暴力法的建议。2012年反家庭暴力立法被列入国家五年立法规划。2015年12月27日第十二届全国人民代表大会常务委员会第十八次会议正式通过《反家庭暴力法》，2016年3月1日起施行。

二、《反家庭暴力法》的主要内容

《反家庭暴力法》主要以预防和制止家庭暴力为目标，以明确国家、政府、社会、家庭、个人等各方职责为己任，以建立健全预防和制止家庭暴力措施为职能，涉及的内容涵盖了反家庭暴力工作的方方面面。

第一，界定了家庭暴力的概念。家庭暴力指家庭成员之间以殴打、捆绑、残害、限制人身自由以及经常性谩骂、恐吓等方式实施的身体、精神等侵害行为。同时规定家庭成员以外的共同生活的人之间实施的暴力行为，参照该法执行。

第二，构建了多机构合作反家庭暴力的工作机制。县级以上人民政府负责妇女儿童工作的机构，负责组织、协调、指导、督促有关部门做好反家庭暴力工作。县级以上人民政府有关部门、司法机关、人民团体、社会组织、居民委员会、村民委员会、企业事业单位，应当依法做好反家庭暴力工作。

第三，明确了反家庭暴力工作原则。即预防为主，教育、矫治与惩处相结合的原则。要尊重受害人真实意愿，保护当事人隐私，对未成年人、老年人、残疾人、孕期和哺乳期的妇女、重病患者等弱势群体给予特殊保护。

第四，规定了反家庭暴力的预防机制。明确国家、社会、家庭、个人等主体在反家暴工作中的具体责任和各种家暴预防措施。

第五，规定了反家庭暴力的处置措施。建立家庭暴力发现和强制报案制度；设置公安机关告诫制度；完善受害人救助制度；健全法院人身安全保护令制度。

第二节　家庭暴力的界定

《反家庭暴力法》第 2 条对家庭暴力作出明确界定。所谓家庭暴力是指家庭成员之间以殴打、捆绑、残害、限制人身自由以及经常性谩骂、恐吓等方式实施的身体、精神等侵害行为。其中涵盖了家庭暴力的主体以及家庭暴力的表现形式两个方面的内容。

一、家庭暴力的主体

依《反家庭暴力法》的规定，家庭暴力主要发生在两类主体：家庭成员之间和家庭成员以外共同生活的人之间。

（一）家庭成员

《反家庭暴力法》主要调整的是家庭成员之间的暴力行为。但是"何为家庭成员"《反家庭暴力法》却未明确。《民法典》第 1045 条界定了家庭成员的范围，配偶、父母、子女和其他共同生活的近亲属为家庭成员。所谓近亲属是指配偶、父母、子女、兄弟姐妹、祖父母、外祖父母、孙子女、外孙子女。

（二）家庭成员以外共同生活的人

《反家庭暴力法》第 37 条规定，"家庭成员以外共同生活的人之间实施的暴力行为，参照本法规定执行"。即家庭成员以外人员之间的暴力要参照反家庭暴力法规定执行，仅需满足"共同生活"这一条件。这些人虽然不属于家庭成员关系，但他们之间由于特殊的亲密关系或法律规定而产生类似于家庭成员之间的生活关系和权利义务，被称为"准家庭关系"。2015 年最高人民法院、最高人民检察院、公安部、司法部《关于依法办理家庭暴力犯罪案件的意见》规定家庭暴力不仅包括家庭成员之间的暴力，还包括具有监护、扶养、寄养、同居等关系的共同生活人员之间的暴力。《反家庭暴力法》第 37 条确认了这种观点和做法。

朱某春虐待前妻案①

【案情简介】

1998年9月，被告人朱某春与被害人刘某（女，殁年31岁）结婚。2007年11月，二人协议离婚，但仍以夫妻名义共同生活。2006年至案发前，朱某春经常因感情问题及家庭琐事殴打刘某，致刘某多次受伤。2011年7月11日，朱某春又因女儿的教育问题及怀疑女儿非自己亲生等与刘某发生争执。朱某春持皮带抽打刘某，致使刘某持刀自杀。朱某春随即将刘某送医院抢救。经鉴定，刘某体表多处挫伤，因被锐器刺中左胸部致心脏破裂大失血，经抢救无效死亡。当日，朱某春投案自首。

湖北省武汉市汉阳区人民法院经审理认为，朱某春经常性、持续性地采用殴打等手段损害家庭成员身心健康，致使被害人刘某不堪忍受身体上和精神上的摧残而自杀身亡，其行为已构成虐待罪。朱某春自动投案，如实供述自己的罪行，构成自首，可以从轻处罚。依照刑法有关规定，以虐待罪判处被告人朱某春有期徒刑五年。宣判后，朱某春提出上诉。武汉市中级人民法院经依法审理，裁定驳回上诉，维持原判。

本案是一起虐待共同生活的前配偶致被害人自杀身亡的典型案例。司法实践中，家庭暴力犯罪不仅发生在家庭成员之间，在具有监护、扶养、寄养、同居等关系的人员之间也经常发生。为了更好地保护儿童、老人和妇女等弱势群体的权利，促进家庭和谐，维护社会稳定，《关于依法办理家庭暴力犯罪案件的意见》将具有监护、扶养、寄养、同居等关系的人员界定为家庭暴力犯罪的主体范围。《反家庭暴力法》第37条也确认了该点。本案被告人朱某春虽与被害人刘某离婚，二人仍以夫妻名义共同生活，朱某春经常性、持续性地实施虐待行为，致使刘某不堪忍受而自杀身亡，属于虐待"致使被害人死亡"的加重处罚情节，应依法予以重判。

---

① 《最高法发布涉家庭暴力犯罪典型案例》，最高人民法院网2015年3月4日发布，http://www.court.gov.cn/zixun-xiangqing-13615.html，最后访问时间：2021年2月6日。

二、家庭暴力的类型

根据《反家庭暴力法》第 2 条的规定，家庭暴力主要包括身体暴力和精神暴力。身体暴力是最典型的家庭暴力形式，主要表现为殴打、捆绑、残害、限制人身自由，以饿冻、有病不给治疗等方式虐待、遗弃没有独立生活能力的儿童、老人、残疾人、重病患者，在家庭教育中以暴力方式管教儿童等。精神暴力主要表现为对受害人进行侮辱、谩骂、诽谤、宣传隐私、无端指责、人格贬损、恐吓、威胁、跟踪、骚扰等。精神暴力通常会使受害人产生自卑、恐惧、焦虑、抑郁等心理、精神方面的伤害。

除此之外，《反家庭暴力法》亦禁止其他形式的家庭暴力，其在明确规定身体暴力和精神暴力的同时，使用了一个"等"字，给执法、司法部门根据实际情况界定具体的家庭暴力留下空间。如最高人民法院应用中国法学研究所 2008 年发布的《涉及家庭暴力婚姻案件审理指南》使用了性暴力概念。2015 年最高人民法院、最高人民检察院、公安部、司法部《关于依法办理家庭暴力犯罪案件的意见》规定，负有扶养义务且有扶养能力的人，拒绝扶养年幼、年老、患病或者其他没有独立生活能力的家庭成员，是危害严重的遗弃性质的家庭暴力。家庭暴力体现的是家庭成员的不平等关系，其实质是一方控制另一方。这种控制的方式因人而异。所以只要行为符合家庭暴力的实质，即使不在法律所规定的表现形式中，也应当认定为家庭暴力。

第三节 家庭暴力的预防

《反家庭暴力法》第 5 条规定，反家庭暴力工作遵循预防为主，教育、矫治与惩处相结合原则。家庭暴力的周期性、不断升级性特点决定了防止家庭暴力的发生、及时识别家庭暴力是制止家庭暴力最有效的方式。因此"预防"家庭暴力是反家庭暴力工作的首要任务。家庭暴力的预防主要是国家、政府、社会组织等主体的职责。

一、预防家庭暴力的主要工作内容

（一）宣传教育

预防家庭暴力首先要提高人们对家庭暴力的认识，增强反家庭暴力意识。

受"打是亲骂是爱""打老婆天经地义""棍棒底下出孝子""清官难断家务事"等传统观念影响，很多人包括司法、执法人员认为家庭暴力是私事，公权力不宜过多介入。因此宣传教育是首要预防工作。通过开展家庭美德和反家庭暴力教育宣传活动，普及反家庭暴力知识，增强公民反家庭暴力意识，形成对家庭暴力"零容忍"的良好社会氛围。

（二）开展家庭指导等社会服务

通过开展心理健康咨询、家庭关系指导、家庭纠纷调解等社会服务，多渠道化解家庭矛盾，可以有效预防和减少家庭暴力的发生。心理健康咨询和家庭指导可以使家庭成员保持健康心态，能够正确处理家庭关系，从而减少家庭矛盾。通过家庭教育，提高未成年人的监护人的能力，使监护人能够以文明的方式进行家庭教育，依法履行监护和教育职责，不实施家庭暴力。

（三）相关部门或机构及时干预家庭暴力

对正面临家庭暴力或有遭受家庭暴力现实危险的受害人，相关部门或机构提前介入，及时采取干预措施，可以有效防止家庭暴力的发生。对已经发生的家庭暴力的积极干预和制止，能够防止家庭暴力升级和再次发生。

二、家庭暴力的预防责任主体及职责内容

《反家庭暴力法》规定了国家、社会、企事业单位、个人等主体在预防家庭暴力方面应承担的职责。

（一）国家的职责

国家应承担起宣传教育职责。通过开展家庭美德宣传教育，普及反家庭暴力知识，增强公民反家庭暴力意识。

（二）政府的职责

1. 支持社会组织开展反家庭暴力社会服务的职责

各级人民政府应当支持社会工作服务机构等社会组织开展心理健康咨询、家庭关系指导、家庭暴力预防知识教育等服务。家庭暴力的预防工作不仅是国家责任，也是社会责任。国家应当支持社会组织开展各项社会服务，这是政府的职责；社会工作服务机构是开展家庭暴力预防工作的重要社会力量。

2. 将反家庭暴力纳入业务培训和统计工作

县级以上人民政府有关部门、司法机关、妇女联合会应当将预防和制止家庭暴力纳入业务培训和统计工作。培训是反家庭暴力法得以有效贯彻执行的前提和基础。通过培训，改变观念，才能以正确的态度和认识去面对家庭暴力问题。通过培训，才能提高相关部门应对家庭暴力的工作能力。对家庭暴力的相关数据进行统计，在反家暴工作中具有重要的作用。家庭暴力的统计数据能够反映家庭暴力发生的动态情况，发现本地区家庭暴力的特点，有利于开展有针对性的服务，及时发现本地区、本部门在反家庭暴力工作中存在的问题，进而改进工作。

3. 乡镇人民政府、街道办事处应当组织开展家庭暴力预防工作

乡镇人民政府、街道办事处作为最基层的政府部门，工作在第一线，是国家各项反家暴工作的最直接落实者。

（三）社会组织的职责

各类社会组织在各自工作范围内应承担起宣传教育职责。工会、共产主义青年团、妇女联合会、残疾人联合会应当在各自工作范围内，组织开展家庭美德和反家庭暴力宣传教育；广播、电视、报刊、网络等应当开展家庭美德和反家庭暴力宣传；学校、幼儿园应当开展家庭美德和反家庭暴力教育。

（四）医疗机构的职责

医疗机构应当做好家庭暴力受害人的诊疗记录。对因暴力造成的伤害，医务人员除进行医疗救治外，详细做好诊疗记录，可以为受害人保存相关证据。医疗机构担负着家庭暴力受害人的诊疗救治和固定证据的双重责任。

（五）基层自治组织的职责

1. 居民委员会、村民委员会应当配合协助乡镇人民政府、街道办事处开展家庭暴力预防工作。

2. 人民调解组织应当依法调解家庭纠纷，预防和减少家庭暴力的发生。人民调解是人民群众自我管理、自我服务、自我约束、自我教育的群众性自治活动。人民调解委员会作为群众自治组织，其主要职责是调解民间纠纷，家庭纠纷是其中一项重要内容。通过有效的调解工作，可以及时化解矛盾，预防和减少家庭暴力的发生。

（六）用人单位的职责

用人单位发现本单位人员有家庭暴力情况的，应当给予批评教育，并做好家庭矛盾的调解、化解工作。用人单位作为员工依托的工作组织，它的制度约束和评价对于员工有着较强的影响力。用人单位对有家庭暴力行为的员工进行批评教育，有利于员工认识错误，改正行为，避免家庭暴力的再次发生。

（七）未成年人的监护人的职责

未成年人的监护人应当以文明的方式进行家庭教育，依法履行监护和教育

职责，不得实施家庭暴力。父母要纠正传统的错误观念，改变简单粗暴的管教方式，以文明的方式进行家庭教育，以任何理由、任何方式对未成年人实施家庭暴力都是违法行为。

第四节　对受害人的保护与救助

对家庭暴力受害人进行保护和救助是《反家庭暴力法》的主要立法目的之一，也是反家庭暴力工作的宗旨和目标。因此《反家庭暴力法》设专章对家暴受害人的保护和救助措施予以规定，主要体现在第三章"家庭暴力的处置"。内容涉及两个方面：一是家庭暴力受害人一方（包括其法定代理人和近亲属）主动寻求保护救济的措施，即"投诉、反映或求助措施"；二是政府相关部门和社会组织对家庭暴力受害人的救助措施。对此，根据家暴受害人行为能力的不同，又分为针对一般家暴受害人的救助措施和针对行为能力有欠缺的家暴受害人的救助措施。人身安全保护令是法院颁发的针对所有家庭暴力受害人的重要救助措施，鉴于其重要性，本节将其作为一个独立部分予以单独介绍。

一、对家庭暴力的投诉、反映或求助

《反家庭暴力法》第 13 条规定，"家庭暴力受害人及其法定代理人、近亲属可以向加害人或者受害人所在单位、居民委员会、村民委员会、妇女联合会等单位投诉、反映或求助。有关单位接到家庭暴力投诉、反映或者求助后，应当予以帮助、处理。家庭暴力受害人及其法定代理人、近亲属也可以向公安机关报案或者依法向人民法院起诉。单位、个人发现正在发生的家庭暴力行为，有权及时劝阻"。

（一）家庭暴力投诉的主体是家庭暴力受害人及其法定代理人、近亲属

根据《反家庭暴力法》第 13 条的规定，不仅家庭暴力受害人可以投诉、反映或求助，而且其法定代理人和近亲属均有权投诉、反映或求助。将家庭暴力受害人的法定代理人和近亲属纳入投诉主体，是处置家庭暴力的客观要求。有些家庭暴力受害人由于行为能力有欠缺，本人无法投诉；有些家庭暴力受害人因为失去人身自由无法求助，或者因长期被施暴不敢求助，需要法定代理人或近亲属投诉。对于法定代理人实施的家庭暴力而言，其他近亲属的投诉、反

映或求助对于制止家庭暴力具有非常现实的意义。近亲属应当包括配偶、父母、子女、兄弟姐妹、祖父母、外祖父母、孙子女、外孙子女和其他具有扶养、赡养关系的亲属。

（二）家庭暴力投诉、反映或者求助的渠道

1. 加害人或者受害人所在单位、城乡基层群众性自治组织、妇女联合会等单位是家庭暴力投诉、反映或求助的主要渠道。这些单位构建起家庭暴力受害人的社会支持网络。同时，这些单位接到家庭暴力投诉、反映或求助后，有义务予以帮助、处理。

2. 报警。可以拨打 110 或向基层派出所报案，这是最主要的法律救济途径。2008 年全国妇联、中宣部、最高人民检察院、公安部、民政部、司法部、卫生部联合印发《关于预防和制止家庭暴力的若干意见》（妇字〔2008〕28号），规定公安机关应当设立家庭暴力案件投诉点，将家庭暴力报警纳入"110"出警工作范围，并按照《"110"接处警规则》的有关规定对家庭暴力求助投诉及时进行处理。

3. 提起诉讼。对于有证据证明的轻微家庭暴力犯罪案件，受害人可以选择自诉，依法向犯罪发生地或者被告人居住地的基层人民法院起诉。家庭暴力行为尚未构成犯罪的，受害人可以提起民事诉讼，要求施暴人承担停止侵害、赔礼道歉、赔偿损失等民事责任。

二、对一般家庭暴力受害人的救助措施

因家庭暴力受害人遭受侵害的情形及后果具有复杂性，因此对其救助的措施涉及多个部门和机构，具有多样性，以满足其多方面的需求。

（一）公安机关应及时出警制止家庭暴力

公安机关作为社会管理的重要职能部门，负有维护国家安全和社会治安秩序、保护公民的合法权益的职责，而且法律赋予了公安机关相应的职权和相应的强制手段和措施。因此在处理家庭暴力问题上，公安机关有着其他部门不能替代的重要作用。

1. 接到报警后及时出警、制止家庭暴力。只要家庭暴力受害人、其法定代理人、近亲属或者负有强制报告义务的组织、机构报警，公安机关就应当依法及时出警，制止家庭暴力。不能以任何理由拒绝出警，否则就是行政不作为，可能构成玩忽职守，应依法承担相应法律责任。

2. 按照有关规定调查取证。公安机关出警后应依法定程序调查，形成相应的报警记录、调查笔录,这是当事人证明家庭暴力的有力证据,可以在一定程度上解决家暴受害人举证难的问题。

3. 协助受害人就医、鉴定伤情。家庭暴力造成受害人身体伤害,需要就医的,警察应当协助受害人到医院治疗;需要伤情鉴定的,应协助进行伤情鉴定。警察可以给受害人开具专门验伤申请单,到指定的司法鉴定机构进行伤情鉴定。伤情鉴定结论具有法律效力,是遭受家庭暴力的有力证据,既可以是法院认定家庭暴力的证据,也可以是受害人要求离婚或民事赔偿的证据,还是国家追究施暴力行政责任、刑事责任的重要依据。

4. 作出处理决定。经过调查取证,公安机关根据家庭暴力的危害程度,可以采取三种处理方式:(1)情节轻微,不需进行治安管理处罚的,可以予以告诫;(2)违反治安管理处罚法的,依法给予相应行政处罚;(3)情节严重,构成犯罪的,应立案侦查,侦查终结后移送检察院提起公诉,由法院对行为人的家庭暴力行为依法审判。

(二)民政部门提供临时庇护帮助

为避免受害人继续遭受家庭暴力,使其暂时脱离危险环境,需要为其提供临时庇护措施。《反家庭暴力法》第18条规定,"县级或者设区的市级人民政府可以单独或者依托救助管理机构设立临时庇护场所,为家庭暴力受害人提供临时生活帮助"。

(三)法律援助机构提供法律援助

家庭暴力受害人的合法权益受到侵害,运用法律手段实现权利救济,是家暴受害人的法律需求。为此,法律援助机构应当依法为家庭暴力受害人提供法律援助。

(四)人民法院应依法审理家暴案件

家庭暴力不是私事,受害人可以向人民法院提出诉讼,要求国家保护其合法权益。对于严重的家庭暴力案件,检察机关也可以提起公诉,要求法院追究施暴人的刑事责任。因此人民法院应当依法对家庭暴力案件进行审理,可以根据公安机关出警记录、告诫书、伤情鉴定意见等证据,认定家庭暴力事实,追究施暴人的法律责任,救济受害人的合法权益。

(五)对家暴受害人进行心理辅导

家庭暴力不仅伤害受害人的身体健康,而且还经常对受害人的心理造成严重影响。因此《反家庭暴力法》规定"工会、共青团、妇女联合会、残疾人联合会、居民委员会、村民委员会等在必要时可以对受害人进行心理辅导"。

三、对无民事行为能力或限制民事行为能力受害人的特殊救助措施

(一) 强制报告制度

1.《反家庭暴力法》规定的强制报告制度

《反家庭暴力法》新设强制报告制度，针对涉及未成年人等无民事行为能力或限制民事行为能力人的家庭暴力案件，规定特定单位、组织一旦发现，负有向公安机关报告的法定义务，使公安机关等公权力能够及时介入到家庭暴力案中，保护未成年人等弱势群体的合法权益。为加强对未成年人的全面综合司法保护，及时有效惩治侵害未成年人违法犯罪，2020年5月7日最高人民检察院、国家监察委员会、教育部、公安部、民政部、司法部、国家卫生健康委员会、中国共产主义青年团中央委员会、中华全国妇女联合会9部门联合发布《关于建立健全未成年人案件强制报告制度的意见（试行）》，进一步明确负有强制报告义务的组织类型、应当强制报告的情形、相关职能机关的职责等。

（1）强制报告的对象

强制报告的对象仅限于无民事行为能力人和限制民事行为能力人。这些主体因欠缺行为能力，无法主动向外求助，是需要特殊保护的弱势群体。强制报告制度较好地平衡了国家干预与家庭私密、公共利益与个人利益、公权力介入与公民自决之间的关系，这种适度干预的"度"的把握是公权力介入家庭暴力的有效手段之一。

（2）强制报告的主体

法定负有强制报告义务的主体是特定的单位或组织，包括学校、幼儿园、医疗机构、居民委员会、村民委员会、社会工作服务机构、救助管理机构、福利机构及其工作人员。这些机构与保护对象联系较为密切，在工作中最有可能发现家庭暴力。

（3）强制报告的要求

《反家庭暴力法》在规定上述机构承担强制报告责任的同时，也限定了一些条件，以减轻相关机构及其工作人员的负担。

第一，发现途径限于"在工作中发现"。这是义务主体正确履职的必然结果，不是额外负担。反之，如果不是"在工作中发现"，则不负有强制报告责任。

第二,发现机构只向"公安机关"报案,而不需向其他部门报告。

第三,报告方式灵活多样,减轻相关机构及其工作人员的报告负担。

第四,公安机关应为报告人保密。为避免报告后遭到打击报复,保护报告人的合法权益,《反家庭暴力法》特别规定了公安机关要为报告人保密。

第五,不履行强制报告义务的,应承担法律责任。因为强制报告是相关机构的法定职责,若其不履职,并且造成严重后果的,应由上级主管部门或者本单位对直接负责的主管人员和其他直接责任人员依法给予处分。

2.《未成年人保护法》对未成年人遭受家庭暴力的特别规定

2020年修订的《未成年人保护法》的一大亮点就是强化各方报告义务。对未成年人遭受包括家庭暴力在内的各种侵害合法权益的情形,明确了相关组织和个人的报告义务。《未成年人保护法》第11条规定:"任何组织或者个人发现不利于未成年人身心健康或者侵犯未成年人合法权益的情形,都有权劝阻、制止或者向公安、民政、教育等有关部门提出检举、控告。国家机关、居民委员会、村民委员会、密切接触未成年人的单位及其工作人员,在工作各发现未成年人身心健康受到侵害、疑似受到侵害或者面临其他危险情形的,应当立即向公安、民政、教育等有关部门报告。有关部门接到检举、控告或者报告,应当依法及时受理、处置,并以适当方式将处理结果告知相关单位和人员。"

相比《反家庭暴力法》,《未成年人保护法》从三个方面完善了未成年人家庭暴力强制报告制度:一是扩大了报告主体的范围,除强制报告主体外,赋予每个组织或者个人都有报告的权利。二是扩充了强制报告机关,不仅可以向公安机关报告,还可以向民政、教育等有关部门报告。三是增加了对强制报告后的反馈规定,在程序上更加完善,形成双向闭环机制。因此《未成年人保护法》进一步解决了未成年人遭受家庭暴力"发现难"的问题。

(二)在特殊情况下公安机关负有强制带离义务

遭受家庭暴力的无民事行为能力人、限制民事行为能力人,缺乏自我保护能力,对于此类家暴受害人,应采取特殊保护措施,以避免其再次遭受家庭暴力。《反家庭暴力法》第15条规定,"因家庭暴力身体受到严重伤害、面临人身安全威胁或者处于无人照料等危险状态的",公安机关、民政部门应采取紧急安置措施。根据最高人民法院、最高人民检察院、公安部、民政部联合颁布的《关于依法处理监护人侵害未成年人权益行为若干问题的意见》,监护人侵害未成年人权益的,公安机关在接到报警后,应当及时制止监护侵害行为。在出警过程中，发现未成年人身体受到严重伤害、面临严重人身安全威胁或者处于无人照料等危险状态的，应当将其带离实施监护侵害行为的监护人，就近护送至其他监护人、亲属、村（居）民委员会或者未成年人救助保护机构，并办理书面交接手续。如果未成年人有表达能力，应当就护送地点征求未成年人意见。

（三）民政部门应当予以临时安置

上述情况下，公安机关应当通知并协助民政部门将其安置到临时庇护场所，救助管理机构或者福利机构。民政部门应当提供临时庇护场所。在各地普遍没有建立专门的家暴受害人庇护场所的背景下，民政部门对家暴受害人，特别是对未成年家暴受害人的临时安置要注意场所的选择。根据2015年民政部、全国妇联《关于做好家庭暴力受害人庇护救助工作的指导意见》规定，救助管理机构要将遭受家庭暴力侵害的未成年受害人安排在专门区域进行救助保护。对于年幼的未成年受害人，要安排专业社会工作者或专人予以陪护和精心照料，待其情绪稳定后再根据需要安排到爱心家庭寄养。负责接收未成年人的单位和人员（临时照料人）应当对未成年人予以临时紧急庇护和短期生活照料，保护未成年人的人身安全，不得侵害未成年人合法权益。

（四）人民法院可以撤销施暴人的监护人资格

监护人实施家庭暴力严重侵害被监护人合法权益的，人民法院可以根据被监护人的近亲属、居民委员会、村民委员会、县级人民政府民政部门等有关人员或者单位的申请，依法撤销监护人资格，同时另行指定监护人。

被撤销监护人资格的加害人，仍然应当继续负担无民事行为能力、限制民事行为能力家暴受害人的赡养、扶养、抚养费用。不因被撤销监护资格，而免除相应的法定义务。

四、人身安全保护令

人身安全保护令是人民法院为了保护家庭暴力受害人或者面临家庭暴力现实危险的人颁发的保护其人身安全免受暴力伤害，禁止加害人继续施暴的民事裁定。从各地司法机关实施效果看，保护令在制止家暴、避免家暴升级、保护受害人免受进一步侵害方面效果显著。

（一）申请主体

可以申请人身保护令的主体有两类：

一类是遭受家庭暴力或面临家庭暴力现实危险的受害人，他们可以直接向人民法院申请人身安全保护令。

另一类是代为申请主体。家暴受害人是无民事行为能力人、限制民事行为能力人，或者因受到强制、威吓等原因无法申请人身安全保护令，其近亲属、公安机关、妇女联合会、居民委员会、村民委员会、救助管理机构可以代为申请。

（二）受理法院

人身安全保护令由受害人或加害人居住地、家庭暴力发生地的基层人民法院管辖。两个以上同级人民法院都有管辖权的，由最初受理的人民法院管辖。

（三）申请方式

申请人身安全保护令应当以书面方式提出；书面申请确有困难的，可以口头申请，由人民法院记入笔录。

人身安全保护令格式可以参考最高人民法院 2016 年发布的文书样式，参见本节末。

（四）申请条件

申请人身安全保护令需满足一定条件：有明确的被申请人、有具体的请求、有遭受家庭暴力或者面临家庭暴力现实危险的情形。

申请人身安全保护令的裁定，无需交纳任何费用。

人身安全保护令的申请不依附于离婚诉讼或其他诉讼，可以单独申请。①

（五）审理期限、裁定内容、送达及执行

1. 法院审理时限。人民法院受理申请后，应当在 72 小时内作出人身安全保护令或者驳回申请；情况紧急的，应当在 24 小时内作出。

2. 裁定内容。法院作出的人身安全保护裁定可以包括下列内容中的一项或多项：（1）禁止被申请人实施家庭暴力；（2）禁止被申请人骚扰、跟踪、接触申请人及其相关近亲属；（3）责令被申请人迁出申请人住所；（4）保护申请人人身安全的其他措施。

3. 送达与执行。人民法院作出人身安全保护令后，应当送达申请人、被

---

① 这一点与 2008 年最高人民法院中国应用法学研究所发布的《涉及家庭暴力婚姻案件审理指南》的规定有所不同。指南规定，人身安全保护令是被作为一项"人民法院为保护家暴受害人及共子女和特定亲属的人身安全，确保民事诉讼程序正常进行而作出的排除妨碍诉讼行为的裁定"的制定来加以设计的，需要依附于婚姻诉讼案件。诉前提出申请的当事人获得人身安全保护裁定后，必须在 15 日内提起离婚诉讼。逾期未提起离婚诉讼的，裁定自动失效。

申请人、公安机关以及居民委员会、村民委员会等有关组织。人身安全保护令由人民法院执行,公安机关以及居民委员会、村民委员会等应当协助执行。

(六)人身安全保护令的有效期及复议

1. 有效期。人身安全保护令的有效期不超过 6 个月,自作出之日起生效。人身安全保护令失效前,人民法院可以根据申请人的申请撤销、变更或者延长。

2. 复议。申请人对驳回申请不服或者被申请人对人身安全保护令不服的,可以自裁定生效之日起五日内向作出裁定的人民法院申请复议一次。但是复议期间,不停止人身安全保护令的执行。

附:

申 请 书

申请人:×××,男/女,××××年××月××日出生,×族,……(写明工作单位和职务或者职业),住……。联系方式:……。

法定代理人/指定代理人:×××,……。

委托诉讼代理人:×××,……。

被申请人:×××,……。

……

(以上写明当事人和其他诉讼参加人的姓名或者名称等基本信息)

请求事项:

……(写明保护申请人人身安全的措施)

事实和理由:

……(写明有遭受家庭暴力或者面临家庭暴力现实危险的情形以及其他事实和理由)。

此致

××××人民法院

申请人(签名或者盖章)

××××年××月××日

郝某某诉讼期间申请人身安全保护令案①

【案情简介】

申请人郝某某与其妻王某某（已故）育有五个子女。现郝某某已丧失劳动能力，除每月的低保金 320 元外，无其他经济来源，其日常生活需要子女照顾。申请人郝某某轮流在除被告郝某华之外的其他子女处居住生活。因其他子女经济情况一般，住房较为紧张，申请人郝某某遂要求被告郝某华支付赡养费，并解决其居住问题。被申请人郝某华对原告郝某某提出的要求不满，经常用激烈言辞对郝某某进行言语威胁、谩骂，致使郝某某产生精神恐惧，情绪紧张。郝某某诉至法院，要求被告郝某华支付赡养费，并解决其居住问题。经法院多次通知，被告郝某华仍不到庭应诉，反而对原告恫吓威胁，致使原告终日处在恐惧之中。原告遂在诉讼期间向本院申请人身安全保护裁定，要求法院采取措施，制止被告郝某华对郝某某威胁、谩骂侮辱行为。

针对申请人提出的人身安全保护裁定申请，法院经审理认为，被申请人郝某华对申请人郝某某经常进行言语威胁、谩骂等行为，导致申请人终日生活在恐惧之中，故其申请符合法律规定，应予支持。法院裁定：禁止被申请人郝某华对申请人郝某某采取言语威胁、谩骂、侮辱以及可能导致申请人产生心理恐惧、担心、害怕的其他行为。同时，法院对被申请人进行了训诫，告知其在有效期内，若发生上述行为，则视情节轻重对被申请人采取拘留、罚款等强制措施。经跟踪回访，被申请人对申请人再无威胁行为。对原告请求被告履行赡养义务的请求，法院判决被告郝某华每月向原告郝某某支付赡养费 600 元。

家庭暴力不仅发生在夫妻之间，父母子女等其他家庭成员之间也可能发生家庭暴力。当家庭暴力行为对家庭成员造成人身或财产的危险时，受害人可以向人民法院提出人身安全保护裁定申请。法院应根据情况及时作出裁定。

---

① 《最高人民法院公布十起涉家庭暴力典型案例》，载《人民法院报》2014 年 2 月 28 日，http://www.chinapeace.gov.cn/2014-02/28/content_10536158.htm 2018 年 12 月 21 日访问。

第五节 对加害人的惩戒措施

根据家庭暴力加害人的施暴行为的情节和后果的严重程度不同，法律上对加害人实施不同的惩戒措施，依次为告诫、行政处罚和刑罚。

一、对情节轻微的施暴行为予以告诫

现实生活中，更多的家庭暴力是尚未达到法定处罚程度的轻度暴力。鉴于家庭暴力具有周期性和不断升级的特点，如果国家放任轻微的家庭暴力行为，不及时予以干预并制止的话，未来极有可能演变成严重的家庭暴力行为，甚至发生以暴制暴。因此对于情节较轻、依法不应给予治安管理处罚的轻微家庭暴力，国家公权力机关也要适当介入、干预并制止。《反家庭暴力法》针对这种情节轻微的家暴行为规定了告诫制度。

（一）家庭暴力告诫制度的概念和特点

所谓家庭暴力告诫制度是公安机关对情节轻微依法不构成治安处罚的轻微家庭暴力加害人采取训诫、教育、警示等非强制措施，督促加害人改正违法行为的一种治安行政指导。告诫并非惩戒措施。建立家庭暴力告诫制度旨在通过公安机关治安行政指导，加强对家庭暴力的靠前干预，解决防治家庭暴力手段单一、被动和滞后等问题。告诫制度相比行政处罚、行政强制或口头调处，在干预家庭暴力方面有自己独特的优势：

1. 正式性。告诫制度是以书面形式对施暴者进行警示、教育，并送达加害人本人，与口头警告相比，其正式性更容易对加害人起到教育、警示的作用；也有利于受害人收集保存家庭暴力证据。

2. 非强制性。告诫制度是一种相对温和的干预措施，只是警示施暴者不得再次实施家庭暴力行为，不对其权利义务产生实质性影响，有利于维系婚姻家庭关系，促进社会和谐。同时，因其不具有强制力，不直接产生行政法律后果，因此不仅不会增加公安机关的执法成本，而且因其固定了家暴证据，为后续处置节约了成本。

3. 预防性。告诫制度主要适用于依法不予行政处罚的轻微家庭暴力，强调对家庭暴力的前期干预，可以有效防止家庭暴力的进一步恶化升级。

(二) 家庭暴力告诫制度的作用

1. 对施暴人的警告作用。公安机关对家庭暴力的加害人依法作出行政告诫书，具有一定的警示作用，加害人收到告诫书后会认识自身行为的违法性和社会危害性，不再继续施暴或导致暴力升级。

2. 对受害人的保护作用。公安机关应当将告诫书送交加害人、受害人，并通知居民委员会、村民委员会。居民委员会、村民委员会、公安派出所应当对收到告诫书的加害人、受害人进行查访，监督加害人不再实施家庭暴力，保护受害人免受进一步的暴力侵害。

3. 证据作用。人民法院审理涉及家庭暴力的案件，可以根据公安机关的告诫书等证据，认定家庭暴力事实。

(三) 告诫书的主要内容

《反家庭暴力法》第16条第2款规定，"告诫书应当包括加害人的身份信息、家庭暴力的事实陈述、禁止加害人实施家庭暴力等内容"。目前公安部尚未发布统一的告诫书样式，部分省份或市制订了当地的《家庭暴力行政告诫实施办法》，其中一般都有告诫书的具体样式。

二、对较为严重构成违法的施暴行为予以行政处罚

家庭暴力是侵害家庭成员合法权益的违法行为，当其社会危害性达到一定严重程度符合《治安管理处罚法》的规定时，应当按照《治安管理处罚法》的规定对施暴人进行处罚，追究加害人的行政责任。由于《治安管理处罚法》制定的时间较早，其中并没有出现"家庭暴力"的文字表述，可以针对家庭暴力行为的具体表现形式确定不同的处罚责任。

1. 虐待、遗弃家庭成员的治安处罚。《治安管理处罚法》第45条规定，虐待家庭成员，被虐待人要求处理的；遗弃没有独立生活能力的被扶养人的，处5日以下拘留或者警告。

2. 对家庭成员实施身体暴力的治安处罚。《治安管理处罚法》第43条规定，殴打他人的，或者故意伤害他人身体的，处5日以上10日以下拘留，并处200元以上500元以下罚款；情节较轻的，处5日以下拘留或者500元以下罚款。

3. 对家庭成员实施精神暴力的治安处罚。对于精神暴力，《治安管理处罚法》第42条规定，写恐吓信或者以其他方法威胁他人人身安全的，或者公然侮辱他人或者捏造事实诽谤他人的，处5日以下拘留或者500元以下罚款；情

节较重的，处 5 日以上 10 日以下拘留，可以并处 500 元以下罚款。非法限制他人人身自由的，《治安管理处罚法》第 40 条规定，处 10 日以上 15 日以下拘留，并处 500 元以上 1000 元以下罚款；情节较轻的，处 5 日以上 10 日以下拘留，并处 200 元以上 500 元以下罚款。

三、对构成犯罪的施暴行为依法追究其刑事责任

加害人实施的家庭暴力行为造成严重后果的，可能构成虐待罪、遗弃罪，这是专门针对家庭成员的违法犯罪行为。除此之外，身体暴力可能构成故意杀人罪、故意伤害罪、过失致人死亡罪、过失致人重伤罪。精神暴力可以构成强制猥亵、侮辱妇女罪、侮辱、诽谤罪。非法限制人身自由的家庭暴力，可能构成非法拘禁罪。

许某某故意伤害案①

【案情简介】

被告人许某某平时经常打骂父母，其母被打得不敢回家。2012 年 5 月 28 日，许某某又因琐事在家中殴打因患脑血栓行动不便的父亲许二（被害人，殁年 63 岁）。同月 30 日中午，许某某再次拳打脚踢许二的头面部及胸部等处，造成许二双侧胸部皮下及肌间广泛出血，双侧肋骨多根多段骨折，左肺广泛挫伤，致创伤性、疼痛性休克并发呼吸困难死亡。

河北省衡水市中级人民法院经审理认为，许某某因琐事殴打患脑血栓行动不便的父亲许二致死，其行为已构成故意伤害罪，应依法惩处。依照刑法有关规定，以故意伤害罪判处被告人许某某死刑，剥夺政治权利终身。宣判后，许某某提出上诉。河北省高级人民法院经审理，裁定驳回上诉，维持原判，并依法报请最高人民法院核准。最高人民法院经依法复核，核准许某某死刑。罪犯许某某已被执行死刑。

本案是一起殴打病重父亲致死的家庭暴力犯罪案件。尊老爱幼是中华民族的传统美德，而被告人许某某平时好吃懒做，还经常打骂父母，在案发前和案

---

① 《最高法发布涉家庭暴力犯罪典型案例》，最高人民法院网，2015 年 3 月 4 日发布，http：//www.court.gov.cn/zixun-xiangqing-13615.html，2018 年 12 月 21 日访问。

发当日先后两次对患脑血栓行动不便的父亲施暴，且是殴打其父头面部及胸部等要害部位，从许二双侧肋骨多根多段骨折的情况看，暴力程度很强，说明许某某主观上具有伤害的故意。案发后，许某某的近亲属及村民代表均要求严惩不务正业、打死生父、违背人伦道德的"逆子"。人民法院对许某某以故意伤害罪核准死刑，定性准确，量刑适当，充分体现了对严重侵犯老人等弱势群体的暴力犯罪予以严惩的刑事政策，即便是发生在家庭成员之间也不例外。

四、追究家暴加害人的民事责任

《反家庭暴力法》并未规定加害人实施家庭暴力应承担民事责任，但是《民法典》等相关法律规定了家庭暴力在民法上的法律后果。主要体现在三个方面：

1.《民法典》第1079条规定，实施家庭暴力是法院判决离婚的法定事由之一。

2.《民法典》第1091条规定，实施家庭暴力导致离婚的，无过错方有权请求损害赔偿。

3.家庭暴力是确定子女抚养权归属的首要考量因素。最高人民法院《第八次全国法院民事商事审判工作会议（民事部分）纪要》明确，在审查婚姻家庭案件中，应注重对未成年人权益的保护，特别是涉及家庭暴力的离婚案件，从未成年子女利益最大化的原则出发，对于实施家庭暴力的父母一方，一般不宜判决其直接抚养未成年子女。

郑某丽诉倪某斌离婚纠纷案①

【案情简介】

原告郑某丽与被告倪某斌于2009年2月11日登记结婚，2010年5月7日生育儿子倪某某。在原、被告共同生活期间，被告经常击打一个用白布包裹的篮球，上面写着"我要打死、打死郑某丽"的字句。2011年2月23日，原、被告因家庭琐事发生争执，后被告将原告殴打致轻微伤。2011年3月14日，原告向法院提起离婚诉讼，请求法院依法判令准予

---

① 《最高人民法院公布十起涉家庭暴力典型案例》，载《人民法院报》2014年2月28日发布，http://www.chinapeace.gov.cn/2014-02/28/content_10536158.htm，2018年12月21日访问。

原、被告离婚；婚生男孩倪某某由原告抚养，抚养费由原告自行承担；原、被告夫妻共同财产依法分割；被告赔偿原告精神损失费人民币30000元。

法院经审理认为，原告郑某丽与被告倪某斌婚前缺乏了解，草率结婚。婚后被告将一个裹着白布的篮球挂在家中的阳台上，且在白布上写着对原告具有攻击性和威胁性的字句，还经常击打篮球，从视觉上折磨原告，使原告产生恐惧感，该行为构成精神暴力。在夫妻发生矛盾时，被告对原告实施身体暴力致其轻微伤，最终导致了原、被告夫妻感情的完全破裂。因被告存在家庭暴力行为不宜直接抚养子女，且婚生男孩倪某某未满两周岁随母亲生活更有利于其身心健康。被告对原告实施家庭暴力使原告遭受精神损害，被告应承担过错责任，故被告应酌情赔偿原告精神损害抚慰金。据此，依法判决准予原告郑某丽与被告倪某斌离婚；婚生男孩倪某某由原告郑某丽抚养，抚养费由原告承担；被告倪某斌赔偿原告郑某丽精神损害抚慰金人民币5000元。该判决已生效。

这是一起典型的精神暴力案件。施暴人主要通过言语威胁，视觉上折磨受害人，使受害人产生恐惧感，法院就认定了家庭暴力，据此判决双方离婚；从子女利益最大化角度出发，将子女抚养权判决给家暴受害人；并判决施暴人向受害人赔偿5000元精神损害赔偿。

第十三章　家事纠纷的解决途径

纠纷（dispute），或称争议、争端、冲突，是特定的主体基于利益冲突而产生的一种双边或多边的对抗行为或状态。① 家事纠纷，按照通常理解，是指基于婚姻、血缘等形成的身份关系为中心的家庭成员之间产生的纠纷。家事纠纷绝大多数是由民事法律规范进行调整的民事纠纷，包括身份关系纠纷和基于身份关系所产生的财产纠纷。② 家事纠纷的类型主要有婚姻纠纷（如离婚、婚姻无效、婚姻撤销）、抚养纠纷、赡养纠纷、收养纠纷、同居期间财产分割纠纷、继承和分家析产纠纷等。家事纠纷与普通民事纠纷具有共性，故我国民事纠纷解决机制一般适用于家事纠纷的解决。同时，因为家事纠纷具有不同于普通民事纠纷的诸多特性，例如，家事纠纷具有很强的人身性和私密性，纠纷内容往往自治性与涉他性并存、私益与公益兼具，这些特点决定了家事纠纷具有特殊性、复杂性和综合性。依据纠纷解决机制应与纠纷特点相适应的原理，家事纠纷的特殊性要求在家事纠纷解决机制构建中有所体现，我国相关法律、法规、司法解释等针对家事纠纷的特点，对家事纠纷的解决机制作出了一些特殊规定。

我国婚姻家庭纠纷案件数量庞大，③ 近年来，家事纠纷呈现出案件类型多样和案情复杂的发展趋势，构建多元化的纠纷解决机制，凝聚社会有关主体和各方力量参与到家事纠纷的解决当中，是妥善解决家事纠纷、维护社会稳定的必然要求。依据我国现有法律规范，家事纠纷的解决机制包括私力救济（和解）、社会救济（调解）和公力救济（民事诉讼）。

---

① 范愉著：《纠纷解决的理论与实践》，清华大学出版社2007年版，第70页。
② 从实践中看，家事纠纷主要是民事纠纷，所以，如无特别说明，本章所说"家事纠纷"仅指民事家事纠纷。
③ 根据最高人民法院院长的年度工作报告，2015年，全国法院审结婚姻家庭等案件173.3万件；2014年，全国法院审结婚姻家庭、抚养继承案件161.2万件；2013年，婚姻家庭、抚养继承等案件161.9万件。

第一节 自力救济

冲突的发生使社会处于一种非正常的状态，也会对冲突各方产生不利的影响。因此，人们相互之间在不断产生冲突的同时，也在不断寻求解决冲突的途径和方法。自力救济就是人类最早采用的、最原始的解决冲突的方法。所谓自力救济是指利害关系人或权利人在不通过他人所设定的程序、方法和第三者力量的情况下，以自己的实力维护自己被损害的利益或权利，从而解决所发生争议的方法、手段和过程。① 自力救济包括自决与和解。

自决是指纠纷一方当事人凭借自己的实力、不顾他方意愿而强迫他方服从自己有关纠纷解决安排的一种自力救济方式。自决体现了纠纷主体之间力量的不对等，自决的过程由强者控制，结果往往是强赢弱输，欠缺程序的正义和结果的公平合理。而且，在将结果强加给他方过程中，当事人可能使用或威胁使用武力或暴力，很有可能导致冲突升级。所以，在现代法治社会，法律禁止当事人采用强制性自决解决民事纠纷。

和解是指纠纷主体通过平等协商，互相妥协和让步，从而达成纠纷解决的合意，即以"和"的方式，达到"解"的目的。和解具有高度的自治性、非严格的规范性、选择的多样性、成本上的经济性、有效的私密性，和解也利于维持纠纷主体之间的良好关系。基于和解具有的特点和优势，和解为民事纠纷，特别是家事纠纷当事人普遍采用，成为社会救济和公力救济的必要补充。

一、和解的基本原则

虽然和解具有高度的自治性和非严格的规范性，但是在现代法治社会中，和解仍应遵守以下两项基本原则：

1. 基本合法原则。纠纷的解决可否运用和解、和解的过程和结果，只要不违背法律的强行性规范，不损害社会公共利益和他人合法权益，和解协议即是有效的。相反，如果和解协议违背了法律的强行性规范，或者存在损害社会公共利益或他人合法权益的情形，和解协议无效。比如，通过和解协议将无效婚姻确认为有效，这样的和解协议在法律上是无效的。

---

① 张卫平主编：《民事诉讼法》，法律出版社 2004 年版，第 4 页。

2. 自愿与公平原则。是否运用和解以及和解的过程和结果，均应建立在纠纷主体自愿与公平的基础上，过程中不得存在强迫、欺诈等情形，结果中不得存在显示公平或重大误解等内容，否则，纠纷主体可以变更或撤销和解协议。

二、和解协议的法律效力

由于和解具有高度的自治性和非严格的规范性，法律不宜直接赋予和解协议如法院裁判一样的强制执行效力。和解协议是纠纷主体基于平等、自愿协商达成的解决纠纷的协议，具有合同的性质和效力。如果一方当事人不履行和解协议的内容，另一方当事人不能直接向法院申请强制执行和解协议。为充分发挥和解解决民事纠纷的功效，法律规定了一定的程序，通过这些程序可以将和解协议转化为具有法律执行力的法律文书。

1. 将和解协议转化为法院调解书。在民事诉讼中，当事人自行达成和解协议的，可以请求受诉法院根据和解协议制作调解书。调解书经双方当事人签收后，即具有法律效力，一方当事人不履行的，对方当事人可以向法院申请执行调解书。

2. 将和解协议转化为仲裁裁决书。在仲裁过程中，当事人可以自行和解，达成和解协议的，可以请求仲裁庭根据和解协议作出裁决书。仲裁裁决书具有强制执行效力，一方不履行的，对方可以向被执行人住所地或者被执行的财产所在地中级人民法院申请执行。

3. 将和解协议转化为具有强制执行效力的公证债权文书。纠纷当事人之间达成的具有给付内容的和解协议，可以请求公证机关将和解协议制作为公证债权文书，载明债务人愿意接受强制执行的承诺，即具有强制执行效力的公证债权文书。一方当事人不履行的，对方当事人可以向被执行人住所地或者被执行的财产所在地基层人民法院申请执行。

和解在家事纠纷解决中发挥着一定的作用，但同时，我们应该注意到和解在家事纠纷的解决中存在的一定局限性。第一，和解以当事人自愿为前提，家事纠纷的当事人往往存在非理性因素和对抗情绪，不愿意或难以心平气和进行协商，客观上限制了和解的适用和纠纷解决作用的发挥。第二，和解是在纠纷当事人之间进行的行为，缺乏外部的监督，容易产生一方利用其在经济、身体等方面的优势强迫另一方接受纠纷解决方案的情况，触犯和解协议合法性的底线。家事纠纷当事人应根据纠纷的具体情况，妥当选择纠纷解决方式，不适宜和解或者不能和解时，可以通过社会救济和公力救济方式保护自己的合法权益。

第二节　社　会　救　济

在自力救济不能完全实现解决纠纷的目的时，人们开始寻求通过第三人以中立的立场来解决当事人之间争议的途径和方法。民间调解和仲裁等解决纠纷的形式便是这种探求的结果。调解和仲裁是依靠社会力量解决纠纷的形式，被统称为社会救济。

调解是指在纠纷主体自愿的前提下，由第三方（调解人）依据地方风俗、习惯和法律规范等，对纠纷当事人摆事实，讲道理，促成纠纷主体平等协商、互相谅解和让步，以达成纠纷解决合意的活动。调解是一种传统的纠纷解决方式，在民事纠纷解决机制中历史最为悠久。因其充分尊重纠纷当事人的自主意愿，同时因第三方力量的介入缓解了纠纷双方的对抗性、增强了纠纷解决的实效性，调解被世界各国推崇，广泛应用于民事纠纷的解决实践中，尤其是在家事纠纷的解决中，调解发挥着不可替代的作用。依据调解发生的过程和主持调解主体身份的不同，调解可以分为两类：非诉讼调解和诉讼调解。非诉讼调解是指在诉讼之外，由一定主体主持进行的调解。诉讼调解是指在诉讼中，由法院主持进行的调解。

一、非诉讼调解的特点

1. 非诉讼调解是指在诉讼外由第三方主持的纠纷解决活动。与和解完全依靠纠纷主体自身力量解决纠纷不同，调解除纠纷当事人之外，增加了一个努力促成当事人自愿达成协议的第三方，且第三方需要秉持中立立场，不能偏袒任何一方，必须"一碗水端平"。

2. 非诉讼调解以当事人自愿为前提。调解本质上与和解一样，都是纠纷主体自主协商解决纠纷的活动。调解虽然有第三方的参与，但第三方没有权力对纠纷主体施加外部的强制力。是否调解、由谁调解、是否达成调解协议以及调解协议的具体内容都由当事人自主决定。调解人只能进行"调"，而不能强行解决纠纷。

3. 调解具有程序的便利性和处理问题的灵活性。与审判程序相比，调解具有非严格的规范性，即调解无需严格的程序。调解一般不公开进行，利于保护当事人的商业秘密和个人隐私。调解在当事人主张、事实的证明、适用的规范和运作方式上都有很多的灵活性。调解适用的规范除法律规范外，还可以适用地方习惯、村规民约、社区公约、当地善良风俗、公共道德以及通行的公平原则等。此外，纠纷主体可以根据自身利益和条件充分进行协商，达成符合实际的、为双方所接受的协议。而不必向诉讼一样，受制于当事人的诉讼请求。

二、非诉讼调解的基本原则

调解虽然具有非严格的规范性，但这并不排除对调解的制度化。在现代法治社会，基于调解的性质和特点，以及为发挥调解解决纠纷的功能，世界各国均确立了调解应遵循的基本原则。

1. 调解应当遵循基本合法原则。调解允许适用多种社会规范，也赋予当事人较大的自由处分权，调解程序也比较便利，但调解仍应遵循合法原则。对调解合法性的要求没有对审判合法性的要求严格。具体而言，程序上，调解应保证最基本的公平，比如保持双方当事人的平等和程序的公开等；在内容上，调解协议不得违背法律的强行规定、不得损害社会公共利益、他人合法权益以及公序良俗。比如无效婚姻、无效收养等违反法律强行规范的民事纠纷，不得通过调解使其合法有效，只能依法认定其无效。

2. 调解必须遵循当事人自愿原则。调解本质上是当事人自主解决纠纷的活动，所以调解的开始和进行，以及调解协议的达成都必须遵循当事人自愿原则，调解人不能强制当事人进行调解，更不能强制当事人接受调解方案。达不成调解协议时，亦不能限制或阻止当事人选择其他纠纷解决方式，比如提起民事诉讼等。自愿原则保证了调解的合意属性，同时也是调解协议正当性及效力的根据所在。

三、非诉讼调解协议的效力

实践中，家事纠纷调解的主体主要有人民调解委员会、民政机关、公证机关、妇联组织、公安机关等。不管调解人的身份如何，调解人在依照法律规定或者当事人委托调解家事纠纷时，必须遵循基本合法和当事人自愿原则。

（一）调解协议效力的一般规定

非诉讼调解与当事人自行和解一样，具有自治性和非严格的规范性，无法保证调解协议遵循了自愿和合法原则，所以，法律没有直接赋予非诉讼调解协议强制执行的效力。调解协议与和解协议性质相同，具有民事合同的性质和效力。当事人就调解协议的内容发生争议的，比如一方当事人不履行调解协议的，另一方不能直接向法院申请对调解协议强制执行，可以选择向法院提起民事诉讼的方式进行救济。

（二）非诉讼调解协议经过法定程序转化为特定法律文书，可以取得与法院判决相同的既判力和执行力

此种转化程序主要是审查判断非诉讼调解是否遵循了基本合法原则和当事人自愿原则，若遵循了上述原则，则将非诉讼调解协议转化为特定的法律文书，以此赋予其执行力。通过转化程序赋予非诉讼调解协议法律上的强制执行力，旨在避免前功尽弃，以充分发挥非诉讼调解解决纠纷的功能。此种转化程序主要有以下几种：

1. 将调解协议转化为具有强制执行效力的公证债权文书。经调解达成的具有给付内容的调解协议，当事人可以请求公证机关将调解协议制作为公证债权文书，载明债务人愿意接受强制执行的承诺，即具有强制执行效力的公证债权文书。一方当事人不履行的，对方当事人可以向被执行人住所地或者被执行财产所在地基层人民法院申请执行。

2. 债权人依据调解协议向法院申请支付令。支付令程序（督促程序）是《民事诉讼法》第17章规定的内容，是一种督促债务人还债的简捷程序，专门用于解决债权债务关系明确而债务人无正当理由不偿还债务的案件。依据2009年7月24日最高人民法院发布的《关于建立健全诉讼与非诉讼相衔接的矛盾纠纷解决机制的若干意见》（以下简称《衔接意见》）第13条的规定，对于具有合同效力和给付内容的调解协议，债权人可以根据《民事诉讼法》和相关司法解释的规定向有管辖权的基层人民法院申请支付令。申请书应当写明请求给付金钱或者有价证券的数量和所根据的事实、证据，并附调解协议原件。根据《民事诉讼法》第21条的规定，债权人申请支付令，由债务人住所地基层人民法院管辖。人民法院根据债权人的申请发出支付令后，应当向债务人送达，债务人在15天内没有提出书面异议或者异议被驳回的，支付令产生强制执行效力。债务人不履行债务的，债权人可以支付令为依据向作出支付令的人民法院或者与其同级的被执行财产所在地人民法院申请强制执行。

3. 申请司法确认。根据《人民调解法》和《民事诉讼法》及相关司法解释的规定，经非诉讼调解达成协议的，当事人双方可以自调解协议生效之日起共同向调解组织所在地基层人民法院申请确认调解协议合法有效。调解协议自

各方当事人签名、盖章或者按指印，调解员签名并加盖调解组织印章之日起生效。

当事人申请司法确认调解协议，可以采用书面形式或者口头形式。当事人口头申请的，人民法院应当记入笔录，并由当事人签名、捺印或者盖章。当事人申请司法确认调解协议，应当向人民法院提交调解协议、调解组织主持调解的证明，以及与调解协议相关的财产权利证明等材料，并提供双方当事人的身份、住所、联系方式等基本信息。当事人未提交上述材料的，人民法院应当要求当事人限期补交。当事人无正当理由未在限期内补充陈述、补充证明材料或者拒不接受询问的，人民法院可以按撤回申请处理。当事人申请司法确认调解协议，有下列情形之一的，人民法院裁定不予受理：（1）不属于人民法院受理范围的；（2）不属于收到申请的人民法院管辖的；（3）申请确认婚姻关系、亲子关系、收养关系等身份关系无效、有效或者解除的；（4）涉及适用其他特别程序、公示催告程序、破产程序审理的；（5）调解协议内容涉及物权、知识产权确权的。人民法院受理申请后，发现有上述不予受理情形的，应当裁定驳回当事人的申请。

人民法院受理申请后，经审查符合法律规定的，裁定调解协议有效，一方当事人拒绝履行或者未完全履行的，对方当事人可以向作出确认调解协议裁定的人民法院或者与其同级的被执行财产所在地人民法院申请执行。

人民法院经审查，认定调解协议有下列情形之一的，应当裁定驳回申请：（1）违反法律强制性规定的；（2）损害国家利益、社会公共利益、他人合法权益的；（3）违背公序良俗的；（4）违反自愿原则的；（5）内容不明确的；（6）其他不能进行司法确认的情形。

对于人民法院违法或者违反基本合法原则，或自愿原则作出确认调解协议有效的裁定，当事人或者利害关系人可以通过提出异议进行救济。

人民法院办理调解协议司法确认案件，不收取费用。

第三节　公力救济

公力救济是指利用国家公权力（如司法权、行政权）来解决民事纠纷的方式和制度。我国现行公力救济制度主要有民事诉讼和行政裁决。按照我国现行法律的有关规定，行政机关或者具有行政职能的机构只能就特定的民事纠纷依职权裁决,在家事纠纷领域,民事诉讼是主要的公力救济机制。民事诉讼,是指民事纠纷的当事人向人民法院提出诉讼请求,人民法院在双方当事人和其他诉讼参与人的参加下,依法对民事纠纷进行审理和裁判的程序和制度。民事诉讼具有较强的规范性,而且以国家强制力为保障,保证了纠纷解决过程的公正性和结果的有效性。家事纠纷的当事人不愿意或者不能通过和解或调解解决纠纷时,可以选择向人民法院提起民事诉讼。

家事案件具有不同于普通民事纠纷的诸多特点,如具有很强的人身性、私密性、公益性、涉他性等,这些特点决定了家事纠纷的审理模式与适用原则必然与普通民事程序有所不同。家事案件是法院民事案件中矛盾最多、冲突最大的案件类型。家事案件的妥善解决,利于家庭和谐,也利于社会稳定。我国最高人民法院自 2016 年以来开始推行和深化家事审判改革,探索建立与家事纠纷特点相符合的家事审判程序规则。截至 2018 年 6 月底,全国共有 118 家中级、基层法院参与最高人民法院确立的家事审判改革试点工作,有超过 400 家中级、基层法院参与各高院确立的家事审判改革工作。[1] 家事纠纷诉至法院,有两种结案方式,一是调解,诉讼中由法院主持进行的调解,被称为诉讼调解;二是判决。

一、家事纠纷的诉讼调解

诉讼调解是我国重要的诉讼制度,是人民法院行使审判权的重要方式,在民事纠纷的解决机制中具有非常重要的地位。调解作为重要的诉讼机制,具有解决纠纷的独特优势,被国际司法界誉为"东方经验"。

《民事诉讼法》将法院调解作为一项基本原则进行了规定。法院调解原则的内涵:其一,法院调解具有广泛的适用性,除依法或者客观上不适合调解的案件外,对于可能通过调解解决的民事案件,人民法院均应在当事人自愿的基础上,通过调解方式解决争议;其二,法院调解适用于民事审判程序的始终。

因诉讼调解具有的非严格的规范性、高度的自治性非常契合家事纠纷解决的要求而备受各国立法和实践的青睐。我国向来重视以调解方式解决家事纠纷,不仅在诉讼之前,在诉讼之中亦是如此。实践证明,诉讼调解在解决家事

---

[1] 《为社会建设奠基 为幸福生活护航——人民法院家事审判方式和工作机制改革综述》,最高人民法院网,http://www.court.gov.cn/zixun-xiangqing-108471.html,最后访问时间:2018 年 12 月 30 日。

纠纷中具有不可替代的作用和明显的优势：（1）调解让诉讼更加"人性化"。调解强调当事人的积极参与，充分尊重当事人的自主意志，调解方案虽然得到了调解人的协助，却是当事人亲手制定的。因此，人们向遵守判决一样遵守调解解决方案亦不足为奇。① （2）调解有利于缓和及消除家事纠纷当事人的对抗情绪，有利于家庭关系的修复和推进未来的建设性关系。（3）调解更符合诉讼效益的要求。调解具有简便、高效、经济的特点，调解方式灵活，能减轻当事人的诉讼负担，也能节约司法资源。（4）调解利于纠纷的彻底解决。调解可以超越法律要件事实本身，在个案之外寻找双方冲突的根源；不仅着眼于现存的纠纷，还关注未来纠纷的预防。所以，往往能够彻底解决当事人之间的纠纷。② 近年来最高人民法院推行的家事审判方式改革，也非常重视和强调以调解方式解决家事纠纷。最高人民法院在 2018 年 7 月发布的《关于进一步深化家事审判方式和工作机制改革的意见（试行）》中强调：人民法院审理家事案件，应当增强调解意识，拓展调解方式，创新调解机制，提高调解能力，将调解贯穿案件审判全过程。③ 我国《民法典》第 1079 条第 2 款规定，人民法院审理离婚案件，应当进行调解。表明在立法和司法政策方面，已经将调解作为处理离婚等家事案件的优先选择。

（一）家事诉讼调解的基本原则

诉讼调解的基本原则，是指人民法院和双方当事人在法院调解活动中应当遵循的行为准则。根据《民事诉讼法》及其司法解释的规定，我国的诉讼调解应当遵循以下原则：

1. 自愿原则。是指在民事诉讼中，人民法院必须在双方当事人自愿的基础上进行调解。法院调解程序的启动、进行和调解协议的达成，都必须以双方当事人自愿为前提，而不得违背当事人的意愿强制调解。人民法院可以提出调解方案，但不能强制当事人接受。

2. 查明事实、分清是非原则。查明事实、分清是非原则要求审判人员在主持调解的过程中，应当查明案件事实，分清争议的是非曲直，明确当事人各

---

① ［美］斯蒂芬·B. 戈尔德堡、弗兰克 E. A. 桑德、南茜·H. 罗杰斯、塞拉·伦道夫·科尔著：《纠纷解决——谈判、调解和其他途径》，蔡彦敏、曾宇、刘晶晶译，中国政法大学出版社 2004 年版，第 470 页。

② 江伟、肖建国主编：《民事诉讼法》，中国人民大学出版社 2018 年版，第 228 页。

③ 《关于进一步深化家事审判方式和工作机制改革的意见（试行）》，http：//k.sina.com.cn/article_6380393160_17c4d12c800100a40f.html 2020 年 7 月 13 日访问。

自的责任。该原则是以事实为根据，以法律为准绳的司法原则在法院调解中的体现和落实。

3. 合法原则。合法原则是指人民法院主持的调解活动和当事人达成的调解协议应当符合法律的规定。包括程序上的合法和实体上的合法。程序上的合法是指人民法院的调解活动应当按照法定程序进行。《民事诉讼法》及相关司法解释对诉讼调解的主体、适用范围、方式、步骤等均有明确规定，人民法院进行调解时应当遵守这些规定。法院调解行为性质上属于诉讼行为，法院的调解权是审判权的组成部分，从对当事人提供充分程序保障和制约调解权滥用的需要考虑，法院调解虽然在程序上具有灵活性，但仍然要受到法定程序的约束。实体上的合法是对双方当事人达成的调解协议内容的要求。法院调解是法院行使审判权与当事人行使处分权的过程，这一性质决定了民事诉讼法对调解协议合法性的要求与对判决合法性的要求存在区别。法院的判决必须建立在严格适用法律的基础上，不允许其任意自由裁量。而在法院调解中，当事人有权处分其实体权利，调解协议的内容是当事人处分实体权利的结果。只要不违反法律、行政法规的禁止性规定，不侵害国家利益、社会公共利益和案外人的合法权益，法院就应当对调解协议予以认可。

4. 保密原则。法院调解应当遵循保密原则，包括调解程序保密、调解信息保密和调解协议保密等。调解的保密原则是各国审判实践中的通常做法，它符合调解活动的内在规律，利于保护家事纠纷的私密性，从而有利于促成家事纠纷当事人达成调解协议。保密原则的具体内容包括：第一，调解过程不公开。这与诉讼中的审判公开形成鲜明对比。但当事人要求或者同意公开的除外。第二，调解协议的内容不公开，但为保护国家利益、社会公共利益、他人合法权益，人民法院认为确有必要公开的除外。调解协议的内容不公开，能够最大限度保密当事人的基本信息，特别在裁判文书公开上网之后，调解协议不公开也成为很多家事纠纷当事人选择调解解决纠纷的重要原因。第三，主持调解以及参与调解的人员对调解过程中获悉的国家秘密、商业秘密、个人隐私和其他不宜公开的信息，应当保守秘密，但为保护国家利益、社会公共利益、他人合法权益的除外。调解人员违反保密义务给当事人造成损害的，应当承担相应法律责任。

(二) 家事诉讼调解的具体规则

1. 法院可以依职权主动开始调解

通常，诉讼调解程序的启动有三种情形：第一种是当事人一方或双方共同提出调解申请而开始；第二种是人民法院依职权主动征求当事人的意见，取得当事人的同意后开始；第三种是对于法律规定的特殊案件，法院依职权主动进行调解而无需征得当事人的同意。根据 2003 年 12 月施行的《最高人民法院的关于适用简易程序审理民事案件的若干规定》，对婚姻家庭纠纷和继承纠纷，人民法院在开庭审理时应当先行调解，无须事先征求当事人的意见。但是根据案件的性质和当事人的实际情况不能调解或者显然没有调解必要的除外。《最高人民法院关于适用〈中华人民共和国民事诉讼法〉的解释民诉解释》（以下简称《民事诉讼法解释》）也规定人民法院审理离婚案件应当进行调解。

2. 调解贯穿于诉讼程序的全过程

在我国，诉讼调解贯穿于家事诉讼的全过程，在第一审程序、第二审程序以及再审程序中都可以适用调解。在每一个程序阶段，包括立案阶段、开庭审理之前、开庭审理过程中直至开庭审理结束后法院作出判决前均可调解。在一个审判程序中，诉讼调解可以分为庭前调解和庭上调解两种。

（1）庭前调解

庭前调解，也称审前调解，即开庭审理前的调解。它发生在诉讼的初始阶段，通常是在被告答辩后至正式的开庭审理前进行，不过，在征得当事人各方同意后，人民法院也可以在答辩期满前进行调解。庭前调解达成调解协议的，即可结束诉讼；调解未达成协议的，应及时转入开庭审理阶段。在答辩期满前人民法院对案件进行调解的，应遵守相应期限的规定，期满当事人不同意继续调解的，不能久调不决。

（2）庭上调解

庭上调解，又称庭审中的调解，即法院在开庭审理过程中进行的调解。庭审中的调解可以在开庭审理的各个诉讼阶段进行，但通常是在法庭辩论结束后至裁判作出前进行。

值得注意的是，按照《民事诉讼法》第 122 条及最高人民法院相关司法解释的规定，家事纠纷当事人起诉到人民法院，人民法院在登记立案前，经当事人同意或者当事人虽未提出调解申请但人民法院认为有必要调解的，可以先行调解。这里的先行调解，属于诉前调解。人民法院可以将纠纷委派给特邀调解组织或者特邀调解员进行调解。委派调解达成调解协议的，当事人可以依照《民事诉讼法》、《人民调解法》等法律规定向调解组织所在地或者委派调解的基层人民法院申请司法确认。经司法确认的调解协议具有强制执行效力。委派调解未达成调解协议的，特邀调解员应当将当事人的起诉状等材料移送人民法院；当事人坚持诉讼的，人民法院应当依法登记立案。委派调解的期限为 30 日，基于双方当事人同意，可以延长。委派调解不宜久调不决，以免损害当事人的起诉权利。

3. 调解主体具有多样性

在诉讼调解中，主持调解的人员通常为审理案件的审判组织成员。适用普通程序审理的案件，可以由合议庭主持调解，也可以由审判长指派合议庭成员之一主持调解。适用简易程序审理的案件，由独任审判员主持调解。根据《民事诉讼法》第 95 条的规定，人民法院进行调解，可以邀请有关单位和个人协助，比如当事人的同事、家人等，以促成当事人达成调解协议。

2016 年 7 月 1 日起施行的《最高人民法院关于人民法院特邀调解的规定》（以下简称《特邀调解规定》）确立了特邀调解制度。特邀调解是指人民法院吸纳符合条件的人民调解、行政调解、商事调解、行业调解等调解组织或者个人成为特邀调解组织或者特邀调解员，接受人民法院立案前委派或者立案后委托依法进行调解，促使当事人在平等协商基础上达成调解协议、解决纠纷的一种调解活动。根据规定，人民法院可以成立家事调解委员会，邀请符合条件的人民调解、行政调解、商事调解、行业调解、其他具有调解职能的组织作为调解委员会的特邀调解组织，邀请人大代表、政协委员、人民陪审员、专家学者、律师、仲裁员、退休法律工作者以及其他具有社会、人文、法律、教育、心理、婚姻家庭等方面专业知识的个人作为家事调解委员会的特邀调解员。对当事人起诉至人民法院的家事案件，人民法院在登记立案后或者在审理过程中，认为适宜调解的，可以委托给特邀调解组织或者特邀调解员进行调解。委托调解过程中，特邀调解员认为有事实问题需要进行调查的，可以向人民法院提出申请。人民法院根据案情需要，决定是否委托家事调查员进行调查。委托调解达成协议的，由人民法院审查并制作调解书结案；未达成调解协议的，转入审判程序审理，以保障当事人的诉权。特邀调解可以有效整合社会解纷资源，缓解人民法院案多人少的矛盾，优化司法资源配置，节约司法成本。并最大程度上满足了纠纷当事人多层次、多途径及低成本、高效率解决纠纷的需求。

4. 当事人本人参加

与判决不同，诉讼调解是在人民法院或者特邀调解组织、特邀调解人员的主持下当事人形成合意的过程，也是当事人之间平等协商和相互妥协的过程。因此，法律要求，诉讼调解中，双方当事人都应当到场。因故不能到场参加调解的当事人，可以由经其特别授权的委托诉讼代理人参加调解。离婚案件当事人确因特殊情况无法到场参加调解的，除本人不能表达意志的以外，应当出具书面意见。家事当事人双方亲自参加调解，利于促进当事人对纠纷解决过程的理解和接纳，也为调解人员疏导当事人情绪、缓解和消除对抗提供机会，从而避免矛盾激化。

（三）家事诉讼调解协议的内容和效力

诉讼调解程序的结束包括两种情形：一是因双方当事人未达成调解协议而结束。对此，法院应当及时恢复对案件的审理并作出裁判。二是因双方当事人达成调解协议而结束。对于当事人双方达成的调解协议，人民法院应对调解协议进行审查，不侵害国家利益、社会公共利益和案外人合法权益，不违背当事人真实意思，没有违反法律、行政法规的禁止性规定的，法院应当对调解协议予以认可。

1. 调解协议的内容

调解协议是在人民法院或者特邀调解组织、特邀调解人员的主持下，双方当事人经平等协商，就确认双方民事权利义务，解决民事争议所达成的合意。2004年发布的《最高人民法院关于人民法院民事调解工作若干问题的规定》对调解协议的内容作了开放、宽松的规定：（1）调解协议的内容超出诉讼请求的，人民法院可以准许。准许调解协议超出诉讼请求范围，利于促成当事人达成和解协议，也利于一次性彻底解决当事人之间的纠纷。（2）当事人在调解协议中约定一方不履行协议应当承担民事责任的，法院应予准许。在一方不履行生效的调解协议时，另一方当事人可以直接申请人民法院强制执行。（3）当事人约定一方提供担保或者案外人同意为当事人提供担保的，法院应当允许。一旦出现不履行生效调解协议的情况，另一方可以向法院申请强制执行担保物或者担保人的财产。尽管多数调解协议能够得到当事人自觉地履行，进入强制执行程序的案件较少，但一旦发生不履行调解协议的情况，债权人则会为其在调解时作出了让步而后悔。这种顾虑也影响了当事人进行调解的积极性。上述第（2）（3）项规定，有利于消除当事人的顾虑，激励当事人选择调解并达成调解协议。

2. 诉讼调解协议的效力

经诉讼调解当事人达成调解协议的，人民法院对调解协议予以确认后，应当根据调解协议的内容制作调解书。根据《民事诉讼法》第98条第1款的规定，下列案件可以不制作调解书：（1）调解和好的离婚案件；（2）调解维持收养关系的案件；（3）能够即时履行的案件；（4）其他不需要制作调解书的案件。对于不需要制作调解书的调解协议，应当由书记员将调解协议记入笔录或附卷。

诉讼调解协议生效的时间，视是否需要制作调解书而有所区别。

（1）需要制作调解书的，调解书经双方当事人签收后，即具有法律效力。调解书不能同时送达双方当事人的，应当以最后收到调解书的当事人签收的日期为调解书生效日期。当事人一方拒绝签收调解书的，调解书不发生法律效力，法院应及时审判。

（2）根据《民事诉讼法》第98条第2款的规定，对不需要制作调解书的协议，应当记入笔录，由双方当事人、审判人员、书记员签名或者盖章后，即具有法律效力。值得注意的是，《民事诉讼法解释》第151条规定，对于《民事诉讼法》第98条第1款第4项所说的"其他不需要制作调解书的案件"，当事人各方同意在调解协议上签名或者盖章后即发生法律效力的，经人民法院审查确认后，应当记入笔录或者将调解协议附卷，并由当事人、审判人员、书记员签名或者盖章后即具有法律效力。之后，当事人请求制作调解书的，人民法院审查确认后可以制作调解书送交当事人。当事人拒收调解书的，不影响调解协议的效力。这一规定取消了当事人在达成调解协议后签收调解书前的反悔权，是调解书须经双方当事人签收后才具有法律效力的例外规定。

调解书或调解协议生效后，即产生与生效判决相同的法律效力。具体表现为以下几个方面：（1）确定当事人之间的民事权利义务。诉讼调解生效后，当事人之间争议的实体民事权利义务得以确认，民事纠纷得以解决。当事人不得就同一纠纷再行起诉。（2）结束诉讼程序。诉讼调解是人民法院审结案件的方式之一。诉讼调解生效后，诉讼程序即告终结，人民法院不得对同一案件再行审理或者另行作出裁判，当事人也不得提出上诉。（3）具有强制执行的效力。具有给付内容的法院调解具有强制执行的效力。一方当事人拒绝履行调解协议的，另一方当事人有权向人民法院申请强制执行。

调解协议生效后，当事人不能提起上诉。如果当事人有证据证明调解违反了自愿原则或者调解协议的内容违反法律规定的，可以在调解书发生法律效力后6个月内提出申请再审。经人民法院审查属实的，应当再审。当事人对于解除婚姻关系的调解书，不得申请再审，但当事人就离婚调解书中财产分割问题申请再审的除外。案外人的民事权益因为生效调解书而受到损害的，可以根据《民事诉讼法》及其司法解释的规定，对调解书申请再审或者提起第三人撤销之诉。

二、家事审判

当事人诉至法院的家事纠纷，根据案件性质或者案件情况不能通过调解解决，或者经调解但未能达成协议的，人民法院应当对案件进行及时审理并作出判决。家事案件审判程序包含以下诉讼阶段。

（一）起诉与受理

民事诉讼第一审程序因纠纷当事人向人民法院提起诉讼而启动。当事人向法院起诉应当符合法律规定的条件，包括：

（1）原告适格，即原告与本案有直接利害关系；

（2）有明确的被告；

（3）有具体的诉讼请求和事实、理由；

（4）属于人民法院受理民事诉讼范围和受诉人民法院管辖。民事诉讼管辖的一般原则是"原告就被告"，即由被告住所地或经常居住地人民法院管辖。特殊情况下，可以由原告住所地或者经常居住地人民法院管辖。根据《民事诉讼法》及其司法解释的规定，下列民事诉讼，由原告住所地人民法院管辖；原告住所地与经常居住地不一致的，由原告经常居住地人民法院管辖：①对不在中华人民共和国领域内居住的人提起的有关身份关系的诉讼；②对下落不明或者宣告失踪的人提起的有关身份关系的诉讼；③对被采取强制性教育措施的人提起的诉讼；④对被监禁的人提起的诉讼；⑤追索赡养费、抚育费、扶养费案件的几个被告住所地不在同一法院辖区的，可以由原告住所地人民法院管辖；⑥夫妻一方离开住所地超过一年，另一方起诉离婚的案件，可以由原告住所地人民法院管辖。

（5）起诉应当向人民法院递交起诉状，并按照被告人数提出副本。民事起诉原则上应以书面形式提起，当事人书写起诉状有困难的，也可以口头起诉，由人民法院记入笔录，并告知对方当事人。

人民法院收到当事人的起诉后，应当进行审查，对于符合条件的起诉，应当予以立案。对于不符合起诉条件的，裁定不予受理。如果在立案后发现不应当受理的，裁定驳回起诉。对于法院不予受理或驳回起诉的裁定，当事人不服可以向上一级人民法院提起上诉。按照我国《民法典》婚姻家庭编、《民事诉讼法》及其司法解释的相关规定，对下列情形的起诉，人民法院不予受理：

（1）女方在怀孕期间、分娩后一年内或中止妊娠后 6 个月内，男方提出离婚的，法院不予受理。女方提出离婚的，或人民法院认为确有必要受理男方离婚请求的，不在此限。①

（2）判决不准离婚和调解和好的离婚案件，判决、调解维持收养关系的案件，没有新情况、新理由，原告在 6 个月内又起诉的，人民法院不予受理。原告撤诉或者按撤诉处理的离婚案件，没有新情况、新理由，6 个月内又起诉的，人民法院不予受理。② 上述规定是立法对特殊时期的女性进行保护，以及为改善和稳定婚姻家庭关系而作出的特殊制度安排。

根据《民事诉讼法司法解释》的规定，下列两类案件，人民法院应当受理：

（1）夫妻一方下落不明，另一方诉至人民法院，只要求离婚，不申请宣告下落不明人失踪或者死亡的案件，人民法院应当受理，对下落不明人公告送达诉讼文书。③

（2）赡养费、扶养费、抚育费案件，裁判发生法律效力后，因新情况、新理由，一方当事人再行起诉要求增加或者减少费用的，人民法院应作为新案受理。④

（二）家事案件的审理

家事案件的审理除依据按照我国《民事诉讼法》及其司法解释对民事案件审判的基本规定以外，还应当遵循最高人民法院针对家事案件审理所作出的特殊程序规程。

人民法院在开庭前应当告知当事人一般诉讼权利义务、举证责任分配原则、有权申请调查取证、签发人身安全保护令、法律援助、减免诉讼费用等内容。涉及个人隐私的家事案件，人民法院应当不公开审理。涉及未成年人的家事案件，如果公开审理不利于保护未成年人利益的，人民法院应当不公开审理。离婚案件，当事人可以申请不公开审理。离婚案件在开庭前，人民法院应

---

① 详见《民法典》婚姻家庭编第 1082 条。
② 详见《民事诉讼法》第 124 条第（七）项、《最高人民法院关于适用〈中华人民共和国民事诉讼法〉的解释》第 214 条。
③ 《最高人民法院关于适用〈中华人民共和国民事诉讼法〉的解释》第 217 条。
④ 《最高人民法院关于适用〈中华人民共和国民事诉讼法〉的解释》第 218 条。

当询问当事人是否申请不公开审理。当事人申请不公开的，可以不公开审理。其他家事案件，当事人申请不公开审理的，人民法院经审查认为不宜公开审理的，可以不公开审理。

对于身份关系确认案件以及离婚案件，除本人不能表达意志的以外，当事人应当亲自到庭参加诉讼。当事人为无民事行为能力人的，其法定代理人应当到庭。当事人确因特殊情况无法出庭的，必须向人民法院提交书面意见，并委托诉讼代理人到庭参加诉讼。应当到庭参加诉讼的当事人经传票传唤无正当理由拒不到庭的，属于原告方的，依照《民事诉讼法》第143条的规定，可以按撤诉处理；属于被告方的，依照《民事诉讼法》第144条的规定，可以缺席判决。无民事行为能力的当事人的法定代理人，经传票传唤无正当理由拒不到庭的，比照上述规定处理。必要时，人民法院可以拘传其到庭。确因特殊情况无法出庭的当事人、证人和鉴定人，经人民法院准许后，可以声音或影像传输的形式，参加开庭审理及其他诉讼活动。

人民法院审理家事案件，涉及确定子女抚养权的，应当充分听取8周岁以上子女的意见。必要时，人民法院可以单独询问未成年子女的意见，并提供符合未成年人心理特点的询问环境。

人民法院审理离婚案件，应当对子女抚养、财产分割问题一并处理。对财产分割问题确实不宜一并处理的，可以告知当事人另行起诉。当事人在离婚诉讼中未对子女抚养、财产分割问题提出诉讼请求的，人民法院应当向当事人释明，引导当事人明确诉讼请求。当事人就子女抚养问题未达成一致，又坚持不要求人民法院处理子女抚养问题的，可以判决不准离婚。根据最高人民法院2018年7月发布的《关于进一步深化家事审判方式和工作机制改革的意见（试行）》第40条的规定，人民法院审理离婚案件，经双方当事人同意，可以设置不超过3个月的冷静期。在冷静期内，人民法院可以根据案件情况开展调解、家事调查、心理疏导等工作。① 冷静期结束，人民法院

---

① 2016年最高院推行家事审判方式改革以来，各地家事审判方式改革试点法院相继就家事审判方式和工作机制创新进行了诸多有益探索，家事调查和心理疏导其中的两项重要的内容。家事调查制度是指在家事审判中，家事调查员接受法院的委托，借助自身专业知识和社会经验，通过实地调查方式，了解家事纠纷的相关事实，并向法院出具书面调查报告，为裁判调解提供参考，帮助纠纷解决的一种调查制度。家事纠纷因具有人身性、伦理性和隐蔽性等特点，在案件审理时往往存在当事人举证难、事实查明难等难题。家事调查制度对人民法院查明案件事实，妥适处理家事纠纷起到了积极作用。

应通知双方当事人。

监护权纠纷、探望权纠纷、抚养纠纷等涉及未成年人的案件，对于与未成年人利益保护相关的事实，人民法院应当根据当事人的申请或者依职权进行调查取证。离婚案件中，对于当事人的财产状况等事实，当事人难以举证又影响案件审理结果的，人民法院应当根据当事人的申请及提供的明确线索，向有关金融机构、当事人所在单位等相关机构调查取证。当事人自认的涉及身份关系确认或社会公共利益的事实，在没有其他证据证明的情形下，一般不能单独作为定案依据。对于涉及财产分割问题的离婚纠纷案件，人民法院在向当事人送达受理案件通知书和应诉通知书时，应当同时送达《家事案件当事人财产申报表》。当事人应当在举证期限届满前填写《家事案件当事人财产申报表》，全面、准确地申报夫妻共同财产和个人财产的有关状况。人民法院应当明确告知当事人不如实申报财产应承担的法律后果。对于拒不申报或故意不如实申报财产的当事人，除在分割夫妻共同财产时可依法对其少分或者不分外，还可对当事人予以训诫；情形严重者，可记入社会征信系统或从业诚信记录；构成妨碍民事诉讼的，可以采取罚款、拘留等强制措施。

涉家暴的家事纠纷案件的当事人可以向人民法院申请人身安全保护令。当事人申请人身安全保护令的，应当提供其遭受家庭暴力或者存在家庭暴力风险的证据，人民法院经审查认为存在家庭暴力风险的，应当及时发出人身安全保护令。

根据《民事诉讼法》的规定，法院在终审判决作出前，可以根据一方当事人的申请，依法裁定另一方当事人给付申请人一定的财产或者实施或停止实施某种行为，以解决当事人一方生活或生产上迫切需要的制度。这就是先予执行制度。当事人向人民法院申请先予执行的案件范围包括：

（1）追索赡养费、扶养费、抚育费、抚恤金、医疗费用的案件；

（2）追索劳动报酬的案件；

（3）其他因情况紧急需要先予执行的案件。①

对于符合以下条件的先予执行申请，人民法院应当裁定先予执行：

（1）当事人之间权利义务关系明确，不先予执行将严重影响申请人的生活或者生产经营的；

---

① 详见《民事诉讼法》第 106 条。

(2) 被申请人有履行能力。①

(三) 对人民法院裁判不服的救济

1. 第二审程序

我国《民事诉讼法》规定了两审终审的审级制度，当事人对地方各级人民法院作出的一审未生效的裁判不服，可以向上一级人民法院提起上诉，要求上一级人民法院对案件进行二次审理，以撤销或变更一审裁判。当事人上诉应当具备以下条件：

（1）上诉人和被上诉人适格，即上诉人和被上诉人应当是第一审的当事人；

（2）上诉人具有上诉利益，即上诉人因一审裁判而受到不利影响，其存在需要通过上诉程序进行救济的必要；

（3）上诉应在法定期限内提起。根据《民事诉讼法》的规定，对一审法院判决的上诉期间为15天，对裁定的上诉期间是10天；

（4）上诉应当向一审法院的直接上一级法院提起；

（5）上诉应当采用书面形式，即提交上诉状，口头上诉无效。

第二审人民法院受理上诉后，应当围绕上诉人上诉请求进行审理。原则上第二审人民法院应当开庭审理上诉案件。合议庭经过阅卷、调查和询问当事人，对没有提出新的事实、证据或者理由，合议庭认为不需要开庭审理的，可以不开庭审理。根据已有的案卷材料、调查材料以及询问当事人的材料依法对案件作出裁判。

依据《民事诉讼法》以及相关司法解释的规定，对于上诉案件，第二审法院可以在当事人自愿的基础上进行调解。当事人双方达成调解协议的，第二审人民法院应当制作调解书，由审判人员、书记员书名，加盖人民法院印章。调解书送达后，原审法院的判决即视为撤销。对于一审判决不准离婚的案件，上诉后，第二审人民法院认为应当判决离婚的，可以根据当事人自愿的原则，与子女抚养、财产问题一并调解；调解不成的，发回重审。双方当事人同意由第二审人民法院一并审理的，第二审人民法院可以一并裁判。

当事人在第二审程序中可以自行和解，达成和解协议的，可以请求人民法院根据和解协议制作调解书，调解书送达后，原审法院的判决即视为撤销。

第二审法院对不服一审判决的上诉案件，审理后，根据不同情况可以作出

---

① 详见《民事诉讼法》第107条。

以下裁判：

（1）判决驳回上诉，维持原判；

（2）依法改判；

（3）裁定撤销原判，发回重审；

（4）裁定撤销原判，驳回起诉。

第二审人民法院的判决、裁定，是终审的判决、裁定。

2. 再审程序

再审程序，是为了纠正已生效裁判的错误而对案件再次进行审理的程序。再审程序在我国民事诉讼制度中是一种具有补充性的事后救济程序。家事纠纷当事人对于人民法院作出的已生效的判决、裁定和调解书，认为有错误的，可以依据《民事诉讼法》及相关司法解释的规定，依法提起再审进行救济。当事人申请再审应当具备以下条件：

（1）再审申请人是受生效裁判、调解书拘束的当事人。当事人死亡的，其权利义务承继者可以申请再审。

（2）申请再审的客体属于法律和司法解释允许再审的生效判决、裁定和调解书。当事人对已经发生法律效力的解除婚姻关系的判决、调解书，不得申请再审。当然，当事人在离婚案件中就生效判决、调解书中涉及的财产分割问题可以申请再审。

（3）当事人申请再审必须具备法定再审事由。《民事诉讼法》第200条规定了对生效裁判申请再审的法定事由；对已经发生法律效力的调解书，当事人提出证据证明调解违反自愿原则或者调解协议的内容违反法律的，可以申请再审。当事人申请再审，必须具备法定事由之一，否则，其再审申请将被法院裁定驳回。

（4）当事人申请再审，应当向上一级人民法院提出申请；当事人一方人数众多或者当事人双方为公民的案件，也可以向作出原生效裁判、调解书的审人民法院申请再审。

（5）当事人申请再审，应当在判决、裁定、调解书发生法律效力后6个月内提出。6个月后，如果存在下列情形，自知道或者应当知道之日起6个月内提出再审申请：①有新的证据，足以推翻原判决、裁定的；②原判决、裁定认定事实的主要证据是伪造的；③据以作出原判决、裁定的法律文书被撤销或者变更的；④审判人员审理该案件时有贪污受贿，徇私舞弊，枉法裁判行为的。该期间为诉讼法上的不变期间，不适用中止、中断和延长的规定。

对于生效裁判、调解书，当事人除了可以向人民法院申请再审以外，还可以依法申请人民检察院发动再审程序。人民检察院是我国的法律监督机关，有权对人民法院的民事审判活动实行法律监督。人民检察院对人民法院法院已生效的判决、裁定、调解书，可以以检察建议或者抗诉方式，提请人民法院进行再审。《民事诉讼法》第208条规定，最高人民检察院对各级人民法院已经发生法律效力的判决、裁定，上级人民检察院对下级人民法院已经发生法律效力的判决、裁定，发现有本法第200条规定情形之一的，或者发现调解书损害国家利益、社会公共利益的，应当提出抗诉。地方各级人民检察院对同级人民法院已经发生法律效力的判决、裁定，发现有《民事诉讼法》第200条规定情形之一的，或者发现调解书损害国家利益、社会公共利益的，可以向同级人民法院提出检察建议，并报上级人民检察院备案；也可以提请上级人民检察院向同级人民法院提出抗诉。《民事诉讼法》第209条第1款对当事人申请检察院提出检察建议或抗诉的程序规则进行了规定，有下列情形之一的，当事人可以向人民检察院申请检察建议或者抗诉：（1）人民法院驳回再审申请的；（2）人民法院逾期未对再审申请作出裁定的；（3）再审判决、裁定有明显错误的。

人民法院对于当事人的再审申请、检察院的抗诉和再审检察建议，经过审查，认为符合再审条件的，应当裁定再审。裁定再审的案件，应当中止原判决、裁定、调解书的执行。但追索赡养费、扶养费、抚育费、抚恤金、医疗费用、劳动报酬等案件，可以不中止执行。追索赡养费、扶养费、抚育费案件通常涉及对老人、妇女、儿童等弱势群体的基本生活保障；追索抚恤金、医疗费用、劳动报酬等的案件，一般也涉及当事人本人及其家属的生活、健康保障等利益，所以，法律规定对这些案件裁定再审的，可以不中止执行。

适用再审程序审理的案件，可以进行调解。当事人经调解达成调解协议的，人民法院应当制作调解书。调解书经各方当事人签收后，即具有法律效力，原判决、裁定即视为撤销。对于不能调解或者虽经调解但未能达成调解协议的再审案件，人民法院应进行审理，根据案件情况作出相应裁判，主要包括：

（1）判决、裁定维持原判决、原裁定；

（2）裁定撤销原判决，发回重审；

（3）依法改判、撤销或变更原裁判。

三、家事案件的执行

人民法院作出的家事案件判决、裁定、调解书和支付令，以及公证机关赋予强制执行效力的公证债权文书中确认的义务人，不依法按照法律文书确定的内容履行义务的，生效法律文书中确定的权利人可以申请人民法院运用国家强制力，强制义务人履行义务。

申请执行的主体须是生效法律文书确定的债权人或者其权利承继人。2016年12月1日起施行的最高人民法院《关于民事执行中变更、追加当事人若干问题的规定》，作为申请执行人的公民死亡或被宣告死亡，该公民的遗嘱执行人、受遗赠人、继承人或其他因该公民死亡或被宣告死亡依法承受生效法律文书确定权利的主体，可以申请人民法院变更、追加其为申请执行人。作为申请执行人的公民被宣告失踪，该公民的财产代管人可以申请变更、追加其为申请执行人。作为申请执行人的公民离婚时，生效法律文书确定的权利全部或部分分割给其配偶，该配偶可以申请变更、追加其为申请执行人。

申请人应当向有管辖权的法院提出申请。发生法律效力的民事判决、裁定、调解书，由第一审人民法院或者与第一审人民法院同级的被执行的财产所在地人民法院执行。发生法律效力的确认调解协议裁定、支付令，由作出裁定、支付令的基层人民法院或者与其同级的被执行财产所在地的人民法院执行。具有强制执行效力的公证债权文书，由被执行人住所地或者被执行的财产所在地基层人民法院执行。

申请人应当在法定的申请执行期间内提出强制执行申请。《民事诉讼法》第239条规定，申请执行的期间为2年。申请执行时效的中止、中断，适用法律有关诉讼时效中止、中断的规定。前款规定的期间，从法律文书规定履行期间的最后一日起计算；法律文书规定分期履行的，从规定的每次履行期间的最后一日起计算；法律文书未规定履行期间的，从法律文书生效之日起计算。生效法律文书规定债务人负有不作为义务的，申请执行时效期间从债务人违反不作为义务之日起计算。

对于发生法律效力的具有给付赡养费、扶养费、抚育费内容的民事判决、裁定、调解书，人民法院可以不待当事人提出申请，由审判庭直接移交执行机关执行，即可进行移送执行。

在家事案件执行过程中，法院不能进行调解。因为生效法律文书非依法定程序不得撤销或变更。执行人员的任务是强制实现生效法律文书的内容，无权解决实体权利义务争议。但在执行中,双方当事人可以自行和解。达成和解协议的,执行员应当将协议内容记入笔录,由双方当事人签名或者盖章。申请执行人因受欺诈、胁迫与被执行人达成和解协议,或者当事人不履行和解协议的,人民法院可以根据当事人的申请,恢复对原生效法律文书的执行,但和解协议已履行的部分应当扣除。对于和解协议已经履行完毕的,人民法院不予恢复执行。

根据我国《民法典》婚姻家庭编第1086条的规定,离婚后,不直接抚养子女的父或者母,有探望子女的权利,另一方有协助的义务。行使探望权利的方式、时间由当事人协议。协议不成时,当事人可以就探望权问题向人民法院提起诉讼,由人民法院判决。实践中,存在着探望权执行难的问题,根据民事诉讼法及相关司法解释的规定,离婚后抚养孩子一方不履行协助另一方探视的义务,另一方可申请法院强制执行。人民法院通过对拒不履行协助另一方行使探望权的有关个人和单位采取拘留、罚款等强制措施,进行强制执行。但不能对子女的人身、探望行为进行强制执行。对探望权的执行,应坚持"子女最大利益"原则。此外,如果子女已满8周岁,对是否进行探望已具备独立思考能力和认识能力,人民法院应当征求子女的意见,如果子女不同意的,不应当强制执行探望权。

家庭是社会的细胞,家庭和谐稳定是国家发展、社会进步、民族繁荣的基石。家事纠纷具有不同于普通民事纠纷的特点,家事纠纷的解决,不仅涉及具体案件当事人的权益,还往往涉及家庭中其他成员权益,如未成年人的权益等。借现阶段积极开展的加强家事审判改革之机,探索建立有针对性的、多元化的家事纠纷解决机制,对于保护家庭成员的合法权益、维护家庭和谐、促进家庭功能发挥,以及对于推进国家治理体系和治理能力现代化,维护社会和谐稳定,均具有十分重要的意义。[1]

---

[1] 《为社会建设奠基 为幸福生活护航——人民法院家事审判方式和工作机制改革综述》,载最高人民法院网:http://www.court.gov.cn/zixun-xiangqing-108471.html,最后访问日期:2021年1月30日。

后　　记

　　中国人非常重视良好的家庭、家风、家教传承。随着中国社会经济的高速发展，特别是改革开放后，中国的家庭也发生了一定的变化，人们追求美满幸福的婚姻家庭，家庭小型化、少子化趋势明显。同时，一些家庭问题，例如离婚率攀升、留守儿童监护缺失、家庭暴力、老年人养老等，也逐渐演化成社会问题。人们意识到有必要重新审视和调整家庭政策及与家庭有关的法律法规，让家庭在中华民族伟大复兴的历程中继续发挥其应有的作用。

　　本书作为家庭教育系列教材中的一本，在内容上侧重于对与家庭有关的各项法律制度进行实用性的介绍。体例上，以概述、历史发展及未来趋势两章作为本教材的理论基础；从家庭常见的法律问题入手，分四章阐述婚姻、财产、住房、继承等方面的基本法律制度；再从家庭中四类特殊成员出发，分四章阐述我国法律对家庭中未成年人、妇女、老年人、残疾人的特殊保护；结合实际，介绍了政府对困难家庭的救助制度以及家庭暴力的预防和处置措施；最后，为便于家庭成员了解维权知识，还介绍了我国家事纠纷的各种解决途径。本教材视角独特、难易适中、内容实用、通俗易懂，非常适合家庭教育培训使用，也可以作为大专院校婚姻家庭通识类课程的教材或者参考书。

　　中华女子学院法学院在接到教材编写任务后，组织业务能力强的相关专业部分教师组成编写小组，写作任务分工如下（按照撰写章节先后排序）：

张荣丽：第一章，第七章，后记；

周小雯：第二章；

但淑华：第三章，第六章；

邢国威：第四章，第五章；

黄　晶：第八章，第十二章；

左玉迪：第九章，第十章；

刘永廷：第十一章，后记；

刘春玲：第十三章。

全书由张荣丽、刘永廷负责统稿。

教材成稿后，适逢民法典等多部法律颁布和修改，相关作者结合新法不断修改完善书稿，前后历时近三年才完成教材撰写任务，殊为不易。衷心感谢中华女子学院领导对家庭教育系列教材建设的重视，感谢学校对教材出版的资助，感谢孙晓梅教授对家庭教育系列教材写作出版的统筹协调，感谢武汉大学出版社安排出版，感谢本书编辑田红恩老师的辛勤付出。最后，要特别感谢参与本书编写的法学院同事们，没有他们的辛苦笔耕，就这有这本教材的面世。希望本书的出版能助力中国的家庭教育事业，让法治的光辉照进千家万户。

由于水平所限，本书中难免存在不足，望读者批评指正。

张荣丽　刘永廷

2021 年 4 月 2 日